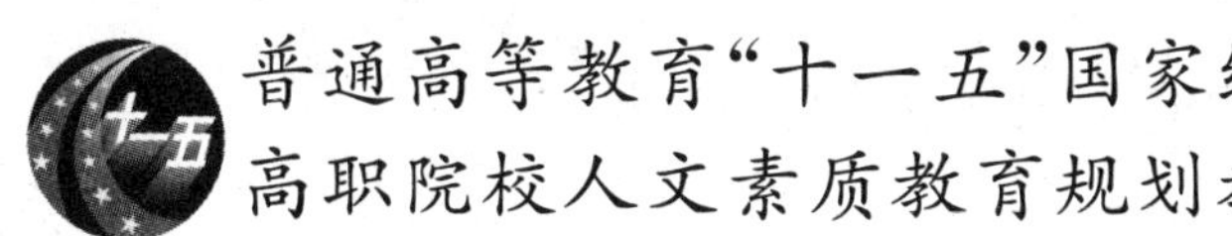

普通高等教育“十一五”国家级规划教材
高职院校人文素质教育规划教材

中国传统文化十讲

（第二版）

主　编　沈瑞云

副主编　谢雅琴　陈　敏

图书在版编目（CIP）数据

中国传统文化十讲/沈瑞云主编．—杭州：浙江大学出版社，2004.9(2014.10 重印)
ISBN 978-7-308-03915-4

Ⅰ.中… Ⅱ.沈… Ⅲ.传统文化—中国 Ⅳ.G12

中国版本图书馆 CIP 数据核字（2007）第 008823 号

中国传统文化十讲（第二版）
主　编　沈瑞云
副主编　谢雅琴　陈　敏

丛书策划　黄宝忠　王利华
责任编辑　俞亚彤
封面设计　俞亚彤
出版发行　浙江大学出版社
（杭州市天目山路 148 号　邮政编码 310007）
（网址：http://www.zjupress.com）
排　　版　杭州中大图文设计有限公司
印　　刷　杭州丰源印刷有限公司
开　　本　787mm×960mm　1/16
印　　张　10.75
字　　数　235 千
版 印 次　2011 年 6 月第 2 版　2014 年 10 月第 4 次印刷
书　　号　ISBN 978-7-308-03915-4
定　　价　22.00 元

浙江大学出版社发行部联系方式：0571－88925591；http://zjdxcbs.tmall.com

序

有学者批评现在的教育“没有人”或“失去了人”,指的是教育过于功利,偏求专业能力的传承和个人利益的获得而忽视人文素养的培育,忽视人的思想、情感、精神世界的健康发展和个性发展。我以为这种批评是中肯的,切中了时弊。当今整个教育有此弊端,职业教育自然也不例外,有人认为职业教育更甚,这倒未必。

从“自然人”向“社会人”的过渡是每一个人成长的必由之路,也是教育的基本目标,谓之“育人”。育人的目标是使受教育者获得全面、自由、和谐、充分的发展以逐步融入社会,在贡献社会的同时实现自我价值。

职业技术教育的培养目标不仅是“职业人”,而且是“社会人”。“职业人”是“社会人”的核心,因为从事一定的职业是任何人生存的前提。但是“职业人”不是“社会人”的全部,“职业人”的资格内涵是胜任某个职业所需要的素质,包括专业能力、社会能力和方法能力,固然是相当宽泛的,然而“社会人”的资格内涵不仅是人对某个职业的胜任,而是人融入社会所需要的更广泛、更丰富的素质要求。正如爱因斯坦所说:“学校的目的始终应当是:青年人离开学校时,是作为一个和谐的人,而不是作为一个专家。”一个人从“自然人”向“社会人”转化的过程是一个毕生的学习过程,是将社会的价值观念和行为规范“内化”为个人心理品质的过程,使之能够适应社会并掌握社会所赞许的行为方式。

人非机器,职业技术教育的目的同样是为了育人而不是制造机器,到目前为止,还没有一台机器具有情感或精神世界,而人,特别是一个成熟的社会人,应该注重对于真与善、健康情感和高尚精神的追求。培养这种具有较高人文素养的社会人,才是现代职业技术教育的题中之义,应该成为当今职教教学改革的指导思想之一。所谓人文素养,包括正确地认识自我和认识他人、必要的自我控制和强烈的社会责任心、崇尚正义、心地善良、意志坚韧、富有诚信、乐于合作等等内在的心理品质,它不仅是一个合格公民应该具有的基本品德,也极有益于学生学习自主性、能动性和创造性的培育和发挥。

在高等教育大众化形势下,高职教育工作者不得不面对大量学习准备不足的新生,其中一些学生曾经受到现行基础教育中不良现象的伤害，加之他们个人和其他原因，使他们进入高职学习后遇到许多困难。这种困难，首先不在智力因素方面而在非智力因素方面，在于不良的学习心理和学习习惯，在于对自己、对学习、对学校甚至对社会的不正确态度。纠正这些不够健康的心理、习惯和态度，是对他们实施专业教育的前提。如果仅仅专注专业教育而不顾及其他，不首先教他们做人然后教他们做事，不能让他们在学做事的过程中学做人，那么，对他们的教育几乎没有成功的可能。从这个意义上说，对高职学生加强人文知识、人文精神的教育，培育学生的人文素养，把专业教育同人文教育结合起来，是更具有现实意义并迫在眉睫的任务。

浙江省高职院校素质教育研究分会在省教育厅的指导下组织编著出版的"高职院校人文素质教育规划教材"，为高职院校切实加强人文素质教育做了一件好事。由于该书作者们都从事高职教育第一线工作，熟悉高职教育教学特点和高职学生的情况，因此这套教材比较贴近高职院校教学的需要和学生的思想实际，便于学生自学或安排少学时课程的选修，也便于读者在现实生活中应用，不失为一套富有时代气息的适用教材。

形成一套成熟的教材往往需要多人多年的努力，何况形势发展很快，知识更新迅速，绝不可能一蹴而就。这套教材的某些内容和编撰形式尚有不足之处也在所难免，当在广大教师试用实践的基础上，通过改编逐步提高和完善。我希望有更多的专家、教师参与高职人文素质教育教材的编写工作，期盼着更多更好的人文素质教材出版。

教育部职成教司原司长　杨金土

前言

中国传统文化近年来正愈来愈受到全社会的广泛关注。在大学生这个最富活力，最具时代精神，同时又肩负继往开来重任的特殊群体中，爱好和注重学习本民族优秀传统文化的人群也正愈来愈大，这都是令我们十分高兴的现象。

中华文化，从时间上看，比不上古埃及、古巴比伦文化，它们大约要比我们早一二千年；从空间上看，似乎也比不了欧美西方文化，他们的区域要更辽阔，种类也更多一些。而且，从一般意义上说，西方文化也已成为当今世界的主流文化。然而，中华民族传统文化有两个方面却是在人类文化中独一无二的：其一是在时间的延续上，她从未发生过中断，若从公元前2697年黄帝纪元开始算，迄今已延续了整整4700年了。当然，我们甚至还可以追溯得更远一些，这种继承的完整性，是每一个华夏子孙足以为之自豪的。其二是在对当代社会生活的影响上，中国传统文化的影响覆盖的区域面积，大致与欧洲相当，但受其熏陶和影响的人口，却超过欧洲总人口的6倍，不仅是中国这个拥有13亿人口的泱泱大国在继承和弘扬优秀的华夏传统文化，而且在东南亚、东北亚以及世界上许多地方，中国文化也在不断地拓展着她的影响力。中华文化何以能有如此强盛的生命力和巨大的影响力，能使中华民族的优秀传统几千年来代代相传、一脉相承而从未间断呢？这个答案显然只能从中华文化自身所具备的特点来寻找了。纵观华夏优秀传统文化几千年的发展历程，我们可以看到，以人为本的思想是贯穿中华文化传统的主脉，是华夏民族生生不息的生命线。

正是因为有了这条生命线，中华文化才显现出如此强盛的生命力，它使中华民族几千年来保持了相对的统一，并创造出世界上最辉煌的农耕经济文明；也正是因为有了这条生命线，中华民族保持了自己文脉的完整和延续，并创造出独特的民族精神以及由此而生发的巨大的民族凝聚力。即便是近代一百多年来，中华民族曾经落后于来自西方的工业经济文明大潮，但也并未自甘沉沦，反而不断抗争，奋起直追。今天，中华民族又踏上了民族复兴的伟大征程。

近年来，高等职业教育作为高教百花园中的一朵奇葩，得到了迅猛的发展。高职教育在为经济建设培养合格应用型人才的同时，也应该努力拓展高职学生的良好素质，提高他们的人文素养，这一认识也已经初步成为高职教育工作者的一种共识。基于这一点，浙江省高职院校素质研究分会策划出版一套“高职院校人文素质教育规划教材”，并得到了浙江大学出版社的大力支持。这一举措，对于进一步推进高职院校素质教育无疑是一桩幸事，一件好事。

将本书定名为《中国传统文化十讲》主要是从浙江省高职院校的实际情况出发，把“中国传统文化”这门课程定位为选修课程，总课时安排为三十课时左右。十讲内容可详可略，可分可合，任课教师可根据学生情况有所选择，有所侧重。本书力求每一讲的内容都能让学生有所启发、有所感悟，以达到使高职学生对祖国的悠久历史文化有一个基本的认识和了解的目的，并进而引发一部分同学学习和探究祖国优秀文化传统的兴趣。果能如此，则善莫大焉！

面对身处的这个万花筒般迅速变化着的信息世界，呼吸着扑面而来的经济社会的八面来风，今天的人们对传统的态度经常处于一种彷徨、矛盾的心境之中，是回归、抑或告别，还是在回归中告别，在告别中回归？我们的社会是矛盾的，我们的心绪是复杂的。但是，我们应当认识到，传统与现代并不天然为敌，传统的智慧与情感完全可以作为现代社会建设的文化资源。作为整体的文化体系的传统，可能会随着时代的发展而被打破，但其中大部分有价值的文化片段，仍然可以作为我们连缀当代精神生活与社会生活的金缕玉片。

本书由沈瑞云（宁波职业技术学院）担任主编，谢雅琴（浙江科技学院求是职院），陈敏（宁波职业技术学院）担任副主编。全书编写的分工情况为：第一讲，陈敏；第二讲，刘远靖（浙江交通职业技术学院）；第三讲，邵礼（衢州职业技术学院）；第四讲、第五讲，谢雅琴；第六讲，顾金孚（嘉兴职业技术学院）；第七讲，沈瑞云；第八讲，吴锡标（衢州职业技术学院）；第九讲，刘桂萍（宁波职业技术学院）；第十讲，王长江（温州职业技术学院）。在本书的编写过程中，得到了浙江大学孙沛然教授的悉心指导，在此表示真切谢意。

本书于2004年9月出版后，得到浙江省内外高职教育界同仁们的广泛肯定，特别是承蒙浙江大学出版社各位老师的不吝赐教，随后又将本书列为“十一书”规划教材选题。值此本书再版之际，一并向他们致以最真挚的谢意！

编　者

2011年6月

目　录

第一讲　华夏民族的发展之基
——中国农耕文化

农耕，是华夏文明之母，是中华民族灿烂文化之源。她源远流长，博大精深，绚丽多姿，滋润了古老苍莽的华夏大地，养育了一代又一代炎黄子孙；她汇纳百川千流，奔腾不息，终成浩瀚大海，展示了中华民族的辉煌与伟大。

一、炎黄文化

我国农耕文化的创造者，是炎帝、黄帝时代众多氏族的原始先民。炎帝是中华民族公认的人文始祖之一，也称神农氏。传说中的古帝，姓姜，由于以火得王，所以称为炎帝。《帝王世纪》载："神农氏，姜姓也，母曰任姒，有蟜氏女，名女登；为少典妃，游于华阳，有神龙首，感生炎帝，人身牛首，长于姜水。有圣德，以火得王，故号炎帝。初都陈，又徙鲁。又曰魁隗氏、连山氏、列山氏。"早在新石器时代，已经出现了原始农业，但不在经济生活中占主要地位，渔猎仍是食物的主要来源。随着时间推移，人口增多，渔猎已不能满足民众生活需求。作为那个时代的杰出代表，炎帝神农以其超凡的智慧、惊人的勇气和顽强的奋斗精神，为开拓农耕文化作出了卓越贡献。

炎帝一生的主要贡献：第一，用木材制造翻土农具耒耜，教人们垦荒种地；第二，发明农业，种植粮食作物并培育出最早的谷物粟；第三，开始制造饮食用的陶器和炊具；第四，发明纺织技术，使赤身裸体的人们穿上衣服；第五，尝百草，发明医药，为人们治病；第六，发明六十四卦以及傩舞、蜡祭、五弦琴等。

随着农耕经济的形成和发展，农耕文化在弯弯曲曲的耜沟里，在烈火熊熊的陶窑中，在墟场的喧哗声中，在新米饭的芳香中躁动、萌发。

炎帝开拓了农耕文化，为我国历史上的农业立国奠定了基础，为中华民族的始兴作出了伟大的贡献。"盖古圣之功德，惟帝最大，故后世之报享，惟帝最隆"（清彭之昙《炎帝祀考》）。他的英名和伟绩，受到后世的敬仰和崇拜。

黄帝是传说中上古帝王轩辕氏的称号。姓公孙，生于轩辕之丘，称为轩辕氏。在姬水长大，故又姓姬。建国于有熊（今河南新郑），亦称为有熊氏。黄帝执政时间晚于炎帝 500 年，《史记》载"轩辕之时，神农氏衰"。

据传黄帝出生几十天就会说话，少年时思维敏捷，青年时敦厚能干，成年后聪明坚毅。在炎帝后期，黄帝于乱世起兵，代炎帝为天子。因有土德之瑞，称为黄帝。

黄帝南征北战，第一次把中华大地上许多部落统一起来，其中最著名的是黄帝战蚩尤。在姜水、姬水流域发展起来的炎、黄部落各有一支逐渐向东迁徙，进入中原地区。炎、黄两个部落进入中原以后，与晋、冀、豫交界地区的九黎部落交战，九黎部落先打败炎帝部落，后炎黄联军与九黎部落开战，战斗十分激烈，黄帝终擒蚩尤而诛之。平定蚩尤后，炎、黄两个部落开战争斗，炎帝部落失败，离开中原，分散迁向各地，大部分迁往江汉一带以至长江以南，小部分迁至山东海滨。黄帝部落则成为中原盟主。所谓"轩辕之时，神农氏衰"，指的正是黄帝部落的崛起，以及炎帝部落的衰弱。在漫长的迁徙过程中，各部落间既有冲突也有融合，逐渐形成了华夏民族的主体。

据传黄帝在位时间长达百年，国势强盛，政治安定，文化进步，黄帝部落的发明几乎遍及社会生活的一切方面，如文字、音乐、历数、宫室、舟车、衣冠和指南车、若干社会制度等。黄帝部落传承炎帝农耕文明，又全面开拓创新，从物质文明延伸到精神文明和制度文明，对社会发展起了很大的促进作用。

相传尧、舜、禹、汤等均是黄帝的后裔，故司马迁将黄帝列为五帝之首，黄帝被奉为中华民族的共同始祖。

在较早的文献中，炎帝、黄帝都是有父母子孙、生活在现实社会中的人，而不是神。人们在他们的身上集中了古人的各种优点，认为是他们带领中华民族从野蛮走向文明。

《周易·系辞》将炎黄文化的基本精神高度概括为"自强不息"、"厚德载物"，以喻兼有苍天和大地的品格。这个概括不仅体现为先贤的哲学理念，更主要的是体现在炎黄文化传统中持续作用着的基本精神。这就是勇于征服洪荒的艰苦创业精神，勤于科技发明的开拓创新精神，乐于为民造福的牺牲奉献精神，包容互补的民族大团结精神。

二、女娲文化

农耕文化与自然有着密切的联系。《山海经·大荒西经》中记载了一则关于女娲的传说。西方大荒的栗广之野，有十个神人守卫在道路中央，他们是女娲的肠子化就，名叫女娲之肠。这女娲便是中华民族传说中的人类之母。天地初开之际，大神女娲从亘古中醒来。她在天地间行走，觉得孤寂和无聊。她来到波光粼粼的大湖边，见身影在湖水里摇曳，心里亦随之一动，跪下一足，伸手掬起带水的黄泥，仿照自己的模样，揉捏出一个个小东西。小东西们一着地，即蹦跳嬉闹起来，围着她打转。女娲不歇手地捏啊揉啊，累得头晕目眩，不耐烦了，顺手拔起一根缘山而上的参天紫藤，用力一抡，那藤便搭在地面，蘸足了泥浆，再一挥手，紫藤带着泥浆一道翻身，溅得地上星星点点，竟纷纷变成了她先前做的小东西，只是大半呆头呆脑，肥瘦不均。女娲一时兴起，飞快地舞动藤条，泥点暴雨似地从藤上飞溅开来，那小东西撒得遍地皆是，有哭的有笑的，满世界地跑。女娲和着泥水捏成的、抡起紫藤撒出的东西就是人，他们有男有女，繁衍生息，绵延了一代又一代。《太平御览》卷七八引《风俗通》：

“俗说天地开辟，未有人民。女娲抟黄土作人，剧务，力不暇供，乃引绳于絙泥中，举以为人。故富贵者，黄土人也；贫贱凡庸者，絙人也。”李白《上云乐》诗：“女娲戏黄土，团作愚下人，散在六合间，蒙蒙如沙尘。”

另一种说法是：宇宙开辟之初，只有伏羲、女娲兄妹俩居住在昆仑山，那时天下还没有人类。兄妹两人商议想结为夫妻，却又自觉羞耻，觉得是乱伦，可是不结合又怎能延续生命呢？伏羲和女娲左右为难，便登上昆仑山巅，向天祝告：“如果苍天希望我们兄妹结为夫妇，那么山下云烟都合于一处；如果不是，那么让云烟四散飘零。”话音还在山谷回响，山下云烟早已聚合在一起。于是，女娲与伏羲结合了，只是还有些害羞，就将草编织成一面扇子，用来遮盖脸庞。这则传说由来已久，汉代画像石和画像砖上，也有许多人面蛇身的伏羲、女娲交尾像。

《淮南子·览冥篇》载有女娲补天故事：“往古之时……九州岛裂……地不周载……水浩洋而不息……杀黑龙以济冀州，积芦灰以止盈水……背方州，抱圆天……上际九天，下契黄垆……以从天地之固然。”女娲造人之后，一向太平无事。忽一日，天地大冲撞，继而天崩地裂，支撑着苍茫天穹东南西北四个边角的四座天柱山折断了，天上崩开一条巨大的裂口，地面也爆裂塌陷，烈焰从地心迸发，焚毁森林；洪水从渊底喷涌，卷走山岭；妖魔鬼怪，恶禽猛兽，趁机肆虐；黎民百姓陷于水深火热之中。作为人类之母，面对突如其来的灾难，女娲挺身而出，杀水妖黑龙平息水患，断巨鳌四足重建天柱，然后进行伟大的补天工程。女娲拔取芦柴，搬运至天的裂口下面，堆积如山，高与天齐；接着去寻找与天一色的青石，由于地上没那么多，只好再拣些白石、黄石、红石和黑石，放在柴堆上面；趁昆仑山古森林的大火还没熄灭，从那里抽出一棵带火的大树点燃芦柴，火焰忽地窜起，照亮了整个宇宙，昆仑山上的红光顿时黯然失色，那五色石都被燃得通红。慢慢地，石块熔化了，饴糖似地流淌在天的裂缝中。待到芦柴成灰，看天空，青碧一色，仿佛从未破损过一般。女娲此时才感觉真累了，她抹一抹如瀑布般奔流的汗水，顾不上休息，弯腰去捧芦灰，填在地上裂开的大沟大壑里。天修复了，地填平了，女娲也用尽了力气，她躺下了，躺在日月星辰之下，躺在青山绿水之上，从此就再也没有起来。

女娲是包括炎、黄二帝在内的中华民族的伟大母亲，在她身上得到全面体现的聪明智慧、勇敢无畏、勤劳刻苦、造福人类的伟大的“女娲”精神，构成了伟大的中华民族精神的核心内容，并在历史的长河中不断发扬光大。

女娲早于黄帝，功名也不在其下，但我们今天往往只说是炎黄子孙，却不说是女娲后裔。究其根源，原因有二：一是封建时代男尊女卑、重男轻女的封建文化的影响，中国经历了几千年封建社会的漫长时期，女性当道不被社会所接受，因而讳莫如深。二是有悖于封建伦理。女娲兄妹成婚，在封建士大夫正人君子看来有乱伦之嫌，受封建礼教的束缚，女娲文化自然难得彰显。尽管如此，史志还是忠实地记录了女娲，使女娲文化得以流传。

女娲形象象征着柔韧包容的精神传统，大致包括以下几个方面。

1. 博大宽厚的包容精神

在中国哲学中，“地”一向是作为宽容博大的象征。女娲精神与“地”具有密切联系，在一定意义上可以说是大地的象征。《抱朴子·释滞》说:"女娲地出";古易《归藏·启筮》:"昔女娲……昭昭九州岛……平均土地。"古人还通过这个神话来说明中国"地"势的西北高、东南低的特征。其实,"补天"本身已表明女娲是象征"地"的,因为地与"天"正相对、互"补"。至于"抟土作人"的传说,也是把造人跟"土"联系在一起的。当然,也有认为女娲属于"木德"的,例如《史记·补三皇本纪》:"一曰女娲亦木德王……金木轮环,周而复始,特举女娲,以其功高而充三皇,故频木王也。"但这多半出于战国末期"五德终始"之说出现以后的附会;何况即便依此说,按照五行生克的"土生木",则木也是与"土"有紧密联系的。进一步来讲女娲从事的补天载地的工作,不是发动残酷的战争,而恰恰是疗救战争遗留下来的创伤。总之,中国哲学传统中宽厚博大的包容精神,最初就是由女娲精神表现出来的。

2. 生生不息的生命精神

女娲造人、作为"高禖"之神主管婚姻生殖,都表明了这一点。《吕氏春秋·仲春纪》:"至之日,以太牢祀于高禖";高诱注:"《周礼》,媒氏以仲春之月合男女于时也,奔则不禁,因祭其神于郊,谓之郊禖。郊音与高相近,故或言高禖。"中国哲学是一种"生命哲学",这种生命哲学,不论儒、道,始终关怀人的生命存在,关怀人的生存与发展、人的生命境界的提升与超越。《周易》讲"生生之谓易",便是这种生命哲学在轴心时期的确立。女娲形象的诞生就是使群体生命存在得以延续下去的生命精神的象征。

3. 协调和谐的和合精神

"和"是中华民族的一种突出的精神传统,而女娲精神就是其早期神话体现。上引《归藏·启筮》:"昔女娲……昭昭九州岛……和合万国。"女娲的这种"和合精神",还表现在关于女娲发明音乐的神话传说之中,众所周知,按照传统理解,"乐者和也","乐以和同"。据王谟所辑《世本·作篇》:"女娲作笙簧。"又据张澍萃集补注本《世本·帝系篇》:"女娲氏命娥陵氏制都良管,以一天下之音;命圣氏为斑管,合日月星辰,名曰充乐。既成,天下无不得理。"又《史记·补三皇本纪》:"女娲氏……惟作笙簧。"另据《太平御览》卷五二引王歆之《南康记》:"归美山,山石红丹,赤若彩绘……名曰女娲石。大风雨后,天澄气静,闻弦管声。"而中国哲学的"和同论",则是一种中国式的和合精神。这种和合精神,最初是以女娲精神为象征的。

女娲文化,源远流长,博大精深。今天陕西的平利县、河北的涉县、山西的吉县等地都有女娲文化存在,平利和涉县都曾举办女娲文化节,研究弘扬女娲文化已成为推动当地经济发展的一个平台。

三、河姆渡文化

贯穿中华大地的亚洲第一大河"长江",尽管总长超过了黄河,但长江流域诞生的古代文明在1987年以前并不为人所知,因为人们一直认为中华文明发源于黄河流域,黄河文明才是历史的主流。随着和半坡遗址处于同一时代的河姆渡遗址的发现,长江文明揭开了它神秘的面纱。1987年从河姆渡遗址中出土了大量的稻壳,据发掘报告说总量达到100吨之多,在已经碳化的稻壳中可以看到稻米,分析的结果确认这是7000年前的稻米。它展示的灿烂的原始农业文化,有力地证明:长江流域与尼罗河流域、美索不达米亚流域、印度河流域、黄河流域一样,是世界远古文化的发祥地,是中华民族远古文明的又一摇篮。

河姆渡文化以稻作农业为主,兼营畜牧、采集和渔猎。遗址出土了20余种植物、61种动物骨骸。在遗址中普遍发现有稻谷、谷壳、稻秸、稻叶等遗存。遗址中还出土了许多动植物遗存,如:橡子、菱角、桃子、酸枣、葫芦、薏仁,还有藻类植物遗存。

河姆渡文化时期人们的居住地已形成大小各异的村落。在村落遗址中有许多房屋建筑基址。由于该地属于河岸沼泽区,所以房屋的建筑形式和结构与中原地区、长江中游地区发现的史前房屋有着明显的不同。

生活用器,以陶器为主,并有少量木器。河姆渡文化是长江下游以南的一种较早的新石器时代文化。

由于地域的差异,河姆渡文化有别于中原文化,包含着极其丰富的“水文化”。

人类最早的“防洪”住宅。河姆渡遗址出土了1000多件木结构建筑构件。经鉴定它是至今发现最早的“干栏式”建筑,其中最大的一幢长23米,面积达160平方米以上。下为成排的木桩,木桩上架设纵横交错的地梁,在地梁上敷设带有企口的地板,地板距地面0.8～1.0米,再在地板上采用榫卯构成“半楼式”木屋。

遗址所在地面海拔高程仅1.0～1.2米,是宁绍平原地势最低的地域。可以推知,这片由滨海湖泊沉积形成的陆地,当时地势不会高出海平面许多,加之那时气候温暖湿润,雨量充裕,沼泽连片,这种带有“架空层”的住宅,既可防止屋内潮湿,下大雨时还能防止洪水进屋。这是人类最早的“防洪”住宅。今日西双版纳的生态环境,就是7000年前河姆渡人生活环境的镜子。

5600年前的水井。河姆渡遗址发现一口挖在池塘底部的木构水井,距今已有5600余年,是目前发现的中国历史上最早的一口水井。它是由200多根底部削尖的木桩打入地下,组成一个直径约6米的圆形栅栏桩,中间是4排密集的桩木,形成边长为2米的方形木构井,其内侧各有一根粗圆木,榫卯联接构成一个井字形框架,以支撑四边井壁的压力,防止排桩向井内倾倒。

不知河姆渡人是否把它叫水井,又为何在池塘底部挖上这口井。也许,河姆渡一带遇上了特大干旱,河水干了,但先民们得到启示:深的地方有水!于是就在池塘底部挖掘了一个大深洞,果然挖出了水。然而,洞口的泥壁常要塌方,于是找来了树木,削去枝杈,将树干两横两直地支撑在洞口,还用一些树干插在池塘内壁,于是这个洞不再塌方,洞中的水清澈如镜。

《周易》记载:“木上有水,井。”千百年来人们百思不得解:“井怎么会是木上有水呢?”正是这口方形木构井的发现,才使这千古之谜彻底揭开。也许在五六千年以前,海潮是河姆渡一带的常客,又因常年雨量充沛,暴雨、洪涝常使水浑浊而不能饮用,木井的构筑使先民饮到了洁净的水。由此可见,古井是先人净化水、讲究饮水卫生的杰作。

5600年后的今天,人们不但打井汲水抗旱,而且打井汲油了,人们不但能在陆上打井,而且打井打到海上去了。但是,其鼻祖还是河姆渡的那口井呵!

人类最早的舟船。在河姆渡遗址的最底层出土了6支木质船桨和1只陶舟。桨柄和桨叶用同一块原木削制而成,长63～92厘米,木柄上刻着各种斜线组成的图案,精细美观,桨叶呈柳叶状,阻力很小,大小和形状跟现代游船的划桨很接近。7000年前的木桨,不但在我国是首次发现,而且在世界上也属首例。有桨必有船,同一遗址还出土了一只陶舟。该舟长7.7厘米,高3厘米,宽2.8厘米。两头尖,尾部微翘,侧视形似半月形,俯视平面如梭形。舟两端有小孔,可以系缆,全舟下半部呈弧形,轮廓自然流畅,可以减少水的阻力;左右对称,利于船的平稳。陶舟是实物的模仿。木桨和陶舟的出土,否定了国外一些学者关于中国古代没有独木舟,中国木船是直接从筏发展而来的观点。虽然河姆渡尚未发现完整的独木舟,但从遗址出土的独木舟的遗骸、木桨,以及从"干栏式"建筑物所反映出的木作技术,可推知河姆渡先民是能够制造出较为先进的独木舟的。独木舟的问世,是人类历史上的一件大事。有了独木舟,人类活动的范围就能扩大,可以跨越江河湖海去开拓新的天地。

7000年,对一个考古学家而言是多么令人怦然心动的数据。它比黄河流域新石器时代最有代表性的文化遗址——西安半坡遗址还要早!在河姆渡遗址发现前的漫长岁月里,辽阔的长江流域一直被拒之于中国古代文明殿堂的门外,有人认为秦汉以前这一地区是"茹毛饮血"的蛮荒之地,只有黄河流域才是中华文明的摇篮。现在这一看法已为事实所改变,长江流域同黄河流域一样,都是中华民族的发祥地。

四、古代农作物

中国是世界较大的栽培植物起源中心之一,黄河流域和长江流域是中国原始农业起源最早的地区。粟和稻是中国史前农耕文化的主要谷物品种。秦岭、淮河以北,以黄河流域为中心的北方地区,是粟文化的起源地。粟,古称"禾",今称谷子,去壳后叫小米。我国是世界上惟一最早从粟开始发展起来的农业国家,从陕西岐山县斗鸡台、西安半坡村、河南淅川县黄楝树村、河北磁山、青海乐都及甘肃、云南和长城内外各新石器时期的原始社会遗址的考古发掘,都发现有大量炭化粟粒,经碳14测定的年代可知,早在七八千年以前,我们的祖先已经培育出粟的品种了。

我国是栽培稻发源地之一。秦岭、淮河以南,以长江中下游为中心的南方地区,主要谷物品种是稻。稻,古称"稌"(音徒),俗称大米,包括籼稻和粳稻。它是我国栽培历史最早的重要粮食作物之一。浙江余姚河姆渡新石器遗址中发现的距今七千多年的大量籼稻谷粒,是目前世界上已知的最早栽培稻。目前史前时期稻的出土地点已有45处之多(《中国史前农业》安志敏,载《考古学报》1988年第3期)。在秦岭、淮河以南的有39处,其中27处在长江中下游地区,以良渚文化遗址中出土稻的遗物最多。大部分遗址在距今6000～4000年之间。史前农业主要谷物品种是粟和稻,因种植的地域差异,故有北粟南稻之称。那时中国没有小麦、高粱、玉米。小麦的原产地在西亚,商、周时才传入中国;高粱在魏晋时才传入中国;玉米的原产地在中美洲,明代中叶传入中国,同时代传入的还有红薯、马铃薯等。这些作物在我国广为种植，占有重要地位。

古代向有“五谷”之称（古籍所载“五谷”种类略有出入。除黍、稷、麦、菽四种一致外，有的列稻为五谷中，有的以麻为五谷）。稷，属黍属，禾本科，古代亦称“穄”、“糜”。《吕氏春秋·本味》称：“饭之美者……阳山之稷。”古代将其列为五谷之首，并把它作为农官的名称，甚至与“社”并称，以“社稷”为国家政权的象征。今天我们还用“五谷丰登”来形容农业丰收。

我国蔬菜栽培的历史也十分久远，《国语·鲁语》说，烈山氏之子柱“能植百谷百蔬”，说明蔬菜和粮食的种植差不多是同时发展起来的。上古时代，蔬菜品种十分有限，在《诗经》提到的132种植物中，仅有瓜、瓠、韭、葵、葑（蔓菁）、芹、荇等20余种为蔬菜，有的品种到了现代已成为野生植物。

战国、秦汉时期的蔬菜主要有葵、藿、薤、葱、韭五种，即《黄帝内经·素问》中所说的“五菜”。葵，即冬葵，又叫葵菜、冬寒菜，《诗经·豳风》中有“七月烹葵及菽”之句，可见是当时一种主要的蔬菜。直至明代以前，葵菜一直被作为“百菜之主”而受到重视。藿菜，即大豆苗的嫩叶，《战国策·韩策》上记载，当时百姓常吃藿菜汤。薤，通称薤头，是一种富有营养而味美的蔬菜，古人有“物莫美于芝，故薤为菜芝”之说，也是我国原产的古老栽培植物。葱在我国栽培的历史也很悠久，它尤其是北方人民生活中不可缺少的重要蔬菜。韭，一名起阳草，《夏小正》上说“正月囿有韭”，此外，这时期还有萝卜和蔓菁等根菜类。

魏晋至唐宋期间，蔬菜品种不断增多，据《齐民要术》所载，当时蔬菜品种已达51种，并自行培育出了白菜和茭白等一些重要蔬菜。此外，还从印度、泰国、尼泊尔等国及地中海一带引进了黄瓜、茄子、菠菜、莴苣、扁豆、刀豆等新品种。元、明、清时期，还从国外引进了如胡萝卜、辣椒、西红柿等一些蔬菜新品种。

我国古代还有许多特产果类，而且品种多，质量优，如桃、李、杏、柰等。

桃在中国的栽培史极为悠久。在浙江河姆渡遗址、上海崧泽遗址和云南新石器遗址都先后发现过桃核。《诗经》中“桃之夭夭，灼灼其华”的诗句，更为人所共知。至秦汉间，桃已培育成多种品种。至公元2世纪，桃又先后传至印度、波斯，再由波斯传到了欧洲。

李是我国广泛栽培的一种果树，也是一种观赏植物。在江陵凤凰山西汉墓发掘时，曾发现过李核。柰的原产地在甘肃、河西走廊和新疆一带。古代所谓的柰包括今天的苹果、沙果（红花）、海棠果（红果）等。江陵墓葬中也曾发现过柰的果核。在明代王象晋所编的《群芳谱》中已正式称之为“苹果”。现在广泛栽培的大苹果，是在19世纪末从外国传入的。

产于云贵高原、广西北部、湖北和四川中部的枇杷是我国的一种特产果树，自古被视为是一种珍贵树种。杨梅是江、浙、粤的特产。从汉墓遗存发现过杨梅。葡萄，一般认为它是张骞通西域后方传入我国的，其实不然。中国有着悠久的葡萄史，《诗经·豳风》中的“啰”（音“郁”）即是我国原生葡萄的古称“蘡薁”，据此可知，我国先民在史前已开始栽培葡萄。除此以外，我国古代还有枣、柑桔、荔枝、龙眼、椰子、香蕉、橄榄、无花果等水果。在各个不同的历史时期，我国还从国外引入了核桃、石榴、甜橙、酸橙、西瓜、菠萝、草莓、向日葵等果类。

五、古代农书

漫长的农耕史，吸引了许多有识之士著书立说。据王毓瑚《中国农学书录》统计，古代的农学著作估计有六百多种，其中现存或有辑佚本的约占二分之一。这些农学著作，内容丰富，涵盖广泛，既有百科全书式的农业巨著，亦有分门别类的农业专著：有论述农业思想的、有介绍种植耕作技术的，有探讨天时、土壤关系的，有研究家畜和鱼类饲养的，有专门介绍单种农作物的。这里主要介绍闻名于世界的我国著名的百科全书式的农书。

1.《齐民要术》

《齐民要术》是北魏贾思勰所著的一部综合性农书，是中国现存的最早最完整的农书，也是世界农学史上最早的专著之一。正文共 92 篇，分 10 卷，11 万字；书前还有“自序”、“杂说”各一篇，一般认为，杂说部分是后人加进去的。书名中的“齐民”，指平民百姓，“要术”指谋生方法。贾思勰是我国南北朝时期杰出的农业科学家。《齐民要术》大约成书于北魏末年(533—534 年)，它系统总结了在此以前中国北方的农业科学技术，对中国古代农学的发展产生过重大影响。达尔文说，他的人工选择思想形成受到中国古代的一部百科全书的影响，指的就是《齐民要术》。

第一至第五卷的 55 篇里，分别用专题论述了各种粮食作物、蔬菜、果树、桑柘以及经济作物的耕作栽培方法。第六卷共 6 篇，是关于家禽、家畜和鱼类的养殖方法。第七至九卷共 30 篇，是讲农副产品的加工和储藏的技术，例如酿酒、制作酱醋盐豉糖等的方法，最后还有煮胶和制造笔墨的方法等，反映了我国封建社会时代小农经济、农业手工业合一的家庭农业经济的实际情况，堪称当时的农业技术百科全书。第十卷只有 1 篇，题为《五谷、果蓏、菜茹非中国物产者》，记录了许许多多的当时南部中国的区域性植物。此卷所述，只讲产地、性状、作用而罕言栽培技术，是可以理解的，因为在北部中国掌握不到这些技术，凭传闻所得的也没有办法加以实践。书中所讲述的作物栽种方法，当然都是当时黄河中下游地区实际上运用的。

贾思勰建立了较为完整的农业科学体系，对以实用为特点的农学类目作出了合理的归划。详细记述了开荒、耕种到生产后的加工、酿造和利用等一系列过程，同时还论述了种植学、林学以及各种养殖学。《齐民要术》的分类是依据每个项目在当时农业生产、民众生活中所占的位置来划分的。

《齐民要术》中详尽探讨了抗旱保墒的问题。另外，他还论证了如何恢复、提高土壤肥力，主要是轮换作物品种。他甚至提到了绿色植物的栽培及轮作套种的方式，明确提出从事农业生产的原则应该是因时、因地、因作物品种而异，不能简单划一。

《齐民要术》提出了选育良种的重要性以及生物和环境的相互关系问题。贾思勰认为种子的优劣对作物的产量和质量有举足轻重的作用。以谷类为例，书中共搜集谷类 80 多个品种，并按照成熟期、植株高度、产量、质量、抗逆性等特性进行分析比较，同时说明了如何保持种子纯正、不相混杂，种子播种前应做哪些工作才能保证播种下去的种子发育完好，长出的幼芽茁壮健康。

《齐民要术》得到各类史学家的高度评价。首先是农史学家称赞《齐民要术》使中国农学第一次形成精耕细作的完整的结构体系，它高度概括了农业耕种的精湛技艺，使农业有了更深的发展；其次是经济史学家，认为《齐民要术》是封建地主经济的经营指南，为其增加经济效益提供了有利的途径;再次是食品史学家认为《齐民要术》在农产品加工、酿造、烹调、果蔬贮藏等方面也给出了很好的技巧,为这方面的工作者提供了理论依据。

2.《农桑辑要》

《农桑辑要》共7卷,是元朝专管农业事务的大司农司所编修的一部农事技术全书,是中国现存的最早标明农官修撰的农书。它颁发民间,阐明重农要旨和耕作方法,是一部衣食资源并重的农学著作。它总结了《齐民要术》以后七百多年农牧业生产技术的成就,对当时农牧业生产有一定的促进作用。宋、元之间,棉花种植和棉纺工业已在中原地区普遍流行,所以《农桑辑要》在蚕桑以外,还讲到了木棉(实际上是草棉即棉花,而不是指攀枝花)的栽培技术和剥取皮棉的方法。

《农桑辑要》在元世祖忽必烈至元十年(1273年)大司农司最初修成。当时蒙元还没有消灭南宋,所以书中论述到的作物,以秦岭淮河线(约北纬35度)为界。这部书的至元二十三年(1286年)版,就补充了临界线以南的作物,例如甘蔗、薏苡、藤花、薄荷等,皆冠以"新添"二字。《农桑辑要》分典训、耕垦、播种、栽桑、养蚕、瓜菜、果实、竹木、药草、孳畜十篇。涉及的农业技术范围,比《齐民要术》更广泛一些,介绍的进步技术也更多一些。

3.《东鲁王氏农书》

《东鲁王氏农书》共36卷,元代东平人王祯(字伯善)著。全书由三个部分组成:《农桑通诀》6卷,《农器图谱》20卷,《谷谱》10卷。因为作者是山东人,所以系列化的三部农书合称为《东鲁王氏农书》(这是标准称法),有时被简称为《王氏农书》,或曰《王祯农书》。更有简之又简的称法,只用《农书》二字,《四库全书》的著录即如此称,并且把作者之名因避清帝胤禛之讳而改写作"王祯"。

《东鲁王氏农书》的作者虽然是黄河流域的人,但他曾任亲民之官于南方,做过宣州旌德县(今安徽省南部旌德县)县尹和信州永丰县(今江西省广丰县)县尹,所以对于南方的农田水利情况,也十分熟悉。故王祯所写农书和上面两部农书相比,优点是显而易见的。该书中有20卷《农器图谱》,把农用的耕地、播种、中耕、收割、加工、运输等的工具以及蚕缫、织布机具等,一一绘制图画,并加说明,成为一部极佳的传统农具图录,这是现存的其他农书所没有的。

4.《农政全书》

《农政全书》共60卷,明末崇祯时礼部尚书、东阁大学士徐光启(1562—1633年)著。徐光启是一位学贯中西的大学者,天文、历法、数学、工艺无所不通。但他最精熟的还是农田水利之学。他一生中曾三次亲自下地耕作,从事农事试验,取得实际经验,而后又结合往古农学著作,加以总结,所以徐光启的《农政全书》有一个突破前人前著的重要特点,就是著者本人不仅关心农事、研究农学,而且具有丰富的大田耕作和水利兴修的实践经验。《农政全书》是一部荟萃了对农学感性认识与理性认识的菁华之作。

全书分为12目,共60卷,50余万字。12目中包括:农本3卷;田制2卷;农事6卷;水利9卷;农器4卷;树艺6卷;蚕桑4卷;蚕桑广类2卷;种植4卷;牧养1卷;制造1卷;荒政18卷。

《农政全书》在贯彻作者治国治民的“农政”思想的前提下，基本上囊括了古代农业生产和人民生活的各个方面，贯彻这一思想正是本书不同于前代大型农书的特色之所在。前代农书，无论是北魏贾思勰的《齐民要术》，还是元代王祯的《农书》，虽然也都是以农本观念为中心思想，但重点在生产技术和知识，可以说是纯技术性的农书。《农政全书》按内容大致上可分为农政措施和农业技术两部分。但前者是全书的纲，后者是实现纲领的技术措施。在书中我们可以看到开垦、水利、荒政这样一些不同寻常的内容，并且占了全书将近一半的篇幅，这是前代农书所鲜见的。以“荒政”为类，前代农书，如汉《泛胜之书》、北魏《齐民要术》，虽然偶尔会谈及一二种备荒作物，甚至在元王祯《农书》“百谷谱”之末也开始出现“备荒论”，然不足2000字，比起《农政全书》实在是少得可怜。《农政全书》中，“荒政”作为一目，就有18卷之多，为全书12目之冠。目中不仅综述了历代备荒的议论、政策，统计了水旱虫灾，还对救灾措施及其利弊作出分析，最后附草木野菜可资充饥的植物414种。然而，救荒只是治标，水利才是治本。水利作为一目，亦有9卷之多，位居全书第二。徐光启认为，水利为农之本，无水则无田。当时的情况是，一方面西北方有着广阔的荒地弃而不耕；另一方面京师和军队需要的大量粮食要从长江下游调运，耗费惊人。为了解决这一矛盾，他提出在北方实行屯垦，屯垦需要水利。他在天津所做的垦殖试验，就是为了探索扭转南粮北调的可行性问题，借以巩固国防，安定人民生活。这正是《农政全书》中专门讨论开垦和水利问题的出发点，从某种意义上来说，也是徐光启写作《农政全书》的宗旨。

但是徐光启并没有因为重视农政而忽视技术，相反，他还根据自己多年从事农事试验的经验，极大地丰富了古农书中的农业技术内容。例如，对棉花栽培技术的总结，古农书中有关的记载最早见于唐韩鄂的《四时纂要》，以后便是元代的《农桑辑要》和王祯的《农书》，但记载都很简略，仅有寥寥数百字而已。明代王象晋《群芳谱》中的“棉谱”，约有2000多字，比之略晚的《农政全书》却长达6000多字，可谓后来居上。该书系统地介绍了长江三角洲地区棉花栽培经验，内容涉及棉花的种植制度、土壤耕作和丰产措施，其中最精彩的就是他总结的“精拣核，早下种，深根，短干，稀科，肥壅”的丰产十四字诀。从农政思想出发，徐光启非常热衷于新作物的试验与推广，“每闻他方之产可以利济人者，往往欲得而艺之”。例如当他听到闽越一带有甘薯的消息后，便从莆田引来薯种试种，并取得成功。随后便根据自己的经验，写下了详细的生产指导书《甘薯疏》，用以推广甘薯种植，用来备荒。后来又经过整理，收入《农政全书》。甘薯如此，对于其他一切新引入、新驯化栽培的作物，无论是粮、油、纤维，也都详尽地搜集了栽种、加工技术知识，有的精彩程度不下棉花和甘薯。这就使得《农政全书》成了一部名副其实的农业百科全书。

六、农耕文化的反思

远古初民为了生存，在与自然的抗争与亲和中，创立了农业文化，并不断与土地接近，产生了共同的宗教信仰——对大地之母的崇拜；而农业在传播过程中为适应环境而发生的变化，不仅带给人们全新的生活方式，对历史也产生了深远的意义：农业革命只能促成其巩固和发展，而绝不会被其他文明替代、湮没或削弱。几千年后的今天，中国依然是一个农业大国，13亿人口中有9亿是农民。除了沿海开放地区和部分发达地区，我国广大农村，依然延续着传统的农耕文化；勤劳、朴实、憨厚的性格，以及几千年来一脉相承的精神传统，支撑着广大农民依旧在与大自然的不息斗争中，在祖先洒遍血汗的土地上，日出而作、日落而息。现代农业的高度发展，在铁器工具的铮铮之声中，先祖的许多遗风至今在农村的传统耕作环境中随处可见，斧、铲、锄、刀、镰、犁，以及钎、凿、磨盘、杵、臼等农业工具遍布农家小院，只不过由先人手中的石制品变成了今天的钢铁制品，而式样造型与操作方式几乎和祖先手中的一模一样；种植作物粟、黍、稷、高粱、小麦、油菜、甜瓜、白菜等等，除了质量数量的进步被打上了科技文明的烙印外，这种家庭式耕种习惯依然处处留存着先民们耕作的痕迹……

古代“农耕文化”的发展是今天现代农业文明进步的坚实基础。放眼人类历史发展的长河，早期的文明要么被改造得面目全非，要么被时光的横流冲刷殆尽，在人类社会经历的农业、工业、科技、信息的每一个时代每一次革命中，农业文明却始终在社会经济结构和生产关系中处于主导和基础地位。古老的黄河文明、长江文明是华夏古国文明的源流，由此演绎成的灿烂的“农耕文化”经过无数代的大浪淘沙后，在人类文明高度发达的今天，竟然成了几千年一成不变的极少数文明基因之一，不能不说是华夏文明史上的奇迹！

但随着时代变迁、社会进步，特别是在加速实现工业化、城市化的进程中，农耕文化的负面影响便凸显出来。人们的生活半径极为狭小，足不出户，思想观念封闭保守，墨守成规，与外界的信息交流极为有限，生产和经济活动在封闭的状态下进行。思维狭隘，重眼前，轻长远；重纵比，轻横比；重情感，轻法制。经营粗放，成本意识淡薄，劳动生产率低下，使得农业生产周而复始地在习惯的模式中低效率运行。怕担风险，靠天吃饭成为定律，满足于既有的经验，不愿接受新生事物，顺应自然成为普遍心态，创造性低下。在农业生产条件好的地区，极易形成小富即安、不思进取的思想。这些观念禁锢了人们的思想，限制了人们的眼界，束缚了人们的手脚，成为制约西部经济与社会发展的障碍。因此，克服农耕文化的负面影响，应当成为解放思想、更新观念的着力点和突破口。

对东南沿海地区来讲，同样存在着反思农耕文化的问题。改革开放二十多年，东南沿海的农村发生翻天覆地的变化：广大农民为了摆脱贫困，不怕千辛万苦、走遍千山万水、想尽千方百计，凭借百折不挠的精神，终于冲破传统农业的束缚，创办了无数乡镇企业，带动了农村经济的繁荣与发展，广大昔日的泥腿子，今日的农民企业家，已成为民营经济的主力军。乡镇企业产生的经济效益，促进了传统农业的嬗变，富裕起来的农村开始走上了现代农业、绿色农业、生态农业之路。全国政协委员、浙江传化集团有限公司董事长徐冠巨认为：“20年的改革开放，培育了中国的民营企业，民营企业既是改革开放最直接的产物和受益者，也是推动市场经济的先行者和参与者。经过20年的探索，民营企业已日益走向成熟，对在竞争中求发展有着最亲身的感受和更深刻的理解，对市场竞争的残酷性也普遍保持着清醒的头脑。然而，竞争意识的不断强化，可能会导致谨慎、保守和自我封闭。用辩证的观点看，市场经济条件下的竞争与合作同样是有机统一的。在市场经济的大舞台上成长起来的民营企业，按理说来对开放与合作应该有更深的认识和体验，但发展到今天却反而成了一个更需要解放思想的群体。”

中国的民营企业多数诞生于农村，中华民族的“农耕文化”所形成的自给自足的思维习惯，对他们的影响很深。不能否认，这种思维习惯在民营企业早期的自主创业中曾发挥了重要的作用，它帮助民营企业完成了资本的原始积累。但是，处于一个不断开放与发展的时代，民营企业如果还停留在这样的思维习惯上，要想上一个更高的台阶是难以想像的。

作为民营企业家，徐冠巨有着更为深刻的感受。他认为，不少民营企业都面临着这样的矛盾：一方面认识到企业已经走上了一条发展的快车道，不发展就要被淘汰，所以希望企业有大发展；另一方面又不愿突破原有模式，在产权关系和决策控制上患得患失，只看到了权力的改变，而没有看到这种改变对企业发展的巨大推动作用，从思想观念上还没有从自我封闭中走出来。这种矛盾的延续，将大大增加机会成本，影响企业的快速成长。因此，民营企业要想谋求发展，就必须树立开放与合作意识。

只有不断地深刻反思、不断地自我超越，不断地解放思想，才能推动农耕文化的发展与进步。

在新世纪头20年，“三农”问题已成为我国全面建设小康社会的关键。几千年沉淀的农耕文化，正面临新的嬗变，“三农”问题不解决，中国的现代化就无法实现。每一种文化或文明最基本的特质在于传承和发展，并在未来获得价值和意义。优秀的文化总能在过去、现在和将来的历史发展中显示其优越地位和作用。对于古老的“农耕文化”，我们在传承的同时，更应注重它的发展，必须赋予其新内涵、新思路、新方法、新机制，让我国的广大农村美起来，让九亿农民富起来，让物质文明、政治文明与精神文明同步发展，让九亿农民扬眉吐气，实现中华民族的伟大腾飞。

【思考与练习】

1. 结合当地情况，了解农耕文化的发展。
2. 关注“三农”问题，经常观看、阅读有关新闻报道、书籍。
3. 组织调研小组，围绕“市场经济条件下的农耕文化”进行一次社会调研。

第二讲　华夏传统文化的灵魂
——中国古代哲学和宗教

一、哲学文化

中国传统哲学是中华民族智慧的理性积淀和内在体现，凝聚了中国文化的基本精神，代表了中华民族理论思维的最高水平。在整个传统文化中，它无疑处于核心的地位。自古以来，中国人的自然观、人生观和价值观等，无不透过中国哲学加以反映、凝炼和提升。中国传统文化的其他诸形态如政治、经济、宗教、伦理、文学、教育等等，无一不受到中国哲学的深刻影响并在潜移默化中受其制约支配。作为世界上三大哲学传统之一的中国哲学思想，在中华民族五千多年历史的岁月长河中，不仅形成了我们民族特有的思维方式和表现形式，更重要的是，它塑造了我们民族的独特品格和价值取向。

(一)中国古代哲学的起源和先秦大繁荣时期

人类哲学起源于古老的东方。早在原始社会，中国古代哲学已开始萌芽。由于生产力的低下，原始先民们产生了对自然之天的神化崇拜及对天人之间关系等问题的最初思考，并在此基础上形成了一系列有关天体运行和自然规律等问题的原始哲学观念，如原始的“阴阳”、“八卦”、“五行”观念。

商周时期，奴隶主贵族为了维护自己的统治，除了强化国家机器之外，还积极利用和改造原始的宗教意识，将自己扮作天命的代表者，其理论不乏理性色彩，可谓古代最初的哲学思维形式。其理论成果可由《易经》一书问世而窥大概[①]。《易经》表面上是一部预卜吉凶祸福的占卜书，充满迷信色彩，然而其基本思想是阴阳对立，认为以阴阳统率世间一切事物现象，强调变易、运动和转化，表达的是朴素的唯物主义观念和辩证法思想，蕴涵着极其丰富的哲学思想。

春秋战国时期是我国社会由奴隶制向封建制转变的大变革时期。周室衰微，诸侯追风逐鹿，社会“礼崩乐坏”、“天下大乱”。然而正是这种社会形态的急剧变化，为当时各个阶层、集团的思想家发表自己的主张提供了历史舞台。面对当时社会大裂变局面，诸子蜂起，学派

---

① 据《史记》记载，《易经》产生于商周之际，但其确切成书时间及作者至今尚众说纷纭。

林立，一大批重要的思想家纷纷涌现出来，他们著书立说，广揽门徒，游说诸侯，形成了儒、墨、道、法、名、阴阳、兵、农、杂等诸多学派，彼此辩论诘难，各崇其善，展开了激烈的交锋争鸣。中国古代哲学思想由此进入了一个狂飙突起、大放异彩的黄金时代。通过争鸣的形式，中国古代哲学思想在这一时期得到了升华，开始走出"宗教领域"，成为一种较为独立的思想形态。春秋战国时期是中国古代哲学的奠基和全面形成时期。

1. 儒家

以孔子、孟子、荀子为代表。其思想主要内容是"祖述尧舜，宪章(效法)文武"，以"仁"为学说核心，以中庸辩证为思想方法，重血亲人伦，重现世事功，重实践理性，重道德修养。具体说来，就是主张积极入世，注重有所作为，崇尚"礼乐"和"仁义"，提倡"忠恕"和不偏不倚的"中庸之道"，在政治上主张"礼治"和"仁政"，重视道德伦理教育。

儒家学派的创始人孔子(前551—前479年)，名丘，字仲尼，春秋末期鲁国昌平陬邑(今山东曲阜)人。曾出任鲁国中都案、司空和司寇等职，因政见不合，54岁时率弟子周游列国。晚年返回鲁国，致力于教育和古籍整理。孔子一生中培养了许多人才，有"弟子三千"，其中精通六艺者"七十二"。他的主要言行由弟子记载下来，编成《论语》一书。此外，孔子亲自整理和改定了《诗经》、《尚书》、《周易》、《春秋》，《礼经》、《乐经》(已失传)等典籍，为后世留下了非常宝贵的精神遗产。

孔子之后的战国时期，儒家学派逐渐分化为八派，主要有思孟学派和荀子学派。思孟学派是以孔子之孙子思及其弟子孟子为代表的一个理想主义的儒家学派。子思作《中庸》，把孔子的"中庸"思想作了进一步的阐发，而孟子则比较强调孔子的仁义之说。

孟子(约前385—前304年)，名轲，字舆，战国邹(今山东邹县)人。他对孔子思想中的唯心主义作了进一步的发挥，丰富了其理论内涵，对儒家作出了重大贡献，被后人称为"亚圣"，儒家学说也被称为"孔孟之道"。

孟子继承了孔子的仁学思想，从主观出发，重视理性，提倡自我修养，并在孔子的仁学基础上，提出了"人皆有不忍之心"的性善论。认为人一生下来就是心地慈善的，就具有四种善端，即"恻隐之心"、"羞恶之心"、"辞让之心"和"是非之心"，此四种善端又是仁、义、礼、智四种道德观念的萌芽。任何人都具有此四端，故而"人皆可为尧舜"。由此进一步提出仁政学说，指出如果统治者能把这种内心固有的恻隐之心(即仁)发扬出来，推行到行政措施中去，就是"仁政"了。他坚决反对暴政，反对横征暴敛，主张统治者要"以德服人"，强调争取民心，"保民而王"，"以德王天下"。与此同时，还提出"民贵君轻"的民本主义思想，即"民为贵，社稷次之，君为轻"(《孟子·尽心下》)的著名论断，充分强调了民众的重要性，突出了民众在国家政治结构中的地位，具有十分积极进步的意义。同样由"仁政"的思想出发，孟子还提出"义利"之辩，反对功利主义，提倡重义轻利，这与孔子主张舍生取义相一致，从而成为一种价值取向和思维方式，影响了中国社会两千多年。

荀子(约前313—前238年)，名况，字卿，战国晚期赵国郇(今山西猗氏县)人，是先秦时期另一位儒学大师。早年游学于齐，曾三度为稷下学宫祭酒。著名法家韩非、李斯是他的学生。他的著作编为《荀子》一书。他提出了许多不凡的观点，为当时的思想界、理论界开了一扇流通新鲜学术空气之窗，是先秦百家之学的总结者。

荀子尊崇孔子，批判地继承了孔子以来儒家思想，同时又广泛吸取了道、墨、名、法诸家精华，构建了自己独特的思想体系。他提出了无神论的自然观，指出“天行有常，不为尧存，不为桀亡。应之以治则吉，应之以乱则凶”（《荀子·正名》），从而否定了殷周以来的天命神权观念，肯定了人的主观能动性，相信“人定胜天”，充满积极进取的蓬勃精神。在人性问题上，荀子也一反孟子“性善论”，提出“性恶论”，认为人贪利、嫉妒、好声色是与生俱来，如果任其发展，就会产生争夺、犯上、淫乱等罪过。为此，他提出了“礼法”并重的政治思想。一方面，荀子继承了儒家传统，非常重视礼教，认为“礼义者，治之始也”（《荀子·王制》），另一方面又从“性恶”论出发，强调“法者，治之端也”（《荀子·君道》），把礼法都看作治理国家的根本。在荀子看来，礼是法的根据，法的总纲，而法是礼的体现，礼的确认。由此不难看出，荀子政治思想虽然并没有脱离儒家礼治的基本立场，但已经萌生了法家法制思想的理性因素，他已不再是一个纯粹意义上的儒家信徒，而是一个由儒家到法家的过渡型思想家。他的礼法兼施的思想，为后来的法家理论的形成作了一定的铺垫，更为后世的儒法合流、王霸并举奠定了基础。

2.道家

道家以老庄为代表，是先秦诸子中与儒学并驾齐驱的一大流派。它与儒家的不同之处异常鲜明，在许多地方都与儒家观点相对立。道家是典型的“出世之学”，主要探讨的是宇宙人生，尊崇“天道”，向往“自然”，倡导“无为”，其作用偏重于个人，醉心于个人从现实社会的束缚中获得解脱。

老子（约前571—前472年），姓李名耳，字聃，是道家学说的创始人，楚国苦（今河南鹿邑）人。据说曾任周王朝“守藏室之吏”，管理国家图书，后著《道德经》五千言，出函谷关归隐，不知所终。

“道”是老子思想的核心，他认为天地万物都是由“道”产生，所谓“道生一，一生二，二生三，三生万物”（《老子》四十二章），并因而强调“道法自然”，一切都应顺应事物的本质，返朴归真，推崇隐世无为的处世哲学。由“道法自然”出发，在政治上，老子主张“无为而治”和“小国寡民”，认为统治者治理国家也应顺其自然，不要将其主观意志强加于社会。他反对严刑峻法，也反对仁义道德，主张消解社会矛盾，使民无知无欲，幻想回到“邻国相望，鸡犬之声相闻，民至老死不相往来”（《老子》八十章）的“小国寡民”的状态。老子清净无为的政治主张和对往古生活的向往，表现了他对现实的不满和消极抗议。其思想有　极为宝贵的精华之处，那就是他的朴素的辩证法思想。他认为社会和自然界都存在大量矛盾，任何事物都是正与反、肯定与否定的对立统一。由此，他提出了一系列诸如“祸兮福所倚，福兮祸所伏”等著名的哲学命题，并以此为基础，建立了他的策略思想，即以弱胜强、以柔克刚等等，代表了当时最高的理论思维水平。

庄周（约前369—前286年），名周，宋国蒙（今河南商丘一带）人，一生只做过管理漆园的小吏。他是继老子之后道家思想的主要代表，是道家思想的集大成者。《庄子》一书集中反映了他的哲学思想。

庄子思想与老子思想一脉相承,相形之下,庄子对现实更为不满,批判更为激烈,也更深刻,其理想更为高远,也更为消极倒退。他在《逍遥游》、《齐物论》等名篇中,表达了他超然物外的哲学思想,认为人应顺应自然,消除物我之间的对立,达到人与自然的契合,使人的精神获得绝对的自由即达到"逍遥游"的绝对精神自由境界。为此,他要求人们安时处顺,死生如一,用一种完全顺乎自然的超然态度来对待人生。庄子把老子的"道"作了进一步的唯心主义发挥,完全否认了客观真理的存在,从而把老子辩证法中的消极因素引向了相对主义,认为世上没有是非、善恶、美丑之分。庄子这种不辨是非、知足安命,反对一切制度规范等消极思想,无疑妨碍了我们民族的蓬勃向上、奋发进取,应该得到批判,但他不执着于名利,超然物外、超然世外的人生态度,以及蔑视宗法等级制度和专制政体,揭露统治者虚伪嘴脸的精神,却有一定的积极意义和审美价值,对后世影响深远。

3.墨家

创始人墨子(前468—前376年)名翟,鲁国人。相传曾接受过儒家的教育,后来他觉得儒家的礼乐过于烦琐,弊害甚多,不适合一般民众,便另创了墨家学派,故而其学派一开始就是作为儒家的对立面而出现的。如果说孔子的哲学具有贵族的色彩,那么墨子的思想可以说是平民思想。儒墨两派之间的争论几乎贯穿了整个战国时代甚至波及后世。

墨家学说的思想核心"兼爱",是一种没有限制、不分远近亲疏的博爱,是一种真正意义上的仁和义。墨子认为天下的一切罪恶都是起于人们之间的"交相别",即远近亲疏,彼此利益得失之别,认为这是导致"交相恶"的结果,因此,要求每个人爱别人就如爱自己,做到人人相爱,则社会就能达到和谐的状态。由"兼爱"出发,墨子进一步提出"非攻"主张,极力反对诸侯之间的争霸战争,视之为祸害百姓之举。显然,这是代表广大下层人民的利益的。在政治上,墨子提出"尚贤"、"尚同"的主张,希望推行贤人政治,认为"夫尚贤者,政之本也"(《墨子·尚贤》),以此来统一人们的思想、意志和行为。此外,墨家的道德理想是要实现仁义,但并不像儒家学说那样将义和利对立起来,而是把义利很好地统一起来,带有明显的功利主义色彩。

墨家学派是一个有组织纪律,具有政治性质而带有宗教色彩的团体,其信徒多是直接从事劳动的下层群众,尤以手工业者为多,生活清苦,故而该学派非常重视劳动,强调物质生产劳动在社会生活中的地位,主张节俭,反对生存基本需要之外的消费,典型地反映出小生产者、小私有者的性格。

墨子死后,墨家一分为三。后期墨家最突出的贡献在于逻辑学。至秦汉时,墨学急剧衰落,其后更是几成"绝学",直至近代以来才出现复苏之势。

4.法家

法家是对中国古代社会产生重大影响的思想流派之一。其思想渊源可上溯到春秋时期的管仲、子产,其实际创立者是战国时期的李悝、商鞅、申不害等,战国末年的韩非则是法家思想的总结者。法家学说的中心思想是"循名责实,备赏必罚",认为一个统治者必须要有名有实,赏罚严明,这样才能"威申令行",强调法令刑律宜严不宜宽,主张严刑峻法和实行文化专制主义，因而具有很强的现实操作性。法家思想家大多是力主变法革新的社会实践者。他们的思想顺应了社会历史潮流，能够极大地促进社会生产力的发展。

韩非(约前280—前233年)，韩国人，出身于贵族，和李斯同为荀子的学生。他总结了前期法家管仲、李悝、商鞅、吴起、慎到和申不害等人的思想，成为法家思想的集大成者。

在韩非之前或同时，已有申不害、商鞅、慎到等法家人物对法家思想作了许多论述。商鞅主要讲“法”，申不害主要讲“术”，慎到主要讲“势”，韩非则将三者合为一体，即将权势者(君主)的权势地位、君主驾驭群臣的心术和权术同君主的法令结合起来，以此建立统治者所需要的社会秩序。在韩非的治国理论中，法、术、势是一个统一的整体。势是基础，法和术是手段，三者统一，君主才能称霸天下。此外，韩非在天人关系的问题上发展了老子、荀子等人的思想，首次提出了“道理相应”的观点，并对老子的“道”作了唯物主义的解释，强调按客观规律办事的必要性，由此导出他著名的社会历史进化论，批判了是古非今、历史退化的错误论调，指出历史是不断发展变化的，这是他强烈主张变法革新的理论基础。

法家思想代表了地主阶级急功近利的激进派的观点，其精辟之处往往能使一个国家化腐朽为神奇，是一套十分行之有效的理论方法。然而，法家倡导尊君，突出君主集权、专权，也易导致严刑峻法，激化社会矛盾。秦国因运用法家理论进行变革而迅速强大，最后也因运用法家思想导致苛政而短命，这是一个十分深刻的教训。不过，秦王朝的短命还有其他的一些致命因素，不能因此而完全否定法家理论。虽然从汉代开始，法家思想沦为传统文化中的一股暗流，但其理论中一切有利于封建专制制度的东西还是被保存了下来，只是多数时候被涂上了一层保护色，“阳儒阴法”而已。

除上述四大学派外，先秦时期还相继出现了以惠施、公孙龙为代表的名家，以邹衍为代表的阴阳家，以及以许行为代表的农家等所谓“九流十家”，甚至更多。这里需要指出的是，诸子百家相互之间争鸣辩难，其思想观点虽然往往显得对立冲突，然而在某种意义上又不乏互补融合的因素。他们在论辩交流的过程中，相互取长补短，以完善自身的学说。先秦诸子百家的探索和创造，使中国传统文化的各个方面得到了充分的展开和升华。

(二)中国古代哲学的汉唐合流时期

公元前221年，秦国并吞六国。秦统一天下后，采纳李斯建议，“非秦纪皆烧之”(《史记·秦始皇本纪》)，“下焚书之命，行偶语之刑”(《隋书·牛弘传》)，此后便发生“焚书坑儒”的事件，造成中国思想文化史上的一次空前浩劫。春秋战国时代蓬蓬勃勃的自由学术空气被窒息，在思想原野上，万马齐喑。这也直接导致了秦王朝的短命。

西汉初年，统治者慑于人民推翻秦朝统治的威力和恢复社会经济、稳定封建统治的需要，以废秦苛法、政尚宽简为国策，十分推崇清净无为的黄老思想，实行与民休息。其他诸子学说也都开始活跃起来。

到汉武帝的时候，经过数十年的惨淡经营，西汉经济已由恢复走向发展，国力强盛，社会太平。这时，巩固和加强中央集权便提上日程。而年轻气盛的汉武帝也雄心勃勃，渴望有所作为，变无为政治为有为政治。在这种情况下，黄老思想已显得不合时宜，于是被以董仲舒为代表的汉代新儒学所代替。

董仲舒(前179—前104年),西汉广川(今河北枣强)人,以传《公羊春秋》为景帝时的博士,是一代儒学大师,时称“群儒之首”。董仲舒根据汉武帝时代国家在政治思想上实现“大一统”的客观需要,对传统儒学进行加工改造,建立了汉代新儒学,并向汉武帝提出“罢黜百家,独尊儒术”的建议,主张取消其他各家思想的合法地位,而把儒家思想当作惟一的官方统治思想。这一建议得到汉武帝的采纳和赏识。从此以后,儒家逐渐取得独尊的地位,长期成为封建社会的正统思想。

经董仲舒改造过后的新儒家思想,其政治目的就是要加强中央集权专制统治,把大一统说成天经地义、不可改变的事情。为此,他系统地提出了“天人感应”的学说,把皇帝打扮成是代表“天”来统治人民的绝对权威。他说:“受命之君,天意之所予也,故尊为天子者,宜视天如父,事天以为孝道也。”(《春秋繁露·顺命》)这便是“君权神授”的开始。同时,他把封建伦理道德也与“天”联系起来,说:“天不变,道亦不变。”也就是说,封建皇权和“三纲五常”等封建伦理道德,都是“天”之安排,永不可变的,形成彻底的形而上学神学观。为了突出皇权和封建伦理道德的合理性、神圣性,董仲舒甚至把“天”说成是宇宙间最高的主宰,说:“天者,百神之大君也”(《春秋繁露·郊祭》),认为天是至高无上的神。如此一来,皇权和神权结合起来,封建的纲常名教也成了宇宙的最高准则,封建专制集权统治就这么牢牢巩固下来了。此后,被董仲舒所神化了的皇权和纲常名教等,便日益成为中国广大人民群众身上沉重的枷锁,严重窒息了民族的生机和民众的创造力。

董仲舒之后最有影响的哲学家是东汉时期的王充。王充(27—97年),字仲任,会稽上虞(今浙江上虞)人,是我国古代杰出的朴素唯物主义思想家。他出身“细族孤门”,博通诸子百家,著有《论衡》85篇。他不仅批判了董仲舒以来的天人感应的神学目的论,把董仲舒歪曲了的“天”还原为自然,提出了唯物主义的元气自然论,指出天与人异体,各有着自己的运动变化规律,彼此不相感应,而且在政治思想上反对把孔子偶像化,给予占统治地位的儒家神学思想以沉重打击,这在当时思想领域斗争上具有很大的现实意义。然而,王充反谶纬神学的进步思想,却一直以来备受封建正统思想的排斥,被视为“异端”。他的《论衡》也被长时期看作“异书”,直到东汉末年才逐渐流传开来。

东汉末年,爆发了黄巾军大起义,此后中国社会进入了长达数百年的分裂和战乱时期。东汉王朝的崩溃,暴露出了儒学的“不周世用”和思想的虚伪,而魏晋以来战乱频仍、政局多变、人心不稳的残酷现实也直接导致当时的知识分子以不问世事、清谈自处为时尚,以免因言谈无忌或与统治者当局观点不合招来杀身之祸。于是玄学便应运而生。

玄学亦称“玄说”、“谈玄”或“玄风”,是魏晋南北朝时期的主要思潮,创始于曹魏正始年间,终结于永嘉年间。代表人物有何晏、王弼、嵇康、阮籍、向秀、郭象等。它是以自然无为、达生顺民的老庄思想为主旨,同时又糅合了儒家经义而产生的一种学说,是东汉末年以来的一些思想家援“道”入“儒”,以“无为”、“自然”等哲学概念来阐发儒学的核心理念而产生的一种新的唯心主义思想体系,是第一次儒道互补和合流的产物,因而带有儒道兼综的色彩。玄学家奉《周易》、《老子》和《庄子》为“三玄”,倍加推崇,把精神上的“无”作为思想体系的核心,探讨世界本体论,强调“以无为本”,主张人性自然,力图使自然和名教、儒家和道家统一起来。玄学家大多出身世族，少而颖慧，在现实政治高压下，他们为了保身，逃避现实，就坐而论道，整日谈玄说理，以参与俗务为耻，以无所事事为荣，标榜清高，有的更以旷达为名，走向极端的放荡不羁。直至东晋以后，佛、道二教流行，玄学才走向衰微。作为一种哲学思潮，玄学整整影响了魏晋南北朝三百余年的历史进程。

隋唐时期，统治者奉行儒、释、道三家并行政策，出现了儒、释、道三家相互作用和逐渐合流的局面。它们在彼此斗争中进一步相互吸收，相互融合，都有所发展。佛教是一种外来宗教，它在中国的具体发展情况后面有详论，这里只论述其哲学功能。在哲学领域里，佛教与中国古代哲学有不解之缘。早在魏晋南北朝时，佛学便很盛行。由于它与当时在思想上占主导地位的玄学相通之处甚多，故而可以彼此渗透。当时名僧多博览六经及百家之言，钻研老、庄，参与玄谈，而名士也开始从佛经中吸取理论资料。他们或借用玄学的义理来附会佛学，或借用佛学的义理来发挥玄学，两者结合，互相促进。到了隋唐时期，儒道两家虽也有发展，但总体而言，理论建树不大，而佛学却成了最强大的思想潮流，在社会上占了主导地位，对后世影响巨大。可以说，不懂得佛教哲学，就很难理解魏晋以后中国哲学的具体形态。

隋唐时期的哲学思想，除佛教的唯心主义之外，还有柳宗元、刘禹锡等人的唯物主义思想。柳、刘等人以继承道统为己任，要求恢复儒家的独尊地位，并沿着王充开辟的道路对天人关系作了进一步的论证，提出元气一元论，认为元气是天地万物的本质，把先秦之后的天人之学推进到一个更高的阶段，从而使中国古代的天人之学问题得到了比较合理的解决。

（三）中国古代哲学的宋明清初转型时期

儒家思想在魏晋时期受到玄、佛的挑战，一度衰弱，但它所宣扬的纲常伦理观念却因十分有利于巩固封建统治而不被摇撼，影响仍然很大。在这种情况下，儒、释、道三教开始合流，在彼此相互排斥过程中又相互吸引，相互融合，最后在宋代形成了理学。

作为三教合流的产物，理学以儒家思想为主干，兼采佛、道之精华，具有三教合流的特征。它以“穷理尽性”为口号，把汉唐以来注疏五经的传统一变而为讲求四书义理，讨论身心性命修养问题的传统，并以民间自由讲学的书院为依托，把传统哲学进一步世俗化、实用化。因为他们经常讨论的是性命义理问题，故又称性理学或义理之学。理学家们常以高度抽象的概念来规范和解释人与自然的关系，把天人之学纳入其理学体系中，并借用《春秋》的微言大义来说明“尊王攘夷”的理论，一方面高扬人的主观能动性，另一方面又提出“存天理，灭人欲”的口号，严重束缚与摧残了人性。

由北宋到明末的宋明理学，是多种哲学理论在相互冲突又相互融合的过程中对传统儒家思想大加改造的结果，是一种新的儒学形态，是一种唯心主义哲学思想。它主要包括两大派：一是以周敦颐、程颢、程颐、朱熹为代表的客观唯心主义，二是以陆九渊、王阳明为代表的主观唯心主义。前者认为，“理”是永恒的，是先于世界而存在的精神实体，世界万物只能由“理”派生，认为理在气先，并把封建统治秩序立为天理，故被称为理本论学派，又叫程朱学派。后者提出“心外无物，心外无理”，把人的主观意识看成是世界万物的本原，故又叫心本论学派（或心学派）。此外，还有以张载、王安石为代表的气本论学派，主张“气”是世界的本原，认为“道”或“理”都不外乎是“气”运行的规律。

理学的最早倡导者之一是周敦颐(1017—1073 年),字茂叔,原名敦实,人称濂溪先生,道州(今湖南道县)人,其家世代以儒术为业。他一生仕宦却始终未曾显达。晚年潜心学问,苦读经书,著有《太极图说》、《易通》等。他以儒家伦理道德为核心,援道入儒,提出了以"性与天道"为核心的理学的重要范畴。他认为宇宙万物是由一个抽象的实体派生出来的,即"无极而为太极"。"太极"是宇宙的根源。"太极"动静生阴阳,阴阳变化组合生成金、木、水、火、土五种元素,再化生出人和万物。并强调封建的伦理道德和人性是由太极和阴阳五行生出来的,提出"无欲故静"原则,叫人安分守己,放弃改善生活的要求,实际上就是把封建的纲常名教和统治秩序说成是天经地义、神圣不可侵犯的东西。

与周敦颐等人从宇宙变化引申出人伦道德不同,程颢和程颐兄弟是直接将人伦道德升格为天理,即"理本论"。"二程"是周敦颐的学生。他们把"理"或"天理"作为宇宙的根源,认为人和万物都是从理而来。"理"可以被用来解释一切,如自然界中具体事物所依据的原理、准则和发展的必然趋势,即"物理",以及人类社会道德领域的法则和规范,即"伦理"等等。认为封建社会的纲常伦理都是不可违背的万古长存的天理,违背了就是伤天害理,认为人欲是天理的死对头,是恶的渊薮,故要去恶从善,就必须"存理灭欲"。

二程之学,传至南宋,由朱熹集理学之大成,把理学发展成熟,使它成为一整套庞大而精致的思想体系。

朱熹(1130—1200 年),字元晦,号晦庵,徽州婺源人,生在福建,出身于官僚地主家庭,是程颐再传弟子的学生。他一生做官、讲学,以得孔孟之道的真传自居,极力宣扬"正心诚意之伦",高谈性理,反对功利,形成一个十分特殊的学术、政治思想体系,被称为"道学"。朱熹是将儒学实行第二次大改造的儒学大家。他以伦理观为核心,融儒、道、释为一体,赋予传统儒学哲理性和思辨性,把传统儒学从形式到内容都重新修饰了一番。

朱熹认为"理"是天地万物的主宰,是宇宙根源,是永恒不变的,超时空的,而人因所禀受的气"偏"、"正"、"精"不同,故其"理"各异。每个人所遵循的道德原则是一致的,但表现出来的道德规范不同。君臣有君臣之理,父子有父子之理,每个人都只能各得其分,各得其"理"。在他看来,三纲五常就是"天理"在人世间的体现,天理是永恒的,那么三纲五常也就万世不变了。朱熹炮制出来的这一整套唯心的理学思想体系,其终极目的就是要实现他"存天理,灭人欲"以维护封建专制统治的政治纲领。而且他以"理"代"天",把卫道的手段巧妙地隐蔽起来,对人民更具欺骗性,也更得封建统治者赏识。以后理学成为官方哲学,他的《四书集注》成为官定教科书,他本人也成了"以理杀人"的代表人物。

与朱熹同时代的陆九渊及明代王守仁是提出"心外无物"的主观唯心论者。陆王二人反对朱熹等人提出的理本论观点,提出了心本论观点与之相抗衡,认为人心是最为重要的,建立起了一套主观唯心主义思想体系——心学。

陆九渊(1139—1193 年),字子静,世称象山先生,江西临川人。他提出了"心即理"的命题,认为"宇宙便是吾心,吾心即是宇宙"(《象山先生全集》卷三十六),还说"万物皆备于我",意思就是说,只要认识了本心,就认识了宇宙,认识了真理,因此没有必要像朱熹提倡的那样去"格物(追求事物之理)致知(获得知识)"。在他看来,只要认识本心,使自己心地清明,摒除私欲即可。由此,引发了中国思想史上著名的“朱陆之争”,也引发了其后几百年“理学”和“心学”两大思潮的斗争。

王守仁(1472—1528年),字伯安,又叫王阳明,浙江余姚人,出身于大官僚地主家庭,受过严格而系统的封建教育。他继承和发展了陆九渊“心即理”的思想,说:“心即理也。天下又有心外之事,心外之理乎?”(《传习录》卷上)进一步强调了心外无物,心外无理。认为心灵是身体的主宰,心灵不为物欲所蒙蔽,即为“良知”。但现实生活中具体的人,往往因为私欲的蒙蔽而远离了天理,倘若能找回良知,实践良知,就能克服蒙蔽,而克服的途径也是“去人欲,存天理”,加强个人的自身修身,即“致良知”。在认识论上,王守仁反对朱熹的先知后行说,提出“知行合一”主张,认为万物之理都在心中,这就是“知”,其中内心代表真理的“知”就是“良知”。“知”表现于“行”,而不“行”就是不“知”,一个人如能不断发掘和表现良知,就能与天地万物一体,达于至道。

明中后期,中国思想界开始发生了一些变化,那就是在宋明理学流行的同时,出现了一些新的积极的思想因素的萌芽。主要有以李贽为代表的一批反封建礼教的进步的思想家。

李贽(1527—1602年),号卓吾,有《焚书》、《续焚书》、《藏书》、《续藏书》等著作留世。他个性倔强,愤世嫉俗,坚决反对君主专制统治,反对儒家的纲常名教,反对泥古崇圣,提倡个性自由和思想解放,还坚决反对“存理灭欲”的说法,揭露斥责一些道学家的虚伪嘴脸,堪称中国思想史上的一个奇人。他的思想集中反映了资本主义萌芽阶段的社会意识,无疑是顺应时代潮流和符合人性的,是积极进步的思想。不幸的是,在当时,这种思想却被封建统治者视为“异端”,他本人也被视为“妖人”,惨遭迫害而死。李贽为千百年来陈腐的中国思想界注入了一股新鲜的血液。

明末清初之际,我国的社会矛盾和民族矛盾空前尖锐,社会动荡剧烈,这一切,刺激着思想文化界。在时代危机面前,一大批进步思想家纷纷涌现,代表人物有顾炎武、黄宗羲、王夫之等。他们对传统的官方意识形态——理学乃至旧制度的某些方面展开了激烈的批判,带有浓厚的启蒙色彩。

顾炎武(1613—1682年),原名绛,号亭林,昆山人,世称亭林先生。年轻时曾参加复社,清兵南下时在当地组织抗清,失败后游历大江南北,图谋再举。著有《日知录》和《天下郡国利病书》。在政治方面,他极力反对君主专制,反对“独治”,主张“众治”。同时指出“亡国”和“亡天下”是有区别的,亡国是改朝换代,只是君臣之事,而亡天下则是关系到民族存亡的大事,为此他大声疾呼:“天下兴亡,匹夫有责。”在治学方面,他反对空谈性理,反对脱离实际,提倡经世致用的知行合一观,堪称清代考据学创始人,开一代“实学”之先风。

黄宗羲(1610—1695年),字太冲,号南雷,世称梨州先生,浙江余姚人。早年参与抗清斗争,明亡后隐居著述讲学。著有《明夷待访录》一书,无情地揭露和猛烈地抨击了封建君主专制制度,把封建君主专制统治说成是“天下大害”,提出了“天下为主,君为客”的著名命题。主张“公天下”,分君权。其思想对后来的中国民主革命运动产生了积极的影响。晚年,他着重于对理学进行反省和批评,强调人们在研究学术的同时,必须着眼于现实社会,表现了强烈的经世致用、溯本务实的倾向。

王夫之(1619—1692 年),字而农,湖南衡阳人,世称船山先生。早年也参加过抗清斗争,失败后隐居著书。主要著作有《思问录》、《周易外传》等,凡三百多万字。他继承和发展了中国古代朴素唯物主义的优良传统,彻底批判了当时占统治地位的理学唯心主义思想。他以当时的自然科学和社会知识为基础,以张载的天人之学为出发点,从理论上批判了董仲舒所谓的"天不变,道亦不变"的荒谬观点,把中国古代的天人之学理论推向了高峰。他还在自己的学说中激烈反对封建君主专制,认为天下土地并非帝王私产,应归耕者所有。王夫之的哲学思想达到了中国古代朴素唯物论、辩证法和历史观的最高阶段,成为中国传统哲学由古代向近代转化的理论前导。

明末清初之际,这些带有强烈反封建君主专制色彩和提倡经世致用之学风的进步思想的出现,是对宋明理学的一种反动,此后中国社会发生天翻地覆的变化,哲学思想也在残酷的现实面前完成了它的进一步转型。

二、宗教文化

宗教是人与自然的关系以及人们在现实生活中的相互关系在社会意识中的一种特殊的、荒诞的、虚幻的反映。作为一种社会意识形态,它既是一种特定形态的社会信仰,也是一种普通的文化现象,在人类文化史上一直占据着十分重要的地位。宗教一经形成,就成为一种强大的力量支配与左右着人们的现实生活,即使在科技昌明、技术进步、管理完善的当今社会里,仍然产生着强大的影响。中国是一个多宗教的国家,既有远古流传下来的原始宗教和土生土长的道教,也有从国外输入并逐渐中国化的佛教,以及保持自身教义但又不乏中国色彩的基督教、伊斯兰教等。这些宗教在产生、发展和演进过程中,与中国社会的经济、政治、文化等各种因素相互渗透,交错作用,并对后者产生极其深刻的影响。

(一)原始宗教的产生

与世界上许多地区和民族的文化发展历史一样,宗教在中国也可谓源远流长。早在旧石器时代晚期,我国的原始宗教观念已开始萌芽。根据考古发现,在山顶洞人的遗址中,山顶洞人的遗骸周围撒有含赤铁矿的红色粉末,并有燧石器和钻孔兽齿、石珠、骨坠等随葬品。民俗学资料和近代尚处于原始阶段的民族部落实况证明:红色表示鲜血,而血是生命之源和灵魂附身之所,人死血枯,撒放红色粉末和随葬品是希望死者能在另一世界过着人世间一样的生活。由此可见,18000 年前的山顶洞人就已经有了灵魂不死的原始宗教观念了。

原始宗教是人类在生产力落后,科技水平不发达,遭受客观环境沉重压迫的情况下,不得不把自然力和自然物神化的结果。原始先民们在同自然界斗争的过程中,面对庞大而又神秘的世界,每天都会遇到许多突如其来不可理解的现象,如刮风下雨、打雷闪电、生老病死等,从而产生惊恐、神秘、敬畏的感觉,认为人世间存在着一种超自然的力量在主宰着人们的生活命运。他们把那些无法解释的自然力和自然物人格化,并把它们当作神灵来膜拜,企图通过祈祷、祭祀等方式来消灾降福。大体而言,中国古代宗教形式有自然崇拜、灵物崇拜、灵魂崇拜、图腾崇拜、祖先崇拜、英雄崇拜、生殖器崇拜以及偶像崇拜等。

很显然，中国的原始宗教是中国原始先民们在征服自然的过程中自然而然形成的，是一种自然宗教，反映的主要是人与自然之间的矛盾关系，故而具有明显的地域色彩。在中华民族生息繁衍的这片古老而又广袤的土地上，中国的原始宗教呈现出极为复杂的形态，崇拜的对象也五花八门，如鄂伦春人以熊为图腾，而傈僳族人则以竹为图腾，等等，不一而足。加之后来各民族的不断融合，使得宗教信仰更加复杂。但总体而言，中国典型的内陆文化，决定了中国原始先民们以农业为主要的经济方式，因而也决定了他们的原始宗教相对集中在对日、月、山、川、风、雨、雷、电等这样一些对农业生产有明显影响的自然现象上，且因为农耕社会生活的核心是家庭，故而原始宗教的诸形式中，祖先崇拜是最突出的，不仅占据着核心地位，而且一直延续到近代。

原始宗教对人们的日常生活产生着十分重要的影响，这种影响一直延续至今，但它并不是一种成熟的宗教，它的各种信仰和崇拜没有固定的教义、理论和组织。一般认为，我国真正意义上的古代传统宗教主要有佛教、道教、民间秘密宗教以及唐朝传入但直到元代以后才有较大发展的伊斯兰教等。

（二）佛教及其在中国的传播

佛教不是中国本土宗教，而是产生于公元前 6 到前 5 世纪的古代印度，于西汉之际传入中国，其后不断与中国传统思想文化和宗教观念相融合，逐渐演变为中国的民族宗教之一，对中国社会和文化产生了深远的影响。

佛教的创始人释伽牟尼，本名悉达多·达摩，是古印度北部伽毗罗国的王子，生活年代大致与孔子同时。相传，他 29 岁时不顾家人劝阻出家苦修，立志为众生寻找解脱痛苦之路，但六年未果，最后在菩提树下静坐苦思了七七四十九天，终于对各种人生问题大彻大悟而成佛。

释伽牟尼在菩提树下悟得的人生“真理”，主要是“四谛说”，此外，还包括缘起说、业报轮回说和三法印等理论。其最根本的思想是一切皆苦，一切皆空。“四谛”即苦谛、集谛、灭谛和道谛。所谓“谛”，就是“真理”的意思。“四谛”就是阐述四种真理：人生的痛苦现象（苦谛），造成人生痛苦的原因（集谛），指明解脱人生痛苦的理想境界（灭谛）和到达理想境界的途径（道谛）。缘起说是佛教对世界万物皆空的原由的解说，认为诸法皆由因缘和合而生，一切事物的生起都是一种相互依存、互为因果的关系，而不是真实的存在，没有必要执着于此。业报轮回说是指佛教认为恶有恶报，善有善报，要求众生皈依佛法，虔诚修炼，觉悟成佛便可跳出六道，超脱轮回之苦。三法印则主要是讲涅槃超脱，远离烦恼。

佛教最早传入中国的确切年代已很难考证，据史料推测当在两汉之际。佛教传入之初，信奉者不多，并未流行，主要是在上层社会流传。当时社会上正流行着各种宗教迷信和神仙方术，因而人们也自然把它看作是神仙方术的一种，以为佛有神通，可以变化无穷。大城市所建立的少数寺庙也主要是供从西域来的僧侣和商人参拜使用，汉人出家为僧的很少。直到汉末魏初，来内地的僧人逐渐增多，并译出了不少佛教经典，印度的小乘与大乘佛教才被大量介绍到中国。如东汉末年，安息僧安世高等人来华译出大量小乘经典。大约同时期又有西域大月氏国僧人支娄伽谶把大乘般若学传入中国内地。

魏晋时期盛行玄学。玄学以老庄思想解释儒家经典，提出有无、本末、动静、体用等哲学范畴，具有高度抽象的思辨形式，而佛教般若学的中心问题为“空”、“有”，宣传“诸法性空”，与玄学特征十分相似。因此，佛教在这一时期依附于玄学而得以迅速流传发展，深受士大夫欢迎。玄学家以佛教般若学说来发挥玄学的理论，佛教学者也用玄学来解释般若学说，至此佛玄交融贯通，于两晋时期形成具有中国民族特色的般若学派——“六家七宗”。东晋十六国时期，既是佛家思想与中国传统文化发生冲突的时期，也是玄学与佛法不断协调、彼此融合的时期。这一时期的佛教代表人物有道安和慧远等。尤其是慧远，他提出协调王权和僧团、名教和佛法的理论，还创造了弥陀净土的佛教思想，宣传只要口念“南无阿弥陀佛”，人死后就能进入西方极乐世界，因而受到社会普遍欢迎，发展很快，几乎普及到了社会各个阶层。

从南北朝开始，中国佛教进入大发展时期。据唐代高僧法琳的《辩正论》记载：南朝梁时(502—556年)，共有寺院2846所，僧尼82700人，比东晋时的寺院增加了一千余所，僧尼增加了三倍多。对佛教经典也由过去的广译到深入的研究，讲经和著述之风甚盛。学派也日益增多。佛教在南北朝之所以迅猛发展，与当时统治阶级对佛教的大力扶植是分不开的。南朝各代统治者都崇信佛教，其中梁武帝尤为突出。他自称“三宝(佛、法、僧)之奴”，四次舍身出家，最后又由朝中群臣以巨额金钱赎回，还多次登坛讲经，从事著述。北朝虽发生过北魏太武帝和北周武帝两次灭佛事件，但总的来说也是扶植佛教的。这一时期云冈、龙门石窟以及大量寺院的修建即为证明。由于统治阶级的支持，南北朝时已形成了相当稳固的以经营土地为中心的寺院经济，并在世俗官僚制度之外形成了比较完备的僧官制度。佛教终于在中国这块土地上深深地扎下了根。

隋唐二代，佛教进入了鼎盛时期，也进入了成熟期。寺院林立，僧尼众多以及佛教宗派纷纷涌现和发展，便是最显著的标志。这一时期，统治阶级重视非常文治政策，对儒、佛、道都予以扶植。佛、道二教均获得空前发展。隋文帝扶植佛教，度僧建寺，造像写经，还将全国各派佛教学者集于长安等地进行学术交流。唐代帝王因李姓而重道教，但并不抑佛，如唐太宗本不信佛，但仍支持玄奘等人翻译佛经。武则天因利用佛教篡夺帝位，于是谕令佛在道前，并在全国建造大云寺，从而进一步刺激了佛教的发展。隋代有寺院3985所，僧尼23.6万人。唐代发展为寺院近5万所，僧尼30多万人。寺院拥有庞大田地，并享有免赋役特权，寺院经济极其发达。至此，经过6个多世纪的流传普及和吸收消化，佛教逐渐成为中国传统文化的一个重要组成部分，至隋唐时期已形成具有中国特色的佛教八宗，即天台宗、华严宗、净土宗、法相宗、密宗、律宗、禅宗和三论宗。其中影响较大的宗派有天台宗、法相宗、华严宗、禅宗和净土宗。在这其中又以净土宗和禅宗因其修行简易方便而最具中国特色，影响最大，流传也最久远。

由于隋唐统治者实行“三教并行”，故而促进了儒、佛、道的融合。封建统治者充分利用儒教治世、佛教治心、道教养身的不同功能，使它们在维护统治方面实现互补。至宋明清之际，三教进一步融合，在三教融合基础上形成的宋明理学不断吸收一些主要佛教宗派的基本观点，对佛教不断进行中国化的改造。逐渐被改造的佛教日益同中国的本土文化融为一体，成为中国传统思想文化的附庸，甚至儒家思想的补充。

（三）道教的产生及其历史发展

道教是中国的本土宗教，是以道家思想为主干，吸收了儒家、墨家以及黄老学说等诸多传统文化要素而形成的一门传统宗教。它正式形成的时间稍晚于佛教。究其渊源，主要包括四个方面：一是早期的宗教信仰；二是神仙方术；三是儒家经学和诸子学说；四是黄老思想。这是道教最为直接的文化思想渊源。

很显然，道教和道家并不是同一个概念。道教是把哲学之“道”神化并赋之于许多新的内容，使之逐渐转化为宗教之“道”。故而道教在创立之时就把道家学派创始人老子当作教主，尊为“太上老君”或玄元皇帝，奉《道德经》、《庄子》为主要经典，并命名为《南华真经》。

道教成为一门独立的宗教，始于东汉顺帝至桓帝年间，其标志是道教民间秘密组织的产生和原始经书的出现。这一时期主要形成两支道教：一支是张道陵创立的五斗米道，另一支是于吉等人创立的太平道。早期道教经书是《太平经》和《周易参同契》。

据载，张陵学道于四川鹤鸣山，得太上老君口授道书24篇，创建了带有地方色彩的宗教团体——“五斗米道”。从受者只须出米五斗便可加入。后世因称张陵为张道陵、张天师。张道陵死后，其子张衡和弟子张修继之，张衡死后，其子张鲁杀张修继之。张鲁割据汉中，创造了一个政教合一的地方政权，使得道教在这一地区获得了迅速的发展。后张鲁投降曹操，被封侯，五斗米道得到官方保护。曹操为防张鲁政权，把中原居民与汉中居民互迁，结果反而使得五斗米道在中原地区逐渐传播并发展起来。

约与五斗米道形成和传布的同时，于吉等人著《太平经》，在东海创立了太平道。其基本思想来自两汉流行的黄老思想，也吸收了董仲舒以来的神学目的论和阴阳五行思想，神化老子，批评贫富悬殊、为富不仁的社会现实，表达了强烈的干预社会政治的愿望。东汉灵帝时，巨鹿人张角利用宣传《太平经》的方式组织和发动了黄巾起义。张角遣弟子四方传教，十余年间，其教徒达数十万之众。起义失败后，太平道遭到统治者的残酷镇压，不久即销声匿迹。

早期道教不仅作为一种社会思潮而流行，而且成为一种社会力量积极参与社会活动，但它的形态仍不完备。直至魏晋时期，道教才开始理论化、上层化，逐步走向成熟。在这一时期里，统治者对活动于民间的早期道教，一方面采取严厉禁止的做法，另一方面则予以利用和改造，加上此时道教本身组织涣散，思想紊乱，内部发生了分化，一部分道教徒向社会上层发展，逐渐形成了适合魏晋门阀士族口味的神仙道教。这部分向社会上层发展的道教徒，根据魏晋南北朝动荡时期门阀士族政治腐朽、精神空虚、大谈玄学、追求长生的需要，将本来流播于民间的原始道教改革成了贵族道教。其代表人物有葛洪、寇谦之、陆修静和陶弘景等人。

东晋时期，道教不仅建立起了较为固定的宗教组织，还创立了道教教义的理论。葛洪是这一时期道教最为突出的代表人物，著有《抱朴子》一书，在极力推崇神丹长生的同时，主张把儒家的纲常名教思想也吸收到道教教义之中，创立了“金丹道派”。后来的陆修静、陶弘景援佛、儒入道，主张三教合流，被称为南天师道。北魏道士寇谦之把儒家的纲常伦理列为道教内容，吸取佛教轮回思想为道教教义，讲求佛道双修，被称为北天师道。经过葛洪、寇谦之等人改造过后的贵族道教，从内容和形式都得以健全和充实，深得统治阶级的欣赏和推崇，开始步入鼎盛时期。

从隋唐至明代中叶，是道教进一步兴盛和发展的阶段。主要表现在：一为道教理论不断深化，建立起了相当系统化的道教理论体系；二为道教制度不断完善，在组织上存在全国性的道教管理体制和道官系统。隋统一南北之后，道教的地域性特征逐渐被打破，南、北道教呈现融合的迹象。唐代统治者为了抬高自己的出身门第，神化自己的统治，利用与老子同姓的关系，自称是老子后裔，从而使道教在三教中位于儒、佛二教之上。李唐王朝的崇道，极大地促进了道教的发展。随着道派的涌现、经典的编撰、宫观的兴建和仪规的修订，道教几成国教，盛极一时。

宋代，皇帝也与道教联宗。宋真宗宣称其祖赵玄朗为道教尊神，加封老子为太上老君混元上德皇帝。宋徽宗更是自称“教主道君皇帝”，下诏全国求仙访道，又在太学设置《道德经》、《庄子》、《列子》博士，并亲自为多种道教书做注，大大促进了道教的兴盛发展。这时的道士人数大增，道教的宫观日益壮观，神仙系统越来越庞大，经书数量也不断增多，而且已编撰成《道藏》，正式刊行，研究道经的著名道士和道教学者，也相继涌现。

唐宋道教的兴盛很显然是与皇权政治密不可分的。统治者的大力倡导，使得道教的发展日盛一日，而道教的兴盛反过来又给统治者的统治蒙上了一层神秘的光环。二者紧密结合，相互利用。在北宋，道派纷纷涌现，最有影响的道派有龙虎山正一派、茅山上清派、阁宅山灵宝派等。各派组织严密，高道众多，与统治者关系密切，在政治、经济上享有诸多特权，具有浓厚的官方宗教性质。也正是这一时期，道教本身的发展开始发生重大转折，主讲道法、符箓仪式为主体的旧道教日趋式微，冶炼药金的外丹术也渐被世人鄙弃，而代之以炼养心性、服气存想、结丹长生为主的内炼新道术。

自宋以后，南北天师道合流，易名为正一教，并逐渐统一了南方各派。北方则相继出现了太一、大道、全真等新教派别。其中最具影响的是南方的正一教和北方的全真教两大派。正一道是天师道融合上清、灵宝两派而成，以《正一经》为立宗经典。主要宗教活动是符箓斋醮、降魔驱鬼。该派戒律宽松，道士可不居宫观而有家室，其影响主要在南方。全真道由王重阳创于金世宋大定七年(1167 年)，以道家《道德经》、佛家《般若经》、儒家《孝经》为必修经典，反对正一道的重符箓，倡导三教平等合一，宣扬孝谨第一、正心诚意、少思寡欲、清净无为是修道之本。其影响主要在北方。正一道和全真道都得到元朝统治者的扶持，故而都能盛极一时。

明太祖推翻元朝统治者后，出于维护统治的需要，对道教两大派采取扬正一抑全真的态度，从而使正一道继续兴盛，在明中叶以前取得了很高的政治地位，统领明代道教。但明代中叶以后，由于道教所宣扬的长生不死与肉体飞升成仙理论，在论证上太粗糙，在实践中又不易应验，加之很多道士道姑、巫婆神汉往往装神弄鬼、骗取钱财，使道教名声日坏，渐失人心，故而不仅在上层的地位日趋衰弱，即使在民间亦渐趋衰颓。入清后，道教命运更惨。清政府对其采取冷淡和严格控制的政策，致使道教对上层政治的影响逐渐消失，转而回到民间发展，从此日趋世俗化。

除佛、道二教外，中国还存在许多被官方所禁止而只能在民间流传的秘密宗教。这些民间宗教起源很早，在东汉时就已经存在，以后影响渐大，至明清时尤甚。它们具有众教合一的特点，并且带有强烈的政治色彩，在历史上往往被利用作发动起义的工具，故为官方所忌并厉行禁止。影响较大的有白莲教、摩尼教、罗教、八卦教和黄教等。

总体而言，我国是一个多宗教的国家，同时也是一个长期以儒家的孔孟之道为主流意识的国家。儒家思想的那一套极为精密而又庞大的理论体系，不仅具有足以实现思想和政治统一的强大社会约束力，而且具有同化各种异质文化的功能，这就意味着任何其他文化不论是外来的还是中国本土的，只有与儒家思想不断相协调、相融洽，甚至相融合，才能获得生存和发展的空间。这种特殊情况导致了我国传统宗教形成了许多不同于西方宗教的特征。主要表现在三个方面：第一，中国传统宗教不够发达，中国人的宗教观念十分淡薄，宗教情绪不是很强烈，缺乏为宗教信仰而献身的精神。第二，中国传统宗教注重实用性，轻精神超越，重现世人生，表现出更多的是对今生今世和现实生活的关注，带有极大的功利性。第三，中国传统宗教的兼容性很强，中国人对异教徒有更多的宽容和理解。

【思考与练习】

1. 试述儒家、道家学说的基本内容及墨家和法家思想的兴衰情况。
2. 如何认识儒家仁爱观的基本特征及其与墨家兼爱思想的相互关系？
3. 中国传统宗教的基本特征是什么？
4. 道教的思想渊源及其基本信仰是什么？
5. 道教思想对中国人格形成有何特殊影响？

参 考 书 目

[1] 张岱年，方克立等. 中国文化概论. 北京：北京师范大学出版社，1994
[2] 商聚德，刘荣兴等. 中国传统文化导论. 保定：河北大学出版社，1996
[3] 石麟. 中国传统文化概说. 武汉：湖北教育出版社，2000
[4] 李宗桂. 中国文化导论. 广东：广东人民出版社，2002
[5] 顾建华等. 中国传统文化. 长沙：中南工业大学出版社，1998
[6] 陈江风等. 中国文化概论. 南京：南京大学出版社，2002
[7] 王玉德等. 中国传统文化新编. 武汉：华中理工大学出版社，1996
[8] 张应杭等. 中国传统文化概论. 上海：上海人民出版社，2000
[9] 孔令宏. 中国道教史话. 保定：河北大学出版社，1999
[10] 加润国. 中国儒教史话. 保定：河北大学出版社，1999
[11] 刘克苏. 中国佛教史话. 保定：河北大学出版社，1999

第三讲　传承与教化
——中国传统教育

人类创造的文化，总是依赖教育得以留传。文化是教育的内容，教育又传播文化，创造文化。所以，教育本身也是一种文化现象。

不同的民族有不同的文化起源，有不同的教育。教育除了有自身的独立性之外，总是服务于特定的政治、社会及经济环境。但这种服务不是被动的。当文化需要转机或者向稳定方向发展的时候，教育应该或者总是培养出相应的人才。

一个民族之所以能长久地屹立于民族之林，总有特定的教育，有可以称得上代表民族精神的教育文化。但相对于整个人类来说，它同时可能具有民族局限性。同理，每一个民族在特定的时代，一般来说，都创造了具有时代精神的教育。但相对于较高文明时代来说，它往往同时表现出时代的局限性。

中国是一个有着悠久历史的国度。中国的教育承负着独特的中华文化的使命。在中国教育史上，教育的物质载体在更新，教育制度在变革，教育观念在转型。在这些过程之中，又有官学与私学的并立或合流，有教育大师的辈出。透过他们，我们可以发现，我们应该珍惜什么，我们还缺什么。

一、西周以前的教育

有了人，就有了教育。原始教育主要是实践性、示范性、口碑性的教育，是一种原始自然主义教育。

（一）原始教育

1. 生产教育

原始教育与生产、生活息息相关。譬如，氏族公社时期发明了人工取火技术。取火的技术和用火的经验，就依靠教育活动推广和传授给下一代。又如，原始人的主要食物来源除狩猎打渔之外，还有采集，后来发展为农耕，发明农具。农耕的经验传授是使农民的生活得到保障的重要途径。再如，随着农业的发展，产生了手工业。纺织业、制陶业的经验积累，代代相传，也使生产劳动教育的内容大为丰富。

2.生活教育

氏族公社时期开始，人类过着比较固定的群居生活，有公共活动场所、氏族会议、吉庆节日等，宗教活动都按一定程式举行。氏族的公共事务由氏族长管理。首领由氏族会议民主选举产生，勤劳勇敢、经验丰富、能力卓越的人容易被众人推举。氏族长主持氏族的民主集会，未成年男女也参与旁听，接受原始的民主精神的教育。

3.宗教与艺术教育

原始宗教活动中的自然崇拜、图腾崇拜、祖先崇拜、占卜巫术等形式，都不同程度地包含有教育因素。自然崇拜包含了动植物、生态环境等方面知识内容的传授。图腾崇拜是对自己氏族起源物的崇拜。青年人从老人那里学会图腾绘制，接受图腾的故事、禁忌，这是重要的民族传统教育。祖先崇拜，氏族公社的人把自己的祖先神化，产生了祖先崇拜。它重视血缘关系，宣扬祖先的功德。通过祭祀活动，加强血缘关系，唤起内部团结，对氏族成员有深刻的教育功能。占卜巫术，某种程度上是要认识自然与人自身的命运，使客观世界为自己的愿望服务。巫师是原始文化科学知识的传播者、保存者。巫师是社会分工的产物，在当时有着特定的意义。原始的艺术主要有歌舞、绘饰等。歌舞反映氏族社会生活的各个方面，既是娱乐形式，又能发挥传授知识、宣传习俗的教育作用。绘饰体现了人们对美的追求。

（二）学校的萌芽与成形

随着生产的发展，社会的变革，教育也逐渐分化出来，出现了学校的萌芽。

1.明堂

明堂就是“议事厅”或“公共活动室”，施行社会教育是它的文化职能之一。

2.成均

成均以“乐教”、“声教”为主。作为学校，成均已经有了专门化的倾向。

3.庠

“庠”的意思：一是粮仓，一是敬老养老之所。成年人外出劳动，教育下一代的任务自然由老人完成。加之，老人有较丰富的生产、生活经验和人生阅历。于是庠也就同时成为学校。孝道与敬老是教学的基本内容，这是老人们所乐此不疲的。这在一定程度上为以后中国社会乃至今天教育的伦理本位奠定了社会心理基础。

4.序

序是房舍的东西厢，是学射之所。当时，人们广泛地从事狩猎活动。时而又会发生氏族部落冲突，因此射箭是人们接受教育的必修课。

5.校

“校”字，从“木”，从“交”，是由栅栏形状演化而来的。“校”的早期功能与养着战马的军营有关。校侧重于军事教育。

6.夏商周的学校

夏代学校的名称有“校”、“序”、“庠”三种。由于夏代的国策重武，所以习射的“序”显得比较重要。商代学校名称有“序”、“瞽宗”、“塾”、“左学”、“右学”。甲骨文还有“大学”的名称。

“瞽”,眼瞎,盲人对音律敏感,“瞽宗”是音乐学校,与“以乐造士”相合。这是已知的世界上最早的特殊教育。“塾”是基层学校,“大学”是神学教育机构。西周的学校有“庠”、“泮宫”、“辟雍”、“小学”、“射”等。依地域或主办者,可分为“国学”、“乡学”。依教育程度,又可分为“小学”、“大学”。

(三)夏商周教育的总特征

1. 学在官府

文化教育为官方垄断,贵族或官僚子弟享有学校教育的优先权。

2. 官师合一

教师由官吏兼任,师资的选聘和任用,由政府掌握,教师缺乏真正的专业化倾向。

3. 政教合一

教育能否成为政治的工具是教育自身能否存在与发展的必要条件。教育的目的或出发点是培养经世人才,作为个人是为了做官。选官或选士制度是学校教育的理论依据。

二、孔子的教育思想

(一)私学的兴起

春秋时期,诸侯争霸,社会动乱。这样的社会局面,既不利于官学的兴办,也不利于私学的发展。但比较起来,对官学的破坏性影响更大一些。因为在这时,诸侯离心离德。周王朝衰败没落,贵族子弟堕落,礼乐流于形式。由于官学的衰败,为私学的产生与发展提供了一定空间。

此外,私学的兴起还有特定的历史条件:

(1)牛耕的普及,铁器的推广,使生产力得到新的提升,为脑体的进一步分工提供了可能。

(2)士阶层的兴起,一方面贵族子弟没落,另一方面诸侯争霸,为有真才实学之士提供用武之地。

(3)私学的办学形式比较灵活,能扬长避短。

(4)私学大多有自己独立的学术追求,对功利的追求相对淡薄,容易体现教育的内在价值,突显人的主体地位。

(5)专业条件的准备较前充分,笔的发明,简书、帛书的流行,都为学校教育提供了更为有利的条件。

很难说孔子是私学的首创者,因为孔子少时就有私学存在。与他同时的还有郑国的邓析、鲁国的少正卯。但孔子对后世影响最大。他是儒家私学的首创者,是早期开办私学的代表人物。

(二)孔子的生平

孔子(前551—前479年),名丘,字仲尼,鲁国人,儒家学派的创始人。孔子早年丧父,家境衰落。他曾说:“吾少也贱,故多能鄙事。”年轻时,他做过“委吏”(管仓库)、乘田(管放牧牛羊)。孔子十五而学,三十而立,而立之年开始授徒讲学。孔子一生弟子三千,贤人七十二。51岁时,孔子任中都宰,52岁任司空,再任司寇,但时间都不长。于是他开始14年的周游列国。68岁归鲁,致力于整理文献和继续从事教育。《论语》是研究孔子教育思想的主要著作。

(三)关于人性与教育

人为什么需要教育?为什么能够教育?怎样教育?回答这些问题的前提是对人之本性的认识。孔子所提出的命题是:“性相近也,习相远也。”孔子认为,人的本性是相近的,按常态分布的,智商很高和很低的人都属于少数,中等智力的人占绝大多数。习,是后天的习染、习惯、行为。经过后天的不同环境、教育、实践的影响,人与人之间的差距就拉大了。

(四)教育对象与培养目标

孔子说:“有教无类”(《卫灵公》),“自行束脩以上,吾未尝无诲焉”(《述而》)。孔子收学生,不分类别,不分贵贱、贫富、地域、民族。门徒弟子,有贵族出身的孟懿子、子张、仲弓等人,有商人出身的子贡,还有极为贫困的颜回。这些学生来自各个诸侯国,有华夏族,有夷族、戎族。“有教无类”,打破了贵族垄断、学在官府的局面。

孔子招收学生当然也有入学条件,其中就有“束脩”。人们通常理解为“十条干肉”,引申为学费、敬师礼、贽见礼。其实,从汉代起就有人持不同见解,认为“束脩”是束发,15岁要举行束发仪式,类似于“成人礼”,也就是过了15岁才可进孔门学习。另外,孔门没有女弟子。“仕而优则学,学而优则仕”(《论语·子张》)这句话虽然出自孔子的学生子夏之口,但却恰当地总结了孔子培养学生的目标。

孔子不仅自己长期抱定出仕做官的信念,而且鼓励和推荐弟子去做官。孔门师生实际上由此而形成一个政治势力集团。孔子的办学经费,很大程度上来自这部分入仕学生的资助。当然,孔子作为一个伟大的教育家,这并不是他的着眼点,他的目标是培养出君子,“修身、齐家、治国平天下”。“君子”在《论语》中出现过101次,“君子”原来是地位高的上流人士的专称,孔子把它发展为对人格、品行高尚的人的褒称。“子路问君子,子曰:‘修己以敬。’曰:‘如斯而已乎?’曰:‘修己以安人。’曰:‘如斯而已乎?’曰:‘修己以安百姓。’”(《宪问》)君子既要修养自己身心,恭敬谦逊,还要使人安乐,更要德才兼备,以治理天下百姓,治国安邦。

(五)以道德为中心的教育内容

孔子教育的课程设置是“六艺”:礼、乐、射、御、书、数。孔子本身精通礼乐,也是御车能手。从孔门弟子“大射于孔子家”以纪念孔子来看,孔子习射、教射击似也能成立。孔子曾为季札之墓题碑,至今还存有“比干莫”的碑铭,说明孔子也是“书”之高手。孔子担任过“委吏”,管仓库,还整理《易经》,他的“数”也是高水平的。

孔子的教材是“六经”,而且是亲自收集、整理、编定的。“六经”指诗、书、礼、乐、易、春秋。诗,《诗经》,相当于语文教材。“不学诗,无以言”,《诗经》有语言文字的功能。同时,能识山川草木之名,可见也有常识之功能。“诵诗三百,授之以政,不达;使之四方,不能专对,虽多,亦奚以为?”说明学习《诗经》的目的还在于从政、治民,使外邦交。书,《尚书》,是政治文献，相当于政治课，从中了解从政的基本规律，典章制度，治民先例。礼，《礼记》，记录西周的礼仪、礼制，讨论礼的性质，相当于伦理教材。乐，《乐记》，音乐教材。孔子很重视音乐，“兴于诗，立于礼，成于乐”（《论语·泰伯》）。音乐最后养成人的品格。易，《易经》，相当于数学课。孔子自己钻研《易经》很勤奋，“韦编三绝”，用牛筋穿的书简，翻断多次。《易经》讲阴阳八卦，含有朴素的辩证法思想。《春秋》，史书，孔子私人修史，史论结合，这是创举。孔子是第一个认识到历史的教育作用的人。

“子以四教，文、行、忠、信。”（《论语·述而》）孔子教育的基本内涵是道德。“行有余力，则以学文。”（《论语·学而》）他重视的是德行、忠诚、信用。此后，中国的教育基本沿着孔子的思想发展。

（六）教育原则与方法

1.道德教育的原则与方法

（1）内省外察。这是道德认识的主要途径。内省也称为自省。“吾日三省吾身：为人谋而不忠乎？与朋友交而无信乎？传不习乎？”（《学而》）每天再三反省自己替人家办事有没有尽心竭力？与朋友交往有没有不讲信用？老师传授的学业有没有用心体会，身体力行？“见贤思齐焉，见不贤而内自省也。”（《里仁》）“克己复礼为仁。”（《颜渊》）“三人行必有我师焉；择其善者而从之，其不善者而改之。”（《述而》）

（2）乐道安仁。这是道德情感的最高境界。道德情感借助道德认识而形成，同时，它又有利于道德认识的巩固和提高。孔子提倡，能爱，能恨，能恶又知耻。“仁者爱人”，“唯仁者，能好人，能恶人”（《里仁》）。“恶不仁者，其为仁矣”（《里仁》）。“乡愿，德之贼也”（《阳贤》），认为好好先生是道德的祸害。“君子耻其言而过其行”（《宪问》）。

（3）立志守恒。这是道德意志的集中表现。认识是意志产生的前提，情感为意志提供动力，而行动是意志的反映。孔子重视立志，“三军可夺帅也，匹夫不可夺志也”（《子罕》）；“士志于道”（《里仁》）；“君子谋道不谋食，君子忧道不忧贫”（《卫灵公》）；“志士仁人，无求生以害仁，有杀生以成仁”（《卫灵公》）。

（4）慎言敏行。这是道德行为的普遍标准，要少说多做。“讷于言而敏于行”（《里仁》）；“有德者必有言，有言者不必有德”（《宪问》）；言行要一致，“言必信，行必果”（《子路》）；“始吾于人也，听其言而信其行；今吾于人也，听其言而观其行”（《公治长》）；要改过迁善，“过而不改，是谓过矣”（《卫灵公》）。

2.知识教育的原则与方法

（1）因材施教，启发诱导。孔子本身并没提因材施教，这是朱熹总结的。“夫子教人，各因其材。”（《四书集注》）因材施教的第一步是了解学生。孔子对学生的个性特征有恰当的把握，而且可以用最简洁的语言进行概括：“柴也愚，参也鲁。师也辟，由也喭。”（《先进》）愚，智商不高。辟，偏激。鲁、喭都有粗鲁之意。前者重在行为，后者重在言语。在《雍也》中说：“由也果”，“赐也达”，“求也艺”。对于培养的结果，“德行：颜渊、闵子骞、冉伯牛、仲弓；言语：宰我、子贡；政事：冉有、季路；文学：子游、子夏”（《先进》）。

因材施教，重在施。施的要领，一是激励，一是补偏救弊。孔子要求学生在正视自己的问题之后，一心向学。冉求曰："非不说子之道，力不足也。"子曰："力不足者，中道而废，今女画。"（《雍也》）。冉求说："我不是不喜欢您的学说，是我能力不够。"孔子说："能力不够的人，是走到中途走不动了才停止，现在你是先划定一个界限停止不前。"孔子激励学生不要自我设限。"由！诲女知之乎！知之为知之，不知为不知，是知也。"（《为政》）孔子鼓励学生热心学问，踏实做人。

对群体中的个别差异，孔子采取补偏救弊的方法。子路问："闻斯行诸？"子曰："有父兄在，如之何其闻斯行之？"冉有问："闻斯行诸？"子曰："闻斯行之。"公西华曰："由也问闻斯行诸，子曰有父兄在；求也问闻斯行诸，子曰闻斯行之。赤也惑，敢问。"子曰："求也退，故进之；由也兼人，故退之。"（《先进》）对于同样一个问题，不同个性的人提出来，孔子给予不同的答案。

启发诱导，是培养学生积极主动地思考问题，而不是接受现成的答案。"不愤不启，不悱不发，举一隅不以三隅反，则不复也。"（《述而》）朱熹对这句话作了很好的注解。愤，心求通而未得；悱，口欲言而未能；启，谓开其意，发谓达其辞；最后，学生做到举一反三。

（2）切问近思，学思结合。孔子教学的基本形式是问答法或谈论法。孔子主张质疑问难。"不曰'如之何，如之何'者，吾未如之何也已矣。"（《卫灵公》）对那些不问"为什么"的学生，孔子说他真不知道该怎么办。子夏曾说："博学而笃志，切问而近思，仁在其中矣。"（《子张》）切问，对于不懂的内容必须急切地追问；近思，明白道理之后，还必须实心体认。不过孔子不主张空想，主张学思结合。"吾尝终日不食，终夜不寝，以思，无益，不如学也。"（《卫灵公》）"学而不思则罔，思而不学则殆。"（《为政》）。

（3）温故知新。"温故知新，可以为师矣。"（《为政》）温故是对已学知识的复习，知新，则有迁移的内涵。掌握知识是为创造知识。

（4）学以致用。"君子学以致其道。"（《子张》）"诵诗三百，授之以政，不达；使于四方，不能专对；学多，亦奚以为？"（《子路》）这说明，学是为了用。否则，学得再多，也远离了学习的根本目的。

（5）循序渐进。颜渊赞叹孔子："夫子循循然善诱人，博我以文，约我以礼，欲罢不能。"孔子反对超越学生生理或心理水平的教育活动。

（七）孔子论教师的人格与专业素质

孔子被尊奉为"万世师表"，孔子自身的人格与专业素质是堪称楷模的。

1.师生平等、教学相长

"后生可畏，焉知来者之不如今也？"（《子罕》）孔子并不以先知先觉自居，并不好为人师，相信学生可以超过老师。"当仁，不让于师。"（《卫灵公》）在"仁"的面前，师生平等，不必对老师讲谦让。"伯牛有疾。子问之。自牖执其手。"（《雍也》）探病之时，焦急之情透露出对学生的挚爱。有了师生平等，才可能有教学相长。子夏曰："巧笑倩兮，美目盼兮，素以为绚兮，何谓也？"子曰："绘事后素。"曰："礼后乎？"子曰："起予者商也！始可与言诗矣！"（《八佾》)孔子承认在讨论《诗经》的诗句中,学生启发了自己。

2.以身作则,闻过则喜

孔子强调"身教重于言教","苟正其身矣,于从政乎何有?不能正其身如正人何?"(《子路》)"其身正,不令而行;其身不正,虽令不从。"(《子路》)"先行,其言而后从之。"(《为政》)"君子欲讷于言而敏于行。"(《里仁》)孔子认为错误对于一个人是在所难免的。但"过则勿惮改",不要怕改正,"过而不改,是谓过矣"(《卫灵公》)。"丘也幸,苟有过,人必知之。"人家知道自己的过失,是自己的幸运。颜回从来没有提过意见,孔子曾责怪:"回也,非助我者也,于吾言无所不说。"对自己的话总是和颜悦色地接受,孔子并不赞赏。

3.学而不厌,诲人不倦

子曰:"默而识之,学而不厌,诲人不倦,何有于我哉?"(《述而》)孔子入太庙,每事问。孔子是很好学好问的。对于知识,默默地记住。努力学习而不满足,教导别人而不疲倦。他觉得这些事情有哪一点没做到呢?叶公问孔子于子路,子路不对。子曰:"女奚不曰:其为人也,发愤忘食,乐以忘忧,不知老之将至云尔。"(《述而》)他让子路应该这样回答叶公,也就是,孔子评价自己是一个勤于学习,勇于实践,发愤得忘了吃饭,快乐得忘记了忧愁,不知道衰老就要到来的人。所谓活到老,学到老。子贡曾赞美孔子:"学不厌,智也;教不倦,仁也。仁且智,夫子既圣矣。"(《公孙丑上》)

三、道家的自然主义教育

春秋时期的老聃,世称老子,是道家学派的创始人。战国时期的庄周,发展了老子的人生哲学,合称老庄。"老庄之学"成了道家学派的别称。

(一)老子的教育哲学及主张

1.反学校教育的教育观

针对儒家的教育主张,老子从对立面展开讨论:"大道废,有仁义。智慧出,有大伪。六亲不和,有孝慈。国家昏乱,有忠臣。"(《十八章》)并指出,这些弊端都是"人为"所致,"为学日益,为道日损"(《四十八章》),解决办法是绝学弃智。这是中国最早的学校教育取消主义思想。

这种偏激的观点是难以令人接受的,绝学弃智是不可能的。但是,老子看到了"学"与"智"的另一面,因为它们本身是中性的,是一把双刃剑。老子偏激的言词还揭示了这样一个命题:教育还应当遵循万事万物(包括身心)发展的规律。正是从这些角度看,老子成为中国教育思想史上不可或缺的一位人物。

2."绝仁弃义"的教育内容观

"绝圣弃智,民利百倍;绝仁弃义,民复孝慈;绝巧弃利,盗贼无有。此三者以为文不足,故令有所属:见素抱朴,少私寡欲。"(《十九章》)老子认为,圣、智、仁、义、功、利,只可能起到相反的作用,必须毅然抛弃,应该返朴归真。受不教之教,不教育就是最好的教育。这表现出了老子对六艺、诗经等知识的鄙薄,以无知之知、无识之识作为神秘的内容。这在现实之中是不可能做到的。但从辩证思维的角度看，这种反教条、反束缚的观点，不能简单地斥之为消极。只是在方法论上，用一种极端反对另一种温和的极端，难以令人信服。

3.“闭目塞听”的教育方法论

老子认为，私欲是万恶之源。私欲的产生，是外物通过人的感官引起内心冲动而形成。所以，老子主张“塞其兑，闭其门，终身不勤。开其兑，济其事，终身不救。”(《五十二章》)“不出于户，以知天下；不窥于牖，以知天道。其出弥远，其知弥少。是以圣人不行而知，不见而名，弗为而成。”(《四十七章》)他的方法论就是要求顺应、无为、退守的自然之道。

(二)庄周的教育主张

老子还保留了人道原则。庄周则走得更远，认为没有必要强调人的尊严，应当泯灭天人物我的界限，天地与我并生，万物与我为一。庄周发展了老子的思想，形成老庄学派。它的总体特征是：追求个人的精神解脱，超凡脱俗的出世主义以标榜。它的积极面是追求个性自由，消极面是厌世。

1.教育作用论

一般来说，学校教育总是以智育明是非，以德育明善恶，以美育辨美丑。而庄子对此，都采取了一种相对主义的态度。

(1)齐是非。“是亦彼也，彼亦是也。彼亦一是非，此亦一是非”(《齐物论》)；“不谴是非，以与世俗处”(《天下》)。认为是非是相对的，不要人为划分。庄周对是非持超然的、模棱两可的态度，以至于随波逐流，混淆是非，如果有人说是就随声附和“是”，有人说非，就附和“非”。这样，天下的纷争就可自然停息。

(2)齐善恶。“争、让之礼，尧、桀之行，贵、贱有时，未可以为常也”(《秋水》)；“与其誉尧而非桀也，不如两忘而化其道”(《大宗师》)。好坏各有理由，没有固定的界限。与其赞誉尧而批判桀，不如将他们都忘掉。

(3)齐美丑。“毛嫱、丽姬，人之所美也；鱼见之深入，鸟见之高飞，麋鹿见之决骤，天下孰知天下之正色哉？”(《齐物论》)连美丑的客观标准都没有，哪里还有美育。

庄子认为教育的作用主要是要达成人的无差别的思想境界。“无己”，物我而忘；“无功”，对个人的名位置若罔闻；“无情”，将个人的情感、情绪完全排除。庄子追求的是个性、思想或理性的绝对自由。而儒家关注的则是另一端，以礼义等伦理规范来约束人。儒家的教育是不断使人社会化，道家则是使人成为他自己。

2.道家“自然主义”教育的评价

自然主义教育的基本原则是“顺应”，它不仅要求与受教育者的生理、心理发展规律符合，而且要求高度社会化的教育背景返朴归真回归自然。道家反对儒家教育的束缚人性、摧残人性，主张忘怀得失，怡然自适。这为历代文人士大夫抚平心灵创伤提供了一种方法，实现了“儒道互补”。与法家的教育观相比较，反照出了法家强人就范的偏颇。道家也因此具有了特定意义的纠偏价值。庄子没有门徒，但《庄子》一书能够较为完整地流传下来，这本身说明，它是有生命力的。

四、法家的“法治”教育

（一）源流

法家的起源可以推溯到春秋的管仲与子产。孔子也有“礼主内，刑主外”的思想，所以孔子门生子夏的学生中出了法家李悝，后期大儒荀况门下出了韩非——法家之集大成者。

由儒而衍化出法，道理很简单，儒家讲“礼”，即行为规范，“礼”上升为制度，就是“礼法”。后来的中国法律，以礼入法，法律不断儒家化。儒法实为一家。所以在根源上，中国古代的“法治”并非现代意义上的法治——以个体权利为本位，以共同遵守为指归。古代的法偏重于刑法，有等级的法。

先秦法家之中，商鞅的《商君书》对后世影响很大，韩非的《韩非子》富于文采，且是法家思想的总汇。

（二）商鞅的教育主张

1. 禁百家之学

公元前356年，商鞅在秦国开始变法。变法内容也涉及教育，基本上是围绕意识形态的统一来展开的。他认为，要使“万民之心皆服”，就必须使众流百家为一，禁绝各家私学，而矛头直指当时的“显学”儒家仁义礼乐。

“仁者能仁于人，不能使人仁；义者能爱于人，而不能使人相爱”（《画策》）；“礼乐，淫佚之征也；慈仁，过之母也”（《说民》）。他把儒家标榜的言论信条通通归入“巧言虚道”，把儒士看作社会的“虱子”、“臭虫”，明令取缔、扫除。

2. 以社会教育取代学校和“以吏为师”

商鞅既禁私学，又不兴官学，而使整个社会变成一所法治教育学校。各级官吏在执法的过程中，还兼有向民众解释和宣传法令的职责，这就是“以吏为师”。

3. “以法为教”的教育内容观

商鞅明确规定：“燔诗书而明法令”，“不贵义而贵法”。他认为，凭儒家的道德说教治国必将误国；只有强调耕战为基本内容的法治教育，国家才能振兴富强。这种“以法为教”的主张，显然是为巩固专制政治服务的。

4. 教育原则与方法

（1）法必明，令必行。法必明是实施的前提，令必行是实施的根本方法。

（2）力行务实。通过结合耕战的实际来施行教育，通过务农来学习种田，通过从军来习练武艺，从而培养出“农战之士”。

（3）严刑峻法。他认为“重刑者，民不敢犯”，“族刑”、“连坐”能够起到限制人们言行的作用。

（三）韩非的教育主张

1.教育的作用

商鞅认为“人性悍”，荀子明确提出了“人性恶”的观点。韩非则顺此发展为“人性自私”的结论。“安利者就之，危害者避之，此人之情也。”（《孤愤》）他认为，趋利避害是人的本性，人们总是从私心私利出发来应对各种事物和处理各种关系。甚至父母与子女之间也是以计算之心相待的。他用“产男则相贺，产女则杀之”的习俗来说明这也是“计之长利也”，从而将人类温情脉脉的面纱撕得粉碎。对于这种本性，韩非主张要靠后天的环境和教育来予以矫正。他不认为道德感化是有效的，他主张惩戒与教训。“严家有悍虏，而慈母有败子。”他试图借助威严的刑法来改造个体先天不良的本性，通过法治教育，矫正人性的自私。

2.教育目标

韩非的教育目标是培养出“明法”、“行法”的人才。为了使人人“尽力守法”，循令而从事，就首先要培养出一批“案法而治官”的先进人物。主要包括以下三种人才：

（1）智术之士——见识远大，明于事理。

（2）能法之士——立场坚定，敢于斗争。

（3）耿介之士——耿直刚毅，宁折不弯。

他们都必须无私无欲，能秉公执法；能顾大局，识大体。

3.教育方法

（1）赏罚分明，刑无等级。“赏莫如厚而信，使民利之；罚莫如重而必，使民畏之；法莫如一而固。使民知之。”（《五蠹》）使厚赏重罚的手段与恩威并重的统治之术相辅相成。“诚有功则虽疏、贱必赏；诚有过则虽近、爱必诛。”（《主道》）“刑过不避大臣，赏善不遗匹夫。”（《难三》）赏罚不分疏近、贱贵，不分大臣、匹夫。这种“法不阿贵，绳不挠曲”的思想，无疑是进步的。

（2）通俗明白，宣传广布。由于教育对象是全民，而教育对象的知识水平与接受能力参差不齐，所以政策含义必须明白晓畅，否则就会如对牛弹琴。

（3）恬淡平安，不拔不脱。恬淡、平安，强调心绪的宁静、平稳；不拔不脱要求意志和情感抵拒外物的引诱。他还要求通过“爱其精神，啬其知识”，来达到无私无邪的思想境界。

总之，法家针对人性“趋利避害”的特点，提出了“耕战”等一系列有价值的观点。但法家为了维护君主的绝对权威，提出“以法为教，以吏为师”，否定了人类文化知识的积累，否定了学校教育，使教育内容单一化。法家扬君权，抑民权，不仅摧残教育，而且窒息思想文化的发展。

五、墨子的教育思想

墨家的开创者是墨翟，他早年“学儒者之业，受孔子之术”。墨家学派是由孔门儒学人分化发展而来的。墨学在春秋战国时期与儒学并称显学。秦汉以后，后继无人，几近湮灭。

1.教育的作用

墨子认为人的本性无善恶之分，素白如丝。有什么样的环境或教育就有什么样的人性，

“时年岁善，则民仁且良；时年岁凶，则民吝且恶”(《七患》)，教育的作用是受客观环境制约的。但另一方面，墨子主张强力而教，“上说下教”。从而又确立了教育能够改造社会环境的人性的正确命题。墨子还充分肯定了教育工作者的作用：“教天下以义者功亦多。”(《鲁问》)

2. 培养目标

与儒家要培养的“士君子”、“君子儒”不同，墨子提出以培养“兼士”或“贤士”为目标。兼士是“兼相爱，交相利”之士的缩称。兼士的精神风貌是急公好义、济世利民、勇于献身，具有典型的博爱和功利的特征。兼士的三项标准是“厚乎德行，辩乎言谈，博乎道术”(《尚贤士》)。这明显有别于“讷于言”、鄙薄实际技艺的儒家。墨子还专门建立了“别士”的概念，以之作为兼士的对立面、反衬物。别士即那些一事当前，只顾自己，不管或牺牲他人利益的人。

3. 教育内容

墨子对儒经择其善者而用之，重视的是科技知识的教育。《墨子》一书，五千余字，除论及哲学方法外，还包容了天文学、数学、物理学和机械制造等方面的丰富知识。在天文学方面，论及天文引力、地球运转和时空观。在数学方面论及几何学的基本定义，有穷无穷问题。在物理学方面，论及力学、光学、热学等问题。在机械制造方面，墨子发明了木鸢、车辖、车輗和防御工事的工具。墨子实学实用的人生态度是以科学知识和技能作为内容或基石的。墨子关注纯科学和应用科学的教育，这在一个科学形态发育得不够完整的古代中国，实在是难能可贵的。

4. 教学原则、方法

(1)知识教学的原则和方法。“不叩必鸣”，教师不能总是守株待兔，“待问而发”，必须主动劝教、说教，以发挥主导作用。“务本约末”，由博返约，反对博识杂闻。“述而且作”，反对孔子主张述而不作。“吾以为古之善者则诛(述)之，今之善者则作之，欲善之益多也。”(《耕柱》)这种创造精神很可贵。“合其志功”，主张以功利为尺度衡量教学效果。

(2)道德修养方法。这一方面与儒家有许多相通之处，如自我修养、意志锻炼、言行一致等。“贵义兴利”，“兴天下之利，除天下之害”(《经上》)。主张“能自苦而为义”(《光义》)，透过“苦行”的修养方法，领略利他精神的闪光。“食力节用”，“用不可不节也”(《七患》)。“赖其力者生，不赖其力者不生”(《非乐上》)，提出“俭节则昌，淫佚则亡”的训诫。

“耻过诽非”，以“知廉”为改过的起码条件。“集体修炼”，除个体的自我修养之外，团体内，“有财相分”，“有力相助”，“有道相教”。

六、源远流长的书院文化

书院的起源可以追溯到私学、精舍乃至稷下学宫。名实相符的书院产生于宋初。宋初的六大书院都曾接受过皇帝钦赐的《九经》、匾额或田产。其中，白鹿洞书院受赐的时间最早。

(一)书院的特质

书院介于私学与官学之间，具有“非官非私，也官也私”的特征。

1. 官方认可

历代书院的确立都经政府许可。朱熹办理书院名扬四海，晚年归故里所办之学就不能称为书院，而称“竹林精舍”。

2. 注重藏书读书

唐代的集贤殿书院主要是皇家藏书和校勘经籍之所。五代十国的家塾、私学和学馆都有聚书籍、置书楼之举。宋代“书院之所以称名者，盖实为藏书之目的”（戴均衡：《桐乡书院四议》）。而藏书以院自然是为了读书。

3. 自由讲学，研讨学术

宋明的书院，更多地承袭了私学讲学自由的风范。因此，与官学比较，它受官府的节制较少，具有相对的独立性，即使清代书院也多少能代表时代的学术走向。

4. 坚守儒理，与佛、道争胜

精舍之名，到后来多为佛、道两家采用，而书院从未被佛道所用，说明书院对儒家学说的坚守。但书院的选址大多在名山大川、风景优美之地。书院师生朝夕相处，相聚讲学，大有与佛道争胜之势。

（二）宋代书院的发展轨迹

1. 宋初勃兴

宋立国后，暂时无力顾及振兴官学，对私学则采取“赎买”政策，书院实为官私联营。

2. 中期沉寂

北宋经历了庆历兴学、元丰兴学、崇宁兴学，官学空前兴盛，纯学术的研究日渐消沉，六大书院也破败停办或改为官学。

3. 南宋大盛

由于外族入侵，内部争权，科举腐败，南宋的官学形同虚设，更由于朱熹等人对书院卓有成就的复办和理学的流行，书院又日渐昌炽。

（三）书院的教学特色

1. 以自学读书为主，讲学指导为辅

读书不是为了应付科考，而是为了追求高深的学问。书院也有定期讲学，讲学的内容大多为大师的研究心得。

2. 立课程，兴考课

课程是一份“读书目次”，先读什么，后读什么，构成一套读书自学的系统。考课以读书心得或写作专题论文为限。考课内容往往与书院的学术特色相关。

3. 重论辩

质疑辩难是家常便饭，学生之间、师生之间时有论战。这使书院培养出了一批有独立见解的人才。在书院外部，讲会制度的确立更使论辩的学风得以光大。讲会，是指书院与书院或精舍之间举行的学术论辩会。它往往事先约定时间、地点、宗旨、规约和论辩的主题，由书院师生共同参加，吸引社会贤达与会。此制创始于南宋淳熙二年（1175 年），由吕祖谦在江西信州主持，邀约朱熹与陆九渊、陆九龄、刘清之等前往辩驳，使之成为学术界的盛事，史称“鹅湖之会”。讲会在明代书院复盛后大兴，清雍正后才明令废禁。

(四)六大书院

1. 白鹿洞书院

院址设江西庐山五老峰下。唐人李渤及其兄弟涉曾在此隐居读书。南唐升元年间(934—943年)于此建学馆,置田产,以国子监教授李善道为洞主。宋真宗时曾重加修缮。后逐渐毁败。

2. 嵩阳书院

院址设河南登封县太室山。五代后周时建有学馆。景佑二年(1035年)赖西京重修,并更名为嵩阳书院。该书院初建时影响较大,后来渐渐无闻。

3. 岳麓书院

院址设湖南长沙岳麓山抱黄洞下。初创者刘鳌。绍熙五年(1194年)朱熹知潭州。他发现昔日讲学盛地已"师道陵夷,讲论废息",于是扩建学舍百余间,增学田至15顷,亲自讲学,使来学者达千人之众,遂使书院复兴。

4. 应天府书院

院址于河南商丘县西北隅,商丘为应天府治下,故名。

5. 茅山书院

院址于江苏三茅山后,属江宁府。宋"南渡"后兴复多次,并于咸淳七年(1271年)迁至金坛县顾龙山麓,仍名茅山书院。

6. 石鼓书院

院址于湖南衡阳北石鼓山回雁峰下。南宋时对书院有所扩充,朱熹曾为之作《衡州石鼓书院记》。

七、朱熹的教育思想

朱熹(1130—1200年),字元晦,又字仲晦、晦翁、遁翁、云谷老人、沧州病叟等。祖籍安徽,生于福建尤溪。他在出道后,一边为官,一边讲学。主要著作有《四书集注》、《小示》、《朱子语类》、《近思录》等。

1. 人性及教育作用论

朱熹认为,"理"为第一性,理是天地万物所赖以存在的根本。他将宇宙的物质定名为"器"。在理与物之间,他依据阴阳五行学说安置了"气"的概念,而"理在气先"。"格物穷理"反映在由物到理的过程中,是有普遍规律可以追寻的。

朱熹认为,常人的气质都有偏蔽,只有圣人的气质才是清明完备、全面均衡的。因此,常人通过教育来变更气质是十分必要的。

朱熹承袭了孟子"人人皆可为尧舜"的思想,认为教育是人恢复天命、人性的有效工具。它能把常人培养成圣人,进而充分肯定了教育的作用。

教育的作用具体地表现为格物、致知、诚意、正心、修身。教育对于社会的作用是齐家、治国、平天下。修己是治人的前提,治人是修己的功夫。所以,教育作用和努力的方向,首先是由外而内，其次才是由内而外。

2.培养目标和教学阶段论

(1)“醇儒”的人格模式。醇儒是朱熹的培养目标。“熹窃观古昔圣贤所以教人为学之意，莫非使之明义理以修其身，然后推用及人；非徒欲其务记览为词章，以钓声名、取利禄而已也。”(《白鹿洞书院提示》)

醇儒的人格模式为：

修己—“明明德”—“灭人欲”。

治人—“亲(新)民”—“明人伦”。

(2)小学与大学阶段的培养目标。小学是“打坯模”的阶段，大学是“加修饰”的阶段。小学“以事教”，大学“以理教”，小学“教人洒扫、应对、进退之节，爱亲、敬长、隆师、亲友之道”，大学“明明德、亲(新)民，止于至善”。在朱熹的培养目标论中，小学侧重于德育，大学侧重于智育。

3.道德教育论

道德教育是理学教育的核心，也是朱熹教育思想的重要内容。道德教育的根本任务是“明天理、灭人欲”，而这样就必须进行以“三纲五常”为核心的封建伦理道德教育，这是朱熹道德教育的基本内容，也是他道德教育思想的重要特点。

朱熹关于道德教育的方法可以概括为以下几点。

(1)立志。朱熹认为，志是心之所向，对人的成长至为重要。人有了远大的志向，就有了前进的目标，能“一味向前，何往不进”。朱熹要人立志，即要成为像尧、舜那样的圣人。

(2)居敬。居敬是朱熹重要的道德修养方法。居敬就是专心致志、谨慎认真的意思。在他看来，只要“居敬”地修养功夫，就能做到“明天理、灭人欲”。“居敬”地修养功夫要从两方面努力，一是“内无妄思”，即自觉抑制人欲的诱惑，自觉执守封建伦理道德；二是外无妄动，即在服饰、动作、言语态度等外貌方面，“整齐严肃”，符合封建伦理道德规范。

(3)存养。存养就是“存心养性”，用存养的功夫，发扬善性，发明本心。存养也是为了收敛人心，将其安顿在义理上。朱熹“存养”的思想，是从理学的角度对孟子“存其心济其性”和“求放心”思想的继承和发展。

(4)省察。“省”是反省，“察”是检察。“省察”就是经常进行自我反省和检查。朱熹认为，在两种情况下应该加强省察。一是“省察于将发生之际”，即在不良念头刚刚显露之时，就应进行反省和检查，将其消灭在萌芽状态；二是“省察于已发之后”，及时进行检查和纠正，不让其继续滋长。

(5)力行。朱熹要求将学到的伦理道德知识付诸自己的实际行动，转化为道德行为。朱熹把“知”看作“行”的前提，“行”是“知”的检验标准，强调身体力行，反对言行脱节。

4.论读书方法

朱熹一生酷爱读书，对读书方法有许多精辟的见解。

(1)循序渐进。读书要按一定次序，不要颠倒，要依据自己的实际情况和能力安排读书计划，并切实遵守。读书要扎扎实实打好基础，不可囫囵吞枣，急于求成。

(2)熟读精思。读书既要熟读成诵，又要精于思考，熟读要“使其言皆若出于吾之口”。熟读的目的是为了精思，“使其意皆若出于吾之心”。如何精思？无疑—有疑—解疑。无论是发现问题还是解决问题，都是精心思考的结果。

(3)虚心涵泳。要虚怀若谷，静心思虑，仔细体会书中的意思。不要牵强附会，先入为主。涵泳是指读书时要反复咀嚼，细心玩味。

(4)切己体察。朱熹强调读书不能仅仅停留在书本上、口头上，而必须见诸自己的实际行动，要身体力行。他反对只向书本上求义理，而不“体之于身”的读书方法。

(5)着紧用力。一方面，要抓紧时间，发愤忘食；另一方面，要抖擞精神，勇猛奋发。他把读书比喻为救火诊病、撑上水船和破釜沉舟。认为读书要像救火诊病那样富有紧迫感，像撑船那样不进则退，要有破釜沉舟那样的顽强作风和勇往直前的精神。

(6)居敬持志。要精神专一，注意力集中，还要树立远大的志向，高尚的目标，要以顽强的毅力长期坚持。

朱熹的读书法比较集中地反映了我国古代士人对于读书方法的研究成果，有许多合理的成分。但是，其局限性也是明显的。

第一，朱熹所提倡读的书，主要是宣扬封建伦理道德的“圣贤之书”。

第二，他的读书法强调的是如何用书本知识，而没有注意到与实践经验间的联系。这使知识范围受到限制，并逐渐形成了“万般皆下品，惟有读书高”，“两耳不闻窗外事，一心只读圣贤书”的不良作风。

八、陈亮、叶适的教育思想

南宋在程朱理学、陆九渊心学风靡于世之时，在浙江崛起了薛季宣、陈傅良、陈亮、叶适等为代表的事功学派。其中以陈亮、叶适最为杰出，浙东人承袭了他们的事功思想，至今还隐约地影响着当地的经济行为。他们当年对教育问题的认识展示了南宋教育思想的另一个侧面。

(一)陈亮的教育思想

陈亮(1143—1194年)，字同甫，浙江永康人，人称龙川先生。陈亮以经营田园和教书为生。从1182年至1193年，陈亮以书信的形式与朱熹就王霸、义利、成人之道等问题展开了长达11年之久的论争，反映了两人在学术和教育思想上的分歧。

1. 教育目标

陈亮认为，教育目标应当是培养道德和事功能力兼备的人。对于南宋当时的局势来说，更应突出的是事功能力。这与朱熹提出的成为“醇儒”或“充备盛德”的圣人的观点大相径庭。

陈亮认为，当时的社会已经是“义利双行，五霸并用”，教育就应该培养出“推倒一世之智勇，开拓万古之心胸”的人。这种人有建功立业的能力和胆识，有救时之志、除乱之功，或至少有某一方面的特长。他认为，推动历史前进的未必纯是道德之士。陈亮批评当时在理学、心学的影响下，士风、学风表现为“一艺一能皆以为不足自通于圣人之道也……为士者耻言文章、行文，而曰‘尽心知性’，居官者耻言故事、书刊，而曰‘学道爱人’，相蒙相欺以尽废天下之实，则亦终于百事不理而已”(《陈亮集》。

2.教育内容

陈亮自称：“亮，诵墨翟之言，身从杨朱之道，外有子贡之形，内居原宪之实。”(《陈亮集》)他已不是纯粹的儒者，其教育内容已超出儒学的范围。他在重视历史文献之外，还注意兵法、山川形势、水利、度量权衡、官民商农等事功知识的讲论。他认为学校应该成为讨论学术、参议时政的场所。

3.学风

陈亮在学风上的突出特点为实学实用，他斥责静坐体认、涵养心性、空谈性命的门徒是“风痹不知痛痒之人”(《陈亮集》)，他强调从历史发展实迹中寻求解决现实问题的手段。他认为对书卷应抱有怀疑的态度。与疏阔的学风相对立，陈亮十分重视知识的实际功效和应用价值，认为人的聪明才智只有在实际社会事务中才能得到识别和提高。

(二)叶适的教育思想

叶适(1150—1223年)，字正则，浙江温州永嘉人。晚年罢官后，退居永嘉水心村著书讲学，又称水心先生，著有《叶适集》、《习学记言序目》。

1.论人性及教育目标

叶适的人性论排除了道德的先验性，他认为人性是没有道德属性的。教育应着眼于后天的修养，而不要执迷于先天的善恶。叶适强调人性的平等性，认为学习是成为圣贤的必要条件。他从天赋平等的观点出发肯定了教育权利的平等。同时，他又强调人之质的差异性。他认为“性”是对各不同的“质”的抽象，“质”是“性”的具体表现。教育的作用一方面是克服个体因“质”的不同而阻碍人们对维护封建社会自下而上和发展的“道”的一致认识；另一方面是要因质施教，培养国家所需要的不同人才。他的这种“性质合一”的人性论思想为他培养道德和事功能力合一的统治人才的教育目标提供了理论基础。

2.教育内容

叶适提出的教育内容很广，包括儒家《六经》、各代历史，以及诸子百家的书籍，“据经陈史、质证今事”。对儒家经典，叶适主要强调它的政治伦理观对现实政治的指导。

3.学习方法

叶适认为学习是学思结合、内外相成的过程。学习有两种途径：一是由主观和客观的直接结合(“格物”)产生的知识；一是历代积累的文化遗产。后者是从主体中已具有的知识经验推衍新知识的学习过程。

他认为，要有效地获得知识，必须端正学习态度，掌握良好的学习方法。一要立志，要志于道，要有百折不挠的刚毅品质。二要尽力，杜绝学习过程中长于空想而短于行动的学风。三要积知，人的才能和智慧是长期学习积累的结果。四要自立于己，虚受于人。既要有主见，又要不盲从别人，谦虚地向别人学习。要在既不强人就己，又不屈己从人的基础上做到人己的统一。

陈亮、叶适的教育思想上承王安石“经世应务”的传统，下启明清之际黄宗羲、顾炎武、颜元等人的早期启蒙教育思想，对中国封建社会教育产生过积极影响。

九、颜元的实学教育思想

颜元(1635—1704年)，字易直，又字浑然，号习斋，博野(今河北)人。能骑射，通医术，长术数。21岁“阅通鉴，忘寝食”。他的多学科的积累为其后来在教育思想上的创新打下了基础。他毕生从事教育，在逝世前，仍念念不忘教育学生“天下事尚可为，汝等当积学待用”。

(一)批判传统教育

批判传统教育，尤其是宋明理学教育，这是实学教育思潮的一个显著特征。

1.揭露传统教育严重脱离实际

颜元指出，传统求学误认为训诂，或是清谈，或是佛老，而程本理学兼而有之，故其脱离实际更为严重。在颜元看来，教育不能只在“文墨世界”中，在口头纸笔上下功夫，而要在经济上求实学。否则“中于心则害心，中于身则害身，中于家国则害家国”。他认为“误人才，败天下事者，宋人之学”(《颜元集》)。

2.批驳传统教育的义利对立观

传统教育把“义”和“利”，“理”和“欲”对立起来。“宋儒之学不谋食，能无讥乎?”颜元认为“利”是“义”的基础，“正谊”、“明道”的目的，就是“谋利”和“计功”，“全不谋利计功，是空寂，是腐儒”。但“利”也不能离开“义”，而且“利”必须符合“义”。他明确提出“正其谊以谋其得，明其道而计其功”(《颜元集》)。封建专制统治的秘诀之一就是消解民众的利，不承认人的与生俱来的各种权利，从而满足统治者无限的自私。从“得”入手，无疑是对传统根抵的挑战。

3.抨击八股取士制度

在八股取士之下，读书求学完全成了“名利引子”。而颜元认为:“八股行而天下无学术，无学术则无政事，无政事则无治功，无治功则无升平矣。”(《颜元集》)

(二)学校为人才之本

颜元非常重视人才对于治理国家的作用，指出:“人才者，政事之本也。”(《颜元集》)把人才看作是治国安民的根本，而且进一步指出人才要依靠学校教育培养。他正确地揭示了学校、人才、治国三者之间的关系，突出了学校教育的重要地位。那么，学校应该培养怎样的人才呢?他主张应该是“实才实德之士”。他提出“实德”这个概念，也即认为道德是一种实践理性。他认为“人必能斡旋乾坤，利济苍生，方是圣贤”，并且认为圣人也是人，圣人与庸人的区别只在于肯不肯下功夫。人才又分通才与专才，专门人才只要经世致用，同样“便是圣贤一流”。

(三)“习行”教学法

颜元身体力行，坚持“习行”不断。直至59岁，还觉得“思一日不习六艺，何以不‘习斋’

二字乎！”(《颜元集》)

他重视习行教学法，一方面同他的朴素唯物主义认识论有关，认为只有躬行实践，才能获得真正有用的知识。另一方面是以习行反对理学静坐读书、空谈心性的教学法。当然，习行并非排斥读和讲，不反对学习书本知识，但全看怎么读，读的方法不对，书读得愈多，愈缺乏实际办事能力。

(四)论劳动教育

重视农业知识的传授，注重劳动在培育人才中的作用，这是颜元教育思想的又一个重要特征。他认为“上自天子，下至庶人，皆有所事，早夜勤劳”，人人要乐于劳动，“甘恶衣粗食，甘艰苦劳动”。

在“习斋教条”中，规定学生学习农业、谷粮、水利等知识。他认为劳动不仅可以促进经济发展，有利于国家强盛，而且对人也有教育作用，能使人“正心”、“修身”，去除邪念。劳动能使人勤劳，克服怠惰、疲沓。劳动还具有体育的意义，可以增强体魄，是重要的养身之道，经常参加劳动，则筋骨强健，气脉疏通，久而久之，“魂魄强”。

十、梁启超的教育思想

梁启超(1873—1929年)，字卓如，号任公，又号饮冰室主人，广东新会人，。出身于“且耕且读”之家。梁启超自幼聪慧，熟读经史典籍，18岁接触西学，拜康有为为师。1897年在长沙创办时务学堂。戊戌变法失败后，逃亡日本。中国近代诸多重大历史事件都与梁启超有关。同时，他又是近代学术最为渊博、最有思想的学者之一。他的许多思想在今天仍具有现实意义。他的主要著作有《饮冰室文集》、《清代学术概论》、《先秦政治思想史》，教育代表作有《变法通议》、《湘南时务学堂条约》、《教育政策私议》、《论教育当定宗旨》等。

(一)论培养新式国民

梁启超强调，变法是使国家富强的关键，而改良教育又是变法的关键。他认为，随着时代的发展，国家之间的竞争正发生变化。由“力”而趋于“智”。而封建时代只注重培养少数治国精英，对民众只讲道德教化，乃至实行愚民政策。梁启超提出“开民智”、普遍提高民众素质，促进国家富强，促进社会进步。他认为，民权来源于民智。从专制社会走向民主社会需要有民智支撑，而开民智的基本途径是兴办教育。

梁启超指出，传统教育的最大缺点是培养的人缺乏国家观念、公共观念和自治观念。只求个人完善，或者只想升官发财，奴性作伪、自私、怯懦、麻木是人们的通病。他的教育目标是培养出新式国民：有独立的人格，权利义务并重，有知识、道理和才干，既能自主自立，又有团结协作精神。

(二)论变科举、兴学校

梁启超对八股取士的科举进行了猛烈抨击，把它视为中国鹖塞文明的大根源之一，“愚其士人，愚其民，愚其王公”。相对于当时的世界，“人皆智而我独愚，人皆练而我独鹖，岂能立国乎？”他提出变科举的方案：上策是“合科举于学校”。小学毕业等于秀才，中学毕业等于举人，大学毕业等于进士。中策是“多设诸科”，如明经、明算、明字(中外语言文字)、明法(中外刑律)、绝域(各国公法)、通礼、技艺、学究(师范)、明医、兵法等科目。下策是“略变取士之具”，增科举内容，增加一些实学知识。他认为，行上策国强，行中策国安，行下策国存。一成不变，国将不保。

(三)论师范教育

1896 年，梁启超在《时务报》上发表《变法通议・论师范》，在中国近代教育史上首次专文论述师范教育问题，指出传统教师不通六艺，不读四史，更不了解西学，而新式学堂的外国教习又存在诸种弊端。中国当务之急是设立师范学校，培养符合时代要求的教师。他希望通过广设师范学校统一课程设置，培养一批在知识结构和思想观念上都符合维新要求的新教师，推动维新教育活动全面开展。

(四)倡导女子教育

重视女子教育也是梁启超维新教育思想的重要内容。他曾发表《变法通议・论女学》，系统论述女子教育问题，从女子自养自立、成才成德、教育子女、实施文明胎教等方面提示女子教育的必要性。他还指出，接受教育是女子的天赋权利，也是男女平等的保障。从权利的角度思考这个问题，可谓振聋发聩。梁启超通过考察世界各国的情况得出结论：女子教育的发展水平反映国势的强弱。中国要救亡图存，由弱转强，就必须大力发展女子教育。

梁启超在推新变法和清末新政前期提出的评论教育改革建议，大多汲取了西方教育的新知学理，措施具体而观点新颖，在中国教育近代化发展的许多方面起到了思想先导的作用。

十一、黄炎培的教育思想

黄炎培(1878—1965 年)，号楚南，改号韧之、任之，江苏川沙人。他是中国近现代著名的爱国主义者和民主主义教育家，是我国近代职业教育的创始人和理论家。

(一)职业教育思想的形成与发展

黄炎培的职业教育思想是在吸取西方先进国家的教育经验，反思中国自办新教育以来的问题与教训，在不断探索中逐步形成的。1913 年，黄炎培指出，学生在学校中所受到的道德、知识、技能训练，走上社会后毫无用处。这就从理论上论证了改革普通教育，加强学校教育与个人生活和社会需要之间联系的必要性。

随着民族资本主义的发展，人才紧缺的问题呈现出来。黄炎培两次出国考察，提倡一种融教育与职业为一途的新教育形式的念头随之萌芽，并开始从鼓吹实用主义教育逐渐转为提倡职业教育。

1917 年，中华职业教育社成立，发表《中华职业教育社宣言书》，标志着以黄炎培为代表的职业教育思潮的形成。

(二)职业教育的目的、作用与地位

黄炎培认为，职业教育的最终目的是“使无业者有业，使有业者乐业。”(《黄炎培教育文选》)通过职业教育，为资本主义工商业发展造就适用人才，同时解决社会失业问题，使人才

不致浪费，使生计得以保障。进一步地，通过职业教育，形成人的道德智能，使之能胜任所职，热爱所职，进而能有所创造发明，造福于社会人类。

他认为，职业教育在学校教育制度上的地位应是一贯的、整个的和正统的，应建立起从初级到高级的职业教育系统。职业教育应贯彻于全部教育过程和全部职业生涯。

（三）职业教育的教学原则

黄炎培根据职业教育的特点并总结传统经验提出“手脑并用”、“做学合一”、“理论与实际并行”、“知识与技能并重”等主张。

他认为，人类文明是“手和脑两部分联合产生出来的”，“要使动手的读书，读书的动手，把读书和做工两下并起家来。”（《黄炎培教育文选》）

他所办的学校要附设工厂、农场、商店等作为学生实习场所，学生修业期满，在工作单位实习一年，证明能胜任工作后，再发给毕业证书。

（四）职业道德教育

黄炎培把职业道德教育的基本要求概括为“敬业乐群”四个字，并以之作为中华职业学校的校训。敬业，就是“对所习之职业具有嗜好心，所任事业具责任心”，有为所从事职业和全社会作出贡献的追求。

乐群，就是“具优美和乐之情操及共同协作之精神”，有高尚情操和群体合作精神，有“利居众后，责在人先”的服务乃至奉献精神。

他号召学生要“人格好”，“要有高尚纯洁之人格，博爱互助之精神，侠义勇敢之气概，刻苦耐劳之习惯，坚强贞固之节操”。个人良好的道德情操，将有助于人们在工作和生活中的和谐与有效合作。

十二、陶行知的教育思想

陶行知（1891—1946 年），安徽歙县人。少时曾入私塾，1906 年入教会崇一学堂读书，开始接受西方教育。1914 年赴美国留学。初入伊利谦大学攻读市政学，后转入哥伦比亚大学师范学院攻读教育，得到著名教授杜威、孟禄的赏识。后回国在东南大学任教育科主任。不久辞职，去实践自己的教育理想。陶行知是中国现代杰出的人民教育家，坚定的民主战士，一生探索中国民族教育之路。他的教育思想是一种具有创造性并不断发展，不断进步的教育思想，而生活教育思想则贯穿始终。

（一）教育探索

陶行知受实用主义哲学影响，他的教育总是重在解决问题，不断追随时代。

陶行知于 1917 年归国，历任南京高等师范学校教授、教务主任，东南大学教育科主任、教育系主任，南京安徽公学校长等职，并曾任《新教育》主编。1927 年，辞去东南大学教职，与朱其慧、晏阳初在北京发起组织中华平民教育促进会，先后赴河南、浙江推行平民教育运动。他认为平民教育是改造环境，把握国家命运的重要方法。他幻想利用平民教育打破贫富贵贱，创造一个四通八达的社会。

1926年，他为中华教育改进社起草《改造全国乡村教育宣言书》，提出“筹募一百万元基金，征集一百万位同志，提倡一百万所学校，改造一百万个乡村”。

1927年春，在南京和平门外晓庄创办南京市试验乡村师范学校，后改名晓庄学校，确立“生活即教育”、“社会即学校”、“教学做合一”的生活教育理论。他希望从乡村教育入手，寻找改造中国教育和社会的出路。

1931年，他又从事科学普及教育，开展“科学下嫁”活动。

1932年，在上海郊区大场创办山海工学团，提出“工以养生，学以明生，团以保生”，力将工场、学校、社会打成一片，从而实现教育普及。

国难当头，1936年1月，陶行知又发起国难教育社，推行国难教育。1939年7月，为了收容战争中流离失所的难童，培养有特殊才能的幼苗，在重庆创办育才学校。陶行知苦心兴学，以“新武训”自比，培养了一批艺术人才。

1945年，陶行知参加中国民主同盟首次代表大会，当选为中央常务委员、教育委员会主任委员，主编《民主教育》月刊。

1946年1月在重庆创办社会大学，任校长，致力于民主教育推进。7月25日，因劳累过度突发脑溢血在上海逝世。

（二）生活教育理论

生活教育是陶行知教育思想的核心，集中反映了他在教育的内容和方法等方面的主张。

生活教育的内容主要包括三个方面：生活即教育，社会即学校，教学做合一。

“生活即教育”，就是要求教育与实际生活联系，克服传统教育脱离生活，甚至与生活相对立的弊端。在社会的伟大学校里，人人可以做我们的先生，人人可以做我们的同学，人人可以做我们的学生。随手抓来都是读书，都是学问，都是本领。

“社会即学校”，凡是生活的场所，都是教育场所，跨出校门，走向社会，把工厂、农村、店铺、庙宇、监牢等都视为学校，成为课堂，达到学校与社会合一。

“教学做合一”，“做”是一切教育活动的中心，“教学做是一件事”，反对旧教育以书本为中心，死读书、读死书。

“生活即教育”是实质，“社会即学校”是课堂，“教学做合一”是实施的方法。

陶行知生活教育理论虽然有忽视学校理论知识的不足，但从根本上讲，它是在反对封建旧教育，探索中国教育发展出路的过程中逐步形成的。在克服传统教育的弊端方面发挥了积极作用。

陶行知在不同时期，提出过平民教育、乡村教育、国难教育、战时教育、民主教育等等，而生活教育论贯穿他的全部教育活动。

陶行知是一位杰出的人民教育家。他脱下西装，穿上草鞋，走向人民，高官不做，厚禄不取，“捧着一颗心来，不带半根草去”。“为了苦孩，甘为骆驼”，“敢探未发明的新理”，陶行知以他的实际行动，履行了他“爱满天下”的诺言。

【思考与练习】

1. 对孔子道德教育思想作简要述评。

2. 梁启超“新国民教育”的理想有什么现代意义？

3. 简述陶行知“生活即教育”理论的基本内容及其启示。

第四讲　古诗词与人文精神
——中国古典文学(一)

一、概论:中国古典文学的整体特征

文学是人类用语言对社会生活和生命体验的形象性反映。作为中国传统文化最灿烂辉煌的一部分,古典文学由于其生长的地理和文化环境,呈现着独特的面目和魅力。

整体而言,中国古典文学的发展具有以下几个特点。

(一)传统文学具有浓郁的抒情性格

从中国古典文学的起源上看,文学产生在人们的劳动中,具有抒发、鼓舞的功能。《淮南子·道应训》说:“今夫举大木者,前呼‘邪许’,后亦应之,此举重劝力之歌也。”“邪许”之声的高低、快慢反映了人们在劳动中的情绪,人们也通过这样的一唱一和来传达彼此之间的情感,互相激励。其实,人们不仅举木时会“邪许”,拉纤时也可能“杭育”,难过时则“唏嘘”,等等。人们不再满足于快乐时欢笑,悲伤时难过,他们开始学会用一种有节奏的语言来抒发内心的感觉,这就是歌谣。

歌谣作为我国文学的最早形式,证明了古典文学和音乐有密不可分的关系。周朝的文献汇编中就记载“诗言志,歌永言,声依永,律和声”(《尚书·虞书·舜典》)。语言的产生并没有完全满足人们表达和交流情感的需要,他们不断寻找更强烈、更易让人感受的表达形式。简单的语辞与节奏起伏、旋律回转、具有强烈的表情能力的音乐逐渐结合在一起,形成了歌诗。《毛诗序》讲得更加明确:“在心为志,发言为诗,情动于中而形于言。言之不足,故嗟叹之;嗟叹之不足,故永歌之;永歌之不足,不知手之舞之,足之蹈之。”在中国文学的发展历史上,音乐的改变往往影响着文学主流的变化。

从古典文学的整体历程上看,传统文学中抒情诗歌(叙事诗篇却相对罕见)是生命力最强的文学体裁,发展最为广茂精彩,作品整体成就也最高。其他文体的发展多受到抒情诗歌的影响。从文体形式上看,文章中的骈文是一种有押韵、对仗用典等要求的韵文,赋更是诗文难分;传统的小说中经常穿插大量的诗歌来抒发人物性情、描写人物面貌或对故事加以评价;中国戏曲称“曲”而不叫“戏剧”,就是因为这种文体是由科白和散曲穿插而成,以散曲抒情而不是剧情动作对话为主。从深层的文体审美标准来看,在几千年的文学历史中,采用

比兴手法抒情、以物象境、追求神韵美等等，不仅仅是诗歌的创作追求，而成为所有传统文学、尤其是雅文学追求的审美特征之一。

(二)传统文学大多从民间俗文学兴起，而在文士的艺术化过程中繁盛、衰落

中国文学的文体大都是在民间文化氛围中孕育诞生且加以传播，初期大多题材范围广泛，体式不定，较为粗糙浅俗，但充满新鲜泼辣的生命力。当文士感受到这种文体的魅力后，即加以模仿创作，以自身的审美标准对文体加以艺术性的提炼和改造，明确体制，去芜存菁。经过一段磨合和实践过程后，优秀的文人创造出大量经典作品，达到特定文体发展的高潮。文体高潮之后的文人较多被笼罩在前人的光辉中，他们左冲右突，尽可能挖掘这种文体的最大表现能力，明确树立自己的体裁理论，集结成团体流派，试图另辟蹊径或者尽可能地模拟恢复前人的经典风格。这段时期的文学虽然整体成就上难以与高潮期比肩，但文体表现的面貌有所新变，也会出现部分的佳作。另外，文体高潮的过去也可能暗藏着一个更重要的信息：由于社会生活的变化，大众的情感表现和娱乐形式都开始随之改变，文人却还是习惯于原来的审美标准以及旧有的体裁，他们力图将新的生活内容和旧的文学体裁风格融合起来，但割裂逐渐拉大，旧体裁和新内容之间从可以调整到难以调和，最终将表现为作品生命力的衰弱。当文人再也没法以更多的体验和内容来充实体裁时，他们要么就只能追求体裁形式上的优美和精致，作为书房清供自赏；要么去民间文学中寻找更合适的体裁来表现，新的一轮体裁兴衰开始了。这种文学体裁的起、兴、变、衰在诗歌内部变化和它与其他文学体裁的关系里表现得尤为明显。

这并不是说，文学体裁一定是一种接替另一种的更新，更多情况下，则是在同一时期多种文学体裁共同发展中，有一种或几种特别展现出生命力来。不同体裁被赋予不同的社会价值，文士也分别使用它们来表现生活的不同方面。往往是旧的文学体裁方兴未艾，主流意识(包括创作者自己在内)出于对这种体裁的重视，而强加之于内容上和风格上的高要求，比如“诗要言志载道”等，这就束缚了创作者的表现范围，迫使他们不得不利用“小道”、“诗余”来抒发内心不太合规范、但却真实自然的情感，结果造成当时不太受重视的文体创作逐渐繁盛。宋词的繁盛、白话小说的兴起就是一例。

(三)较强的社会功利目的和教化意识对传统文学特征产生了影响

黄河流域和长江流域是中华文明最早的发源地，这些地域彼此之间有高山大河相隔，交通比较困难，但在群山环绕的局部土地上，却有良好的灌溉条件和较为肥沃的土地，因此便于发展集中的农业生产。一方面这种生产方式以各种方式把分散的人群凝聚成有较强生产力的群体，从而导致了我国文化更注重维持群体规范[①]的哲学思想，更强调大一统的国家意识形态，也更注意以教化方式保证群体精神上的和谐共同；另一方面农业经济方式的自耕自足也影响生长其上的社会思维方式。典型的农耕文明导致了文化上相对封闭保守、注

① 儒家的“克己复礼”、强调修文教，法家的强调以严法来维持整个集体秩序，以及墨家的非攻、博爱等，思考的中心都在于如何维持好集体的秩序。

重现世实用的特点，这些特点也影响到了文学的发展和面貌。

歌诗逐渐成为很多人表达自己情感的方式，在这一过程中，官方也开始注意到它的意义。古时有采诗官，到各处采集诗谣，统治者希望借此来“观风俗，知得失”，检讨自身政治得失；另一面官方也有专人将一些内容谱入音乐，用以教育子弟和自娱。他们从统治角度对诗歌的美学标准提出一定的要求。相传，春秋时候的孔子把古时采集的“诗三千”删减成今天的“诗三百”，并曾表达过对《诗经》的看法：“诗，可以兴，可以观，可以群，可以怨。”（《论语·阳货》）“兴”，强调的是主观感情可以通过与物事比喻类比等加以表达与交流；“怨”就是怨恨，指人的一种不平常的情感状态可以通过诗来抒发表达；“观”，即通过乐歌观察世风民俗所体现出的盛衰气象，因为诗可以“怨”，所以统治者可以借此来了解一定时期里人们的内在精神心理状态；“群”，是指学诗可以掌握与他人沟通、和谐相处，最终加强社会的协调性。这是从社会实用角度出发对当时诗功用和特征的一种观察。出于对文学社会意义的注重，孔子认为诗歌美学标准是“乐而不淫”、“哀而不伤”，用诗歌来表达情感时，不可以过分沉溺于快乐和悲伤，要含蓄节制，这对中国的传统诗学产生了深远的影响。

这种以文学为政教方式的功利性观点对散文和叙事文学的发展影响更大。不同于在劳动中为鼓舞而起、随音乐传播的诗歌，散文起源是从文字出现开始的。汉字的历史大概可以远溯到五六千年前。由于书写工具和书写材料的问题，人们只能以简单的语辞记录日常生活的重要内容，较长篇幅的文字记录一般都具有很强的实用功利性——要么阐述主观上对社会结构和秩序的看法，要么客观记录社会的发展，以便为社会日后的发展作训诫。《汉书·艺文志》中记载古代“君举必书……左史记言，右史记事”，说明文献对社会历史和诸子思想言论的记载，不只具有史学和哲学、社会学的价值，也影响着文体本身。左史所记的各家言论为使思想更有说服力时，行文的逻辑、写作手法（如寓言等的运用）、修辞手段、语言表达方式乃至感情的抒发都成为日后散文创作的典范。右史记事原则是“秉笔直书”，讲求“微言大义”，以最简洁的笔法把社会生活直接记录下来，不漫不饰；史传在直笔叙述历史事件的前提下，在如何描绘、刻画历史人物，安排情节结构等方面积累了丰富的经验。但这种文史哲难以分家的现象直接导致散文成为“文以载道”、语以言实事的体裁，成为中国传统文化中的文字“百搭布”。完美的散文是在实用型第一的前提下，兼有文学功能，而文学叙事型散文，比如小说，在史传文学中汲取营养的同时，也为散文实用功利观念所限而发展缓慢。

二、诗歌——流淌民族情感的脉管

（一）“诗三百”——中国诗歌之源

《诗经》是我国第一部诗歌总集，共收入自西周初期至春秋中叶约五百余年间的诗歌305篇。它们根据音乐的不同，分为《风》、《雅》、《颂》三大部分。现在所看到的诗篇，只是歌曲歌词的记录。《颂》40篇，是专门用于宗庙祭祀的音乐，曲调比较舒缓，不少是舞曲。《雅》指西周王都的正乐，又可分为《大雅》31篇，《小雅》74篇，内容除了赞颂君主王朝以外，比较注重对民族历史和社会生活的记述，还常常含有教训规谏的意思。《小雅》的诗反映的社会内容更为繁杂，而且更偏重于抒情，有较强的形象性和感染力。

《风》是带有地方土风色彩的歌谣，包括了《周南》、《郑风》等十五国160篇。诗篇中展现的社会生活场景、表现情感层次的生动丰富性历来为人所赞。诗篇中有对平常人生活的描述，如《七月》、《伐檀》等，也有对贵族尖刻讽刺的诗，如《硕鼠》，但篇数较少。战争劳役题材也在国风中有所表现，有些写得雄壮威武，如《无衣》。一般从对故乡妻儿的思念来写战争久役带来的痛苦。这些诗和《小雅》中同类题材情调大致相似，都是"哀而不伤"的。最大一部分内容是恋爱婚姻题材，在郑、卫等国风谣中表现得尤为集中热烈，相思、幽会、两情相悦、出嫁、婚后生活、被弃种种都成为描述的主要内容。比如《郑风·子矜》一章"青青子衿，悠悠我心。纵我不往，子宁不嗣音"，把女子情思缠绵不能自已，又矜持不敢主动，反嗔情人不来的情态鲜活地勾勒了出来。又如《击鼓》中"死生契阔，与子成说。执子之手，与子偕老"，明知人生会有死生契(相见)阔(别离)，却坚持发出坚定的誓言，这或许就是爱情的魅力所在。《谷风》和《氓》同样是诗经中最著名的弃妇诗，但反映的女子情态、性格却大不一样。前诗写得哀凄柔婉，女子直到被弃始终贤惠忍让、恋恋不舍；后诗中的女子被弃后回忆与这个嗤嗤笑的"氓"如何相恋结婚又色衰被弃的往昔，哀伤中夹杂怨愤、自省，最后却是"反是不思，亦已焉哉"的刚烈。

从艺术倾向上看，《诗经》中较早期作的如《大雅》部分还有一些叙事诗，诗作越晚抒情倾向越明显，大多是人们在现实生活中有感而歌，情感真挚，让人读了觉得亲近无隔。语言朴素真切，口语化强，又大量采用铺排陈述(赋)、比喻(比)、以物象征(兴)，使其表达更为生动灵活。《诗经》基本采用四言句式，也夹杂二到九言字句，结构上常用重章叠句形式，反复咏唱来渲染气氛、表达情感。这种特色和诗最早与歌、舞三位一体大有关系。

"诗三百"是对当时人们生活和情态最真实的反映，所以具有怨、兴、观、群价值，当时就已经作为周代礼乐文化的重要组成部分，被用于典礼、讽谏和娱乐，是实行教化的重要工具，成书后广泛流行于诸侯各国，运用于祭祀、朝聘、宴饮等各种场合，在当时的政治、外交活动中，发挥了重要作用。由于《诗经》作品的优秀典范，以及儒家控制的官方文化对《诗经》的推崇，《诗经》的现实主义题材、主抒情倾向，采用的赋比兴手法、重章叠句句式构成的整体美学风格，都对后代诗的发展产生重要的影响。后人学诗，总是以"诗三百"为源。

(二)屈原和"楚辞"——个体化创作风格的出现

楚国独雄于长江流域，民性强悍，思想活泼，不为礼法所拘。楚文化"信巫鬼，重淫祀"(《汉书·地理志下》)，祭祀时要"作歌乐鼓舞以乐诸神"，楚辞便源于楚国这种带有巫风的地方民歌。屈原是战国后期楚贵族，少时就"博闻强记"，娴于内政外交，他的理想就是在楚国对内修法度、举贤能，对外合纵抗秦自强。但是佞臣的嫉妒谗言，君王的昏庸不明，使他的理想连番遭受打击，楚国被引上"幽昧"、"险隘"之路，他不断大声警告"岂余身之殚殃兮，恐皇舆之败绩"，却又感觉"众人皆醉我独醒"之痛，眼见楚国走上败亡之路而无能为力，只有悲歌明志。他的主要作品有《离骚》、《天问》、《九章》(九篇)、《九歌》(十一篇)等，长篇抒情诗《离骚》是他的代表作。

屈原是我国第一个具有鲜明个性化创作风格的诗人。在创作内容上，屈原的作品展现了热烈矛盾的情感世界和自由奇特的想像能力。屈原视“美政”为实现自我理想的途径，就算受挫遭贬，也倔强地“岂余心之向善兮，虽九死而尤未悔”，在坚持理想情操与对现实的无能为力、孤独的矛盾中挣扎，甚至超时空、跨越人神界限地苦苦追寻理想境地。诗人因此创造了一个宏伟迷离、游天入地、人神相伴的想像世界。《离骚》、《九歌》、《招魂》中都有不少神话或神话形象；《天问》篇里，他列举种种历史和自然界不可理解的现象，对天发问，探讨宇宙万事万物变化发展，还提到了很多早期神话故事，都是他文之所未文的。

他在楚国民歌基础上创立的“楚辞”，标志我国古典诗歌的发展上到了一个崭新的阶段。它在篇幅上打破《诗经》的重章断句，代之以长篇反复的抒情。句式上，每句四、五、六、七、八、九字不等，也有三字、十字句的，句法参差错落，灵活多变；句中句尾多用“兮”字，以及“之”、“于”、“乎”、“夫”、“而”等虚字，用来协调音节，造成起伏回宕、一唱三叹的韵致。屈原大量运用“香草美人”的象征比兴手法，把抽象的品德、意识和复杂的现实关系生动形象地表现出来。以美人自比，表达对自身“内美”“外能”的自信，也暗示封建君臣之间的互相依恃。它开创了中国文学史上以男女比喻君臣遇合的先河，而以香草等美好的事物衬托自身的品性高洁，对后代诗歌以景、物象征品性和心境也有很大的启发作用。

屈原作品，对楚人刘邦的汉王朝文学影响深厚。汉赋深受“楚辞”影响，新兴的五、七言诗也与楚骚有关。更重要的是屈原忠君爱国却“为国遭贬”，仍坚持理想、九死不悔的人格节操，使几千年来从汉贾谊、司马迁开始的封建文人在面对相似境遇时，往往用屈原诗句抒发自己胸中块垒，甚至用屈原的遭遇自喻。从对文人的影响来讲，屈原作品“其影响于后世之文章，乃甚或在三百篇以上”(鲁迅《汉文学史纲要》)。

(三)汉魏晋六朝——民间诗与文人诗交汇、新旧诗体并举时期

汉乐府民歌本来只是官府收集的民间文学创作，但这些歌谣中焕发出强劲的生命力，在东汉魏晋前后开始成为重要的诗歌形式。“乐府”原来指的是汉王朝设立的主管朝廷音乐的机构，汉武帝时下令扩充，在全国采集民谣以“观风俗知厚薄”，整理后谱以不同的流行曲乐，分别在各种场合演唱。这些配乐演唱的歌诗，就是我们现在所说的汉乐府民歌。魏晋至唐文人多有用乐府旧题来写新事、甚至模仿乐府自创的新题诗，不管合不合乐，也称为乐府，其实是文人诗的一种体裁，和汉乐府民歌的民间化美学风格有很大差异。至于词、曲，由于其具有配乐演唱等特征，也被统称为乐府。宋朝郭茂倩的《乐府诗集》收集了从汉至唐有关乐府的大量诗歌。保存下来的少数汉乐府大多是东汉时期的，可以确定为西汉的只有军乐的《铙歌十八曲》系列，但其特色在诗歌史上却毫不逊色于风骚。

首先是生活化的内容和真挚的情感表现打动读者。汉乐府民歌大多是各地收集民谣的加工品，“感于哀乐，缘事而发”，比较多地保留了百姓生活本色，注重对生活细节的描述，甚至采用对话体模拟人物口吻。比如《东门行》中：“今非，咄！行！吾去为迟。白发时下难久居！”详细地描述了贫者如何为家中贫困所逼，打算拔剑走险，妻儿苦苦相拦的情形。神形毕肖，情感显露，完全不“中和”、“节制”，但真实直接，和生活化的内容、简朴的语言相配，有意想不到的感染力。这一特点在爱情诗中表现得更为明显，如《上邪》：“上邪！我欲与君相知，长

命无绝衰。山无棱,江水为竭,冬雷震震,夏雨雪,天地合,乃敢与君绝!”统共才35字,对天发誓相知相守,连举了五个不可能发生的现象来反示感情的坚决。正因直截简单得没有修饰,这份感情才显得真诚无畏、充满力量。

其次是注重叙事诗特征。今存的汉乐府民歌中,大约有三分之一是叙事诗,开始出现长篇叙事诗如《孔雀东南飞》和《陌上桑》等;在抒情诗中也出现很多叙述细节的笔法,这在中国诗史上极为罕见。究其实,除了与汉主流文学赋等重铺叙有关,更主要的是汉乐府浓厚的民间化色彩要求借具体的人事来抒情。汉乐府民歌的出现显示着我国文学叙事能力的长足进步。汉乐府民歌在体式上比较自由,句式上西汉杂言体居多,东汉五言体占优。

南北朝民歌是汉乐府民歌的又一崛起。由于南北朝的长期分裂状态,民歌的风格也可以分为南朝民歌和北朝民歌两部分。南朝民歌,后来收在《乐府诗集》的“清商曲辞”中。南朝政局动荡不稳,个体生命朝不保夕,享乐主义大行其道,乐府收集民歌主要为宴乐娱乐,加上民歌多采自南方繁华都市,因此所采集的诗歌趣味、风格与汉乐府有很多不同。这些诗歌绝大部分写男女之情,模仿女子口吻声调,表达爱慕相思。情感表现上以人生无常的哀伤为背景,尽力所求也只是短暂的欢情,所以诗风秾丽哀婉。另外南朝民歌使用了很多双关隐语手法,利用“丝”和“思”、“莲”和“怜”等谐音字和一字多义,加上比喻、象征手法结合使用。篇幅比较短小,一般以五言四句为主,也有一些四言及杂言体诗。代表作有《西洲曲》等。北朝长期处于多民族杂居状态,文化虽然没有南方发达,各族文化的交融也给文学注入新鲜刚健的血液。比如长篇叙事诗《木兰诗》的爽健特立,短诗《敕勒歌》的大气豪迈,都是很难在汉族正统诗文里找出的。北朝民风朴实,感情也表达得热烈直接,如一首《地驱乐歌》:“驱羊入谷,白羊在前。老女不嫁,塌地呼天。”这个“老女”对内心渴望的表达方式勇敢直接得让人惊叹,又觉得非常可爱。在传统文学中这样的“求嫁”之举简直空前绝后,其诗风和南朝的婉丽更是大异其趣。

五言诗是古典诗歌的主要体式之一,它所包含的语辞和音节比四言多,运用起来伸缩性更强,表达起来更加灵活自由,在经过从民间歌谣到文人创作对五言诗体的探索后,到东汉末期出现了标志文人五言诗走向成熟阶段的《古诗十九首》。《古诗十九首》作者失传,但大部分诗题材内容、写作手法、风格都比较相似。题材大抵是“游子求宦不得失意郁闷、闺人怨别、生命易逝及时享乐”几类,基本都是抒情诗,但明显受到汉乐府民歌的影响,往往即景抒情、由景生情,以生活细节的描写表现内心感受,突出诗中人物形象的描绘,另外这些诗语言虽还浅近,但比较精练,常采用叠字、双关等手法,语多蕴藉,多用比兴手法,委婉含蓄地表达深意;所表现的情感则是“哀而不伤”,中和节制,具有当时文人创作的美学特色。

魏晋南北朝时期,社会动荡与政权频繁更迭动摇了原来独尊的儒家观念;文人士大夫历经丧乱,不断卷入政治漩涡,生命常有不虞之危,因此,更多地把目光投注在感叹现实社会和自身生命如何寻求超脱中。经过长期的摸索实践,这一时期人们对文学的特征和体裁形式,有了比较清晰的认识概括,这标志着文学创作自觉时代的到来。

建安时期,以曹氏父子为首的邺下文学集团,掀起了第一次文人诗高潮。建安文人历经离乱,对现实社会的悲惨景况和生命的短暂有强烈的感受,但以曹操为首的诗人又都是掌控实权的政治家，他们往往在忧时伤乱、悲叹人生短暂之余，积极渴望建功立业以自我实现，这种感情表现在诗歌里，被称为"悲歌慷慨"。

一方面建安诗歌继承了汉乐府民歌关注现实的传统，曹操的诗是其典型代表。诗体全用乐府旧题，内容却在直述悲惨现实、感叹生命短暂之余，热烈呼唤贤人到来与他一起建功立业、统一天下，基调于深沉忧郁中回荡着激昂雄心；句式多为四言，用字简朴却刚健有力，内多寄兴，最能诠释"建安风骨"的特点。另一方面，建安诗也开始出现向文人化的精致华美的转变，曹植尤显。他的诗吸收了乐府民歌和汉末文人诗的精华，又有新的突破。受政治斗争影响，曹植的诗由前期慷慨雄志转为愤郁忧情，诗体和大部分建安诗人一样，多为五言，但抒情写景穿插，笔触细致，善用比喻，言浅意深；词藻华丽而注意对偶，以声色通感等多方面手法来表现；善于炼字而多有警句。他的成就提高了诗的艺术性特征。另外，曹丕的《燕歌行》是现存最早的、完整的七言诗，但逐句押韵，音节稍显单调。

魏晋易代时的政治黑暗刺激了正始文学的产生。以阮籍、嵇康为首的"竹林七贤"在动辄得咎的恐怖政治环境中，所写的诗歌多沉郁激越。如阮籍八十二首五言《咏怀诗》，言近意深，从现实感受出发，却多以景物生机的零落肃杀、历史的得失来抒发郁懑怀抱，最终多归结到对生命的悲叹。后来的诗人对一个主题抒发兴情的组诗形式颇多喜好，左思的《咏史》、陶渊明的《饮酒》、《拟古》、《杂诗》、陈子昂的《感遇》、张九龄的《感遇》和李白的《古风》等都是后代继作。

两晋时期的文人诗在内容上逐渐丧失主体精神对现实的关注，西晋后期和东晋更是转入探索生命玄奥、超凡脱险的游仙诗和玄言诗上去。大量诗歌铺排词句、对偶、堆砌典故、词藻华丽却内容单薄，空讲玄妙却无贴切的形象性表达。虽然诗歌整体创作水平不高，但对诗歌形式上的探索则一直不遗余力。西晋主流诗人有陆机、潘岳、郭璞，东晋有孙绰、许绚等人。左思和陶渊明是这一时期诗史上的亮点。

陶渊明诗不合东晋人尺度，当时不受重视，唐宋以后却被诗人奉为圭臬，举为"田园诗"的宗祖。他在思想上既钦慕刑天、荆轲等"猛志故常在"、至死不屈的精神，又向往老庄的静穆自然境界。但在现实生活中长期屈居下僚，对官场黑暗虚伪的环境又极为无奈，最终弃官归乡。田园生活对他绝不只是对现实的逃隐方式，而是在长期的内心挣扎后对道家"心与物瞑，物我合一"作出的行动皈依。他甚至用"久在樊笼"、复归自然来形容内心解脱的喜悦感。所以他诗中描写的景物生活都家常普通，用语也朴素平淡，但他的涵养心境与具象的景物相谐和，才能写出"采菊东篱下，悠然见南山"这样一种物我相融、物人合一的"大美"境界来。最推崇他的苏东坡评他的诗是"质而实绮，癯而实腴"(《与苏辙书》)，非常恰当。

南朝宋齐时代，谢灵运诗一洗主宰文坛的玄言诗之枯淡，虽然还不能做到意境交融、风格完整，但刻山镂水、"极貌写物"，时有"池塘生春水，清水出芙蓉"这样的清词丽句。出身寒庶的鲍照与左思处境相似，他的代表作十八首《拟行路难》都是抒发寒士不遇之气的，但他诗中表现的对自我成就的渴望和被压抑的愤慨比左思强烈，风骨强劲追建安，音调铿锵有力，形式上采用七言和杂言的乐府体，以便于更好地表达起伏冲突的情绪。在题材上，他已开始把目光投向边塞，注重描写边地苦寒和战士英勇，诗多用七言乐府，而且隔句换韵，并随语调高低而变韵,对唐人尤其是边塞诗派和李白的歌行体有很大的影响。

齐梁以来诗坛的主要贡献在于沈约、谢朓等人,根据汉语音韵和诗句格式,提出一种注意诗句内在音韵和对仗的新体诗“永明体”,这种诗体的出现标志着我国格律诗的产生。但此时文风处于一种集体作乐氛围,乃有宴乐中即席以女鞋倒酒为题作诗,引以为尚,内容多为描摹女子妆扮、闺态及至色情狎昵形状,轻艳柔靡,时称为宫体诗。只有谢朓上承谢灵运写山水诗,少用典,诗多白描,笔触细腻,语言自然而感情凝练,已有唐诗风貌。

(四)大唐高歌

诗歌到隋唐后,进入发展的黄金时期。诗歌的数量现存的就有五万多首;诗人有记载的约有两千多位,身份从皇帝到樵夫、少妇、名僧等遍布各阶层,诗所表达的内容空前广泛,高歌低吟、神韵灵动;伴随对近体诗成功的探索和古体诗成熟的运用出现了大批风格各异、富有个性的诗人与诗作。唐朝文学按照其发展的不同状态和特点,一般可以分为初、盛、中、晚四个时期。

初唐包括了从隋朝到唐玄宗初年。当时最有名的诗人包括王绩、上官仪、虞世南等人,大多沿袭了南朝宫体诗风尚,连唐太宗亦然。但随着时代的发展,生活的变化,诗歌的内容、精神面貌和南朝宫体还是有所不同。另一方面,诗人们继承了南北朝对诗歌格律的探索,上官仪等对诗歌的平仄、对偶等方面加以归纳,稍后的沈诠期和宋之问进一步提出并实践如何在诗歌中回忌声病,固定句式,格律体诗歌的形式在他们手上基本完成,[①] 为唐诗春天的到来埋下了种子。稍后的“初唐四杰”王勃、杨炯、卢照邻和骆宾王真正为唐诗带来了生机。他们生于高宗武后年间,位卑才高。他们的焦点从宫闱、台阁走向江山、塞漠、市井;虽然诗篇仍未完全摆脱宫体诗风,有些诗色泽秾丽、意不称辞,但充沛饱满的建功立业热情和不得志的苦闷取代了柔靡呻吟;诗体上多擅长写歌行古体,但近体五律诗的创作成绩也很惊人。诗歌风格的变化开始了。当陈子昂在《修竹篇序》中批判齐梁文风,提出新诗风应该有强劲的主体精神,要以对人世和社会的关注为核心,并要有和内容相统一的形式时,就标志着诗风的改变已从自发进入自觉状态。诗歌实践上,陈子昂主要有《感遇》组诗和《登幽州台》等,诗的感情充沛、内容充实而格调高昂。不过他也对齐梁以来的诗歌形式上的探索一概否定,近体诗几乎不写,未免矫枉过正。

玄宗执政到安史之乱期间,唐诗的发展到达高潮。经过近百年的拓展,唐国力发展到巅峰状态,文人对国家和现世充满热情和信心。唐王朝打破门第限制,实行科举,调动了文人的积极性和参与国家事务的热情。唐政府对自身的文化具有充分的自信心,对外来音乐宗教等文化都能兼容并蓄;对内思想控制放松,除儒、释、道三家并立之余,还有伊斯兰教、祆教等传播。诗人在这样自由的文化氛围中,漫游河山、以诗会友,培养了开阔胸怀和恢宏气

---

① 唐人把发展成熟的格律体诗叫近体诗,而把唐以前的诗歌叫古体诗。近体诗对音韵格律的要求比较严整:诗体分律诗和绝句,句式必为五、七言,四、八句,还有一种排律句数较长,算是特例。每句诗中用字的平仄有一定的规律,要一韵到底;律诗还要求中间四句成为对仗。古体诗则不必受这种格律的限制,字数不拘,句式可长可短,可以转韵,不讲究对仗。

度，笔尖蘸满了饱满的激情和想像力。

边塞诗自古就有，至盛唐而蔚为大观。唐边塞诗基调高昂，洋溢着对国土、霸业建立和为国而战的讴歌，在此基础上，又有哀怨低唱，各种声调的合唱构成了丰满新颖而又独特的边塞诗风貌。边塞诗人多有长期各处漫游、亲身体会军旅生活的经历，见识广阔，胸襟豪迈。以王昌龄、高适、岑参、李颀为代表，其他盛唐诗人如王维等也多写过此类诗歌。王昌龄被称为“诗家夫子”，最擅长七绝，边塞诗写得横戈上马、豪气大生，闺怨诗又能得曲尽细腻哀怨的思情。他的代表作有《出塞》二首、《从军行》七首等。高适擅写长篇歌行，他的诗歌对现实的反映特具深度，追求功名的高昂意气与冷面现实的悲慨相结合，使他的诗有一种慷慨悲壮的美。岑参也擅长歌行，风格却和高适有异。他是世家子弟，曾为军队幕僚，又正逢唐军队最强连胜时，诗风偏于浪漫雄壮，想像力绝佳，最善描绘边地风光奇景。

田园诗的兴起与时代经济的兴盛、文化的积累密切相关。这一题材风格的代表诗人主要有孟浩然、王维、常建等。孟浩然善作五律、五绝。他虽也时时感叹“欲济无舟楫，端居耻圣明”，但还是一生布衣、田园终老，诗中表现的生活面较为狭窄平淡，就艺术特色而言，在四十或二十字内，也能做到字约言丰、韵高意远。如五律《望洞庭赠张丞相》、《江上思归》，五绝《宿建德江》等。王维艺术天分特高，除写诗外，他还长于书画音乐，还被奉为文人写意画之祖。他前期的诗对社会还有热情，也写一些豪迈昂扬的游侠、边塞诗篇，但随着政局日非，特别是经过安史乱中被迫为伪官经历后，意兴消散，寄情山水，修禅入空，创作了大量的山水田园诗歌。王维诗的格调极高，隐露禅意，句子剪裁功夫很深，用词贴切直观，却挥洒自如，像是信笔写来。如“大漠孤烟直，长河落日圆”(《使至塞上》)等句，字句简练却能抓住彼时彼地景致特点，以不同的线条素笔勾勒出立体、有层次的画面，并通过视觉和听觉的不同角度来表现景物与人之间的相依相映。后人说他“诗中有画”是很对的，但还没点出王维诗画境与禅境相融、韵味不尽的特点。如小诗《辛夷坞》等，平凡无奇的小景经他诗眼点化，即把生命的孤寂无着、自怜自惜都展露了出来。在诗的艺术性上，有些人甚至认为他超越了李杜，高妙难比。

李白和杜甫被称为盛唐诗歌的“双子星座”。李白的性格气质和诗歌风格都具有典型的盛唐色彩。他生于中亚，后移居四川，见惯各民族文化和奇异风光，四川道侠之风兴盛，他从二十岁开始漫游直到四十多岁入长安。这些都给了李白有别于汉儒的自负、自信和豁达、昂扬的豪情逸志，盛唐人的建功立业思想在他身上更多地表现为积极进取乃至具有侠义气概的精神。诗体中最长七言歌行与七言绝句。他的诗歌大量沿用乐府古题，能据题义生发联想，却处处有“我”在，运用夸张和比喻突出主观感受，感情一气直下，句式的参差错落和韵律的跌宕舒展，从而造成诗的气势和力度。李诗想像丰富，善于从民歌、神话中吸取营养，语言明快，大多数诗的风格雄奇豪放，但也有清新明丽和讽时刺世之作。

晚李白十来年出生的杜甫是盛唐夏日的最后总结。他最杰出的诗大都在安史乱后所作。他是盛唐诗歌的集大成者，诗歌兼备众体，最擅长律诗，还自创“连章体”排律及“拗体”七律。他的律诗不仅押韵严格，对仗工整，而且境界阔大、感情深沉。他出身儒官家庭，执着于“致君尧舜上，再使风俗淳”的理想，对国家、苍生具有强烈的责任感，十年求官不遇的挫折、大唐盛极转衰的落差和乱离生活经历既使他处于理想挫阻的忧郁苦痛中，也让他的诗更贴近现实。这种情感在诗中并没有任情奔放而出，而是潜隐在语似平和地叙述周围的景、自己的遭遇中，驱使语句拗折，音韵顿挫，后人评其诗为“沉郁顿挫”，是看到了他诗中的情感与形式配合的特点。另外，杜甫创立了“即事名篇，无复依傍”的新乐府，效法汉魏古乐府取题的用意，以“××行”诗写时事，自立新题，独创格调，来直面社会现实，摹状纪言，藉纪事以抒情，针砭时弊，为后来的“新乐府运动”开创了道路。

战争离乱后，刘长卿和韦应物等诗人情态变得和整个王朝一样萧索落寞，他们转而追求淡泊宁静的生活趣味，诗风冲淡有致。稍后的李益善写边塞诗，既有盛唐余韵，又带中唐悲声。

经过一段时间的修养生息后，社会状况相对稳定，向往中兴成为士人们的普遍心态。反映在诗人文学艺术观上的改变，则是元和诗风的到来。元白诗派发起新乐府运动，提倡“歌诗合为事而作”，把文学当作匡济社会的武器，要求诗歌能“补察时政”和“泄导人情”，反映民生疾苦。白居易的讽喻诗尚实、尚俗和务尽，闲适诗写得浅近熨贴、意态悠闲，感伤诗重叙事抒情、音韵明快。元稹以杜甫作榜样，大胆借用古题或另拟新题创作新体乐府诗，讽喻时世。但他最出色的作品却是悼亡爱情诗，于平实口语中寄寓着至性深情。白元二人的作品是诗歌发展中浅俗写实化的代表。

韩愈孟郊等的诗歌则更重主观、尚怪奇，直接影响到李贺等辈。韩愈诗意象诡奇，诗中添入大量虚词，句式语气变得散文化，但他比较注重气势，诗风豪放雄浑。孟郊作诗以“苦吟”著名，擅长炼字，常以变形枯寒的物象来表现内心的苦痛。李贺年少多抑，写了很多带有病态美和颓废倾向的咏仙讽鬼作品。诗里充满带主观梦幻色彩的意象，想像诡奇以至怪诞，造词奇丽，喜用生新拗折的字眼，词风瑰丽冷艳，富有个性化色彩。刘禹锡和柳宗元都因参与中唐政治运动而长期遭贬流放。刘禹锡历遭磨难却不肯屈服，诗风豁达向上、豪迈有力。他的咏史诗，能在景物与时空的错落中融入现实忧患意识；而受巴楚民曲影响彷作的竹枝词，则语调晓畅流转，富有浓郁的生活气息和地方特色。柳宗元写很多山水记游诗排遣郁闷，以《江雪》、《渔翁》等为典型，语句精练得当，诗风倾向清冷峭拔，想要借山水自适忘情却耿耿于怀，诗中呈现一种异常空旷孤寂的境界。

晚唐国力衰弱，文人忧时悯世，诗歌上总是流露出感伤情调，艺术形式越发精工雕琢。这一时期诗的题材主要有历史、自然和爱情三类，杜牧和李商隐是这一时期的重要诗人。杜牧诗风高华俊爽，擅以七绝写史，通过对过往历史的伤悼探问，来表达兴衰易变的叹喟和思考。他的写景纪游诗也写得畅达明丽，颇具风情。李商隐的诗转入搜寻内心深层体验，特别是无题诗，不提事由，专注展露某种隐晦朦胧的情感体验。旨意虽秘，但对复杂的情感状态却刻画得非常深入；表达方式含蓄曲折，语言精细绵密，将华瞻凝练的典故叠接，以富有表现力的意象来表现多棱面、复杂难定的情态。他的七言律绝上追杜甫，风格“深情绵邈、绮丽精工”。历来诗家对他诗的本事争论纷纷，却又不自觉受到其诗中的情绪感染。他的诗歌风格、特别是无题诗对后代影响很大。

（五）词盛宋诗求变

1. 词被视为“小道”而多具真情，衍为大宗

词是伴随着隋唐燕乐的兴盛而兴起的新体歌诗。盛唐近体诗尤其是七绝，大都谱以清商乐调传唱。唐时，民间乐曲和西域胡乐开始相互融合而成一种新乐，并在公私宴会和娱乐场所风行，所以称为燕（宴）乐。这种乐调主要以琵琶为乐器，繁声促节，难与规整的律诗绝句相合，所以重新倚声填词，长短相配，即曲子辞（词），也叫长短句。根据敦煌发现的民间曲子词作，这种词体在民间流传已久，内容从佛赞劝孝到情爱怨思什么都有，生活气息浓厚，语言质朴，多衬字，押韵平仄都不稳定，常以问答与联章体式出现，与后来的散曲相似。

中唐的文人如白居易、张志和等开始尝试作词，多以写诗手法入词。晚唐的温庭筠是第一个大量作词的文人，他的词主要描写女子闺态、情状为主，着力于物象的细腻描摹，并将景象跳跃衔接起来以暗示情态，以实写虚，需要诉诸听（读）者的直觉和想像。语言藻饰华丽，脂粉气浓，代表作有《菩萨蛮》（小山重叠）、《更漏子》（玉炉香）、《梦江南》（梳洗罢）等。稍后的韦庄词则着力于抒情，内容已不仅限于男女，也包括了乡愁离恨等，如《菩萨蛮》（人人尽说江南好），采用白描手法、语言口语化，词境明秀而悲愁深隐。但他也有如“陌上谁家年少，足风流，妾拟将身嫁与，一生休。纵被无情弃，不能休”（《思帝乡》）这样热烈难已、直追汉乐府的佳作。五代时期，西蜀文人歌台舞榭、樽前花下，填词唱和。赵崇祚集温、韦及西蜀等地词作编为《花间集》。这些词人奉温庭筠为鼻祖，诗风婉丽绮靡，大多在女子服饰体态方面用功，意境较浅，有些还有民歌味道。这本词集是第一部文人词集，它标志着词以不同于诗的面貌开始发展，形成了以婉约为正宗的花间风格。

南唐冯延巳、李璟、李煜等的词作，虽也还是婉约词风，但境界要比花间词派清新宽阔，艺术表现能力也更高。冯延巳词留存最多，他着力表现人物的心境意绪，不为闺情或具体人事所限。如他的一首《鹊踏枝》中，“谁道闲情抛掷久？每到春来，惆怅还依旧”，情境相生发而起，惆怅若失；以“独立小桥风满袖，平林新月人归后”作结，景中含情，有余不尽。南唐后主李煜词作更为人称道，音乐才华和艺术修养使他的词作工于描物造境，但真正提升他词作水平的还是巨大的人生挫折。他的词以南唐亡国为界，前期词不离花间儿女，但描摹细腻生动；经亲历亡国之恨后，词题大变，在对江山、故国的怀恋中，充满了悔恨、哀愁和悲愤等复杂情感，感慨极深。而以鲜明生动的物象和心、境相映来承载情感的变化，既加大了感情的容量，又能使人由意象生发联想，产生共鸣。用句多口语化白描，情感真挚自然。以李煜为代表的南唐词被视为花间词向士大夫词演进过程中的重要转折点。

南唐虽亡，宋初词人却沿袭其风。晏殊和欧阳修的词受冯延巳影响较深，三人词作风格甚为相近。晏殊有《珠玉词》集，闲雅婉丽，往往在抒发淡淡的哀愁时，又能自我解脱，哀而不伤，如“无可奈何花落去，似曾相识燕归来”（《浣溪沙》）等。欧阳修曾做过一些妩媚入骨的艳词，但大多数词却能意象鲜明、婉约情浓，他也写过少数如“浮世歌欢真易失，宦途离合信难期”（《浣溪沙》）这样抒发情志、与诗气格相近的词。

范仲淹的词则体现出宋词境界的扩展，他的词既有“酒入愁肠，化作相思泪”（《苏幕

遮》)这般语丽情浓的词作,也有反映边塞苦寒、将士却为国难归的"浊酒一杯家万里,燕然未勒归无计"(《渔家傲》),这首以边塞为题材的《渔家傲》词风格沉郁苍凉,成为豪放词的滥觞。宋初其他出色词人还有张先和王安石等。张先词内容还不脱相思恨别,但开始将词用于赠别酬唱,词牌外添加题序交代词由词旨,加强了词的现实性。王安石词作不多,但如《桂枝香·金陵怀古》等,开始以词言志,抒发对历史和人生的感叹。

从唐五代到宋初,尽管词的格调有所上升,但体式一直以小令为主,字数最多也不过五六十,容量有限。这种局面,到柳永大量慢词的出现才得以改观。柳永精通音乐,自制了大量慢曲词调,不仅丰富了宋词词调,而且使词篇幅扩大,扩充了词的表现容量和表达能力。他大量运用铺叙和白描手法,写法自由多样,也更适应市民口味。他的词多为歌女演唱而写,虽然也不乏艳俗之作,但长期混迹市井勾栏,对这些女性的熟悉和真挚感情,使他词中的女性从平面模糊的赏玩对象变为内心丰富、有个性的形象。他的词里还有很多对宋各大都市风貌和市井生活的表现。他吸收了很多富有表现力的俚俗口语入词,使词从情调到表现方式都更贴近市井大众的生活。柳永是词史上第一个专力作词的文人,他使词从体式到内容都解放了出来,为宋词的繁荣开阔了道路。

词到柳永,一直未脱花间酒宴范围,被正统文人鄙为"艳科"小技。苏轼突破男女离别窠臼,对词的题材、意境、风格与表现手法进行了全面的变革。把传统诗材怀古伤今、记游说理等都成词题,将词的"拟情"和诗的"言志"相结合,提高了词调和词品。作法上,苏词气势纵横浩荡,除白描和铺叙外,将前人旧诗、典故乃至近人口语都化用入词,将自己的性情经历、人品心胸都融入词境,并以宋人特有的"理趣"反照人生,提高词境;风格上,苏轼向来以豪旷著称,但他写儿女诗同样情深款款。如他的两首《江城子》"老夫聊发少年狂"和"十年生死两茫茫",同一词牌,前首是密州记猎,写得豪迈纵横;后一首悼念亡妻,口语家常,感情却表现得深入骨髓。苏东坡的词开阔了词的境界,提高了词品,别开词豪放一派。但也被人批评"以诗入词",是词不协音律、走上蹊径的开始。

秦观善作小令,通过写景造境传达深情,柔丽感伤,但词品较高,代表作有《鹊桥仙》(纤云弄巧)等。后辈的周邦彦词深受柳永影响,声律严整、适于歌唱,字句精巧、刻画细致,喜用典故和他人诗句入词,有"叶上初阳干宿雨,水面清圆,一一风荷举"(《苏幕遮》)这样的清奇丽句,代表作有《过秦楼》、《满庭芳》、《兰陵王》、《六丑》等。他不仅写词,还善作曲,他创造了不少新调,研究填词规范,对词的发展贡献很大。他的《清真词》在南宋中后期几乎被奉为圭臬。

两宋词坛上,李清照以其清新风格独树一帜。她曾明确提出词"别是一家",要"协律",强调词区别于诗的特征。她的词以靖康之变为界,前期的词写闺阁离别真挚生动,如"莫道不销魂,帘卷西风,人比黄花瘦"等,韵致清雅有神;还有"天接云涛连海雾"(《渔家傲》)这样雄起清旷的词。国破夫死、颠沛逃难后,她词中对时世的感慨转深,这种悲郁往往和女性自怜年华已逝、孤单无着交织在一起,选取自己日常生活中的起居环境、行动、细节来展露情绪。如她的《声声慢》(寻寻觅觅)就是一例。她将日常口语提炼入词,化平为奇,《声声慢》开头连用14个叠字,从动作、环境、生理到心理感受,多层次地表现独坐茫然、四顾恍惚的悲凉情态，后人把她的词风词法称作“易安体”，视为婉约派正宗。此时重要词人还有朱敦儒、张元干等人。

辛弃疾是继苏轼以后，将词推向豪迈一派的主将，他的词作数量居两宋词坛之冠。回复中原的热诚和壮志难酬的悲愤驱使辛词格外慷慨悲壮。他一生为“北复中原”奔走努力，却遭南宋朝廷苟安派的横加阻挠，白发蹉跎，悲愤难名，“起望衣冠神州路，白日消残战骨。叹夷甫诸人清绝！夜半狂歌悲风起，听铮铮阵马檐间铁。南共北，正分裂！”（《贺新郎》）由于身份限制，他的词直抒其意的较少，更多地继承了诗骚风骨，采用“比兴”手法，以“美女香草”来寄喻身世国愁，以豪迈情怀驱使花间丽句，句婉意壮。词中还运用了大量与时世相似的典故，借以抒发千古同悲之叹，讽刺现实。他把词用在所有可以写诗的场所，他写农村风光的词清新动人，也有如“众里寻他千百度，蓦然回首，那人却在、灯火阑珊处”（《青玉案·元夕》）这么清旷婉约的词。句式上采用了很多散文句法，抒情、言志、议论皆有，人评之“以文人词”。

辛派的豪放词风在南宋后期继续延传，代表人物有刘克庄、刘辰翁和文天祥等，他们词的内容多与南宋末期日益紧张的时局有关，他们多喜痛快淋漓地抒情言志，语多锐词，但对词协律与否不大重视，有时不免粗豪叫嚣之失。

和辛派豪放词并行于南宋中后期的，是姜夔开创的走“雅正清空”一路的文人词风。姜夔的词除少数对时世有所兴寄外，大多是抒发性情愁恨，但风格大不同于花间软媚，往往选取别后苦恋相思场景，而以“淮南皓月冷千山”（《踏莎行》）这样的词句来形容情状，清冷刻骨；他的语言素净淡雅，选取的意象多如“暗香”、“冷月”、“寒梅”等，意象之间疏朗有致，追求言外之意；他的大部分词配有小序作旨解，与词境虚实相衬。姜夔也长于自度曲，且是先作词后谱曲。他的词自成一格，很富士大夫审美情趣，因而被奉为雅词典范。史达祖羽翼姜夔，咏物词写得有名，也在清雅上作功夫，意境远不如姜浑融，但颇有些佳句。

与辛弃疾前后风格相似的人还有陆游、张孝祥、陈亮、刘过等。陆游较擅长小令，内容也是抒发郁愤，代表作有《诉衷情》（当年万里觅封侯）等，也有“红酥手”（《钗头凤》）缠绵凄婉的情词和“零落成泥碾作尘，只有香如故”（《卜算子》）凄苦中高洁不变的咏物词。张孝祥在辛前，作词学苏轼，善作长词，层层铺叙，以“诗人句法”抒发豪情悲音。陈亮是辛弃疾好友，常共斥时事，以词与辛相酬和。陈词风豪壮，往往直抒胸臆，语言斩截痛快，感情慷慨激昂，有时不免外露，缺乏余蕴。刘过对辛弃疾十分崇拜，他曾刻意学辛词慷慨风格，但最著名的词是学辛弃疾的《沁园春》，采用对话体，将白居易、林逋和苏轼拉在一起，巧借三人诗句对话，颇为生动奇特。

后来的吴文英写词也求醇雅，运意深远而不免晦涩，词句斑斓而意境模糊，但在艺术技巧的新变上很见功夫。他的诗里有很浓的主观情调，以意识流动为线索，常将实景虚比或幻境实写；把大量时空不同、虚实不对的意象叠积在句内而没有明确的过渡或照应，使词境变得模糊多义；用语搭配上富有强烈的色彩感、装饰性和象征性，这使含意更加曲折，但有时过分雕绘堆砌、晦涩难明，反而遭人诟病。除吴之外，南宋末的周密、王沂孙、张炎等也都追“清雅”一路，注重音律，雕刻字句，写得最好的是咏物寄托词。周密词风典雅清丽，有吴文英之丽,却比吴要更追求整体意境的完整明秀。王沂孙的咏物词最多,内涵兴亡寄托,情绪深沉,比兴精巧,但有时词旨偏隐晦。张炎词风清雅疏朗似姜夔,宋亡之变使他的词中更多身世盛衰的凄凉。他的词话著作《词源》,以"清空"、"雅正"等观念总结姜氏一派的词风标准,成为后代清词的学习典范。

蒋捷也是宋末词名家,他常以时事入词,但多以身世流年写家国沧桑,婉畅中寄寓深叹,颇有李清照之风,造句多奇巧,又似姜派词人。他的代表作有《虞美人·听雨》"少年听雨歌楼上"等。在北方与南宋对峙的金词作不盛,但金末元初的大诗人元好问横空出世,词也写得俊奇,主题重情,代表作如《摸鱼儿》"问世间、情为何物,只教生死相许?"但出语慨然,清健真挚,为人称许。

2.宋诗求别变新径

尽管今人以词为宋特色文学,宋人的主流文学却还是诗。宋诗数量远比唐诗多,陆游一人就近万首,尽管整体艺术感染力不如唐,但却别有新变风格。宋诗讲求诗法,甚至以文为诗,口语入诗,描摹细节,诗味转俗转实,注重理趣。究其因,有唐诗高潮在前,宋诗想要有成只能别开蹊径,不可不变。何况宋文人务实重理、节制内敛的风格与唐逸兴壮思的士风截然不同,诗风自然会变。更适合抒发情愁的词在宋朝的兴盛,也使文人进一步对诗和词不同表现范围进行划分。

宋初以杨亿为首的西昆体诗,学李商隐却仅得其形,诗句华丽多曲典而无深意。王禹偁诗平易古淡,在宋初白体诗中独树一帜,已初步表现出对于平淡美的追求。梅尧臣诗闲肆清淡,擅长写日常生活琐事,开掘了新的诗歌题材。苏舜钦诗则多反映时世,并加以抒情议论,奔放直率却意少余味,"苏梅"二人在宋初并称为宋诗风格奠基之人。此外,欧阳修和王安石等人的诗也对宋初诗坛风气大有影响。欧王二人写诗多以社会现实或怀古问史为题材,多用散文句法和议论入诗,但他们的抒发个人情志和写景抒情诗也很有特色。

真正体现着宋诗风格崛起的是苏轼和黄庭坚的诗。苏轼写诗古近体皆工,几乎无物不可入诗。他的诗关心民生疾苦,开掘了许多社会题材的诗;而艺术成就最高的是写景诗和理趣诗。苏诗在写景、描物、抒情方面都能做到写物传神、风韵别生;他常以高妙哲思反观日常生活和寻常景致,生发出新意妙理,以理趣包裹情喟。黄庭坚诗力求新变,诗风奇特拗崛,往往章法回旋曲折,包含多层意思转折。修辞上则多将常见的字词和典故组成新奇意象,能以俗为雅、拈故成新。他的诗在当时影响广于苏轼,他与陈师道、陈与义被称为"江西诗派"的"二宗",这一诗派在宋代影响最大,对后代诗歌、尤其清诗影响深远。陈师道诗的长处是简洁精练,外表浑朴平淡而意味深长。跨越南北宋的陈与义和曾几都写了不少爱国时事主题诗。在诗风上他们都受黄庭坚的影响,陈与义写山水和闲适生活的诗精巧清丽。曾几诗风清新活泼、语言明快畅达,陆游诗就受到他的影响。

南宋苟安时期,一方面是南渡众人呼唤恢复中原、感叹时事日非的激愤之声,另一方面江南相对和平宁静的生活也给诗人带来表现田园日常情趣的题材。这两方面构成了南宋诸人诗的主要面貌。陆游是这个时期的代表人物。他主力写诗,数量在宋最多,最长写七言诗,他的七古、七律和七绝的成就都很高。其中的七律尤以对仗工整而著称,诗在平易晓畅的表达中设以整饬谨严的章法。陆游诗歌的内容极为丰富，几乎做到无事无物无景不可入诗，其中最多也最重要的是爱国和日常生活情景的题材，一生在“逆胡未灭心未平，孤剑床头铿有声”(《三月十七日夜醉中作》)的愤郁中度过。

与他同时的还有写“田园杂兴”诗而出名的杨万里和范成大。杨万里的诗能以理趣观照万物而在诗中不显圭角，诗很有韵味。他在描写自然风物和日常生活时，能抓住最富情趣和最有生命力的瞬间，并以丰富的联想力将其展现升华，如著名的“小荷才露尖尖角，早有蜻蜓立上头”(《小池》)便是一例。范成大《四时田园杂兴》最为著名，除表现家居宁祥生活外，把笔调触及到了民生疾苦，继承了唐代新乐府的传统。文天祥是南宋最后的诗人，高扬着宁死不屈的民族精神的《过零丁洋》是他的代表作。他论诗追慕建安风骨，诗作任情率真，境界阔大，气骨强劲，诗风苍凉沉郁，内容关涉时事，善以场景的对比和细节的刻画来表达内心焦虑痛苦的情感。

“以文字为诗，以议论为诗，以才学为诗。”宋诗的长处在于技法上较唐诗有所进步，题材有所扩大，唐诗浑厚飘逸，内容求实俗、格调求新险，能另创一格。元明以来，诗风虽也有所变化，却均越不出唐诗、宋诗两派诗风的藩篱。后人也常在学唐风和学宋风之间争执不休。

(六)散曲直白

元曲除了指元杂剧以外，也指无对白表演的散曲。散曲是一种新形式的抒情诗，它源于民间的俚俗歌谣，北方的少数民族音乐和元朝民族交融的文化是其兴盛的土壤。散曲是诗、词的一种解放，它押韵比较灵活，可以平仄通押；曲中还可以增加衬字，所以更口语化、俚俗化，曲意往往明朗活泼。就艺术表现形式来讲，它和赋尤其是汉末的俗赋铺陈叙述、长于尖新刻露的风格更接近。散曲体制上可以分为小令和套数两种。

元代散曲和杂剧的分期大致相似。前期重要作家有关汉卿、王和卿、马致远、白朴、张养浩等，整体风格朴素豪放，其中以关汉卿([南吕·一枝花]《不伏老》)、王和卿([仙吕·醉中天]《咏大蝴蝶》)为代表的散曲作品，往往表现出强烈的叛逆精神和追求自由的生命意识；被誉为“曲状元”的马致远散曲重叹世归隐，他的小令写得疏宕有致，如脍炙人口的[天净沙]《秋思》:“枯藤老树昏鸦，小桥流水人家，古道西风瘦马。夕阳西下，断肠人在天涯。”前三句摆落动词，全以九个名词勾勒九组剪影，交相叠映，创造出苍凉萧瑟的意境，烘托羁旅茫然的孤独与彷徨，景中含情，情景交融，王国维在《人间词话》中说它“寥寥数语，深得唐人绝句妙境”。也有像卢挚、姚燧等高官显贵类的散曲作者，曲风典雅，表现的多是传统的士大夫思想情趣。其中张养浩的“山坡羊”怀古组曲的[中吕·山坡羊]《潼关怀古》写“伤心秦汉经行处，宫阙万间都做了土。兴，百姓苦；亡，百姓苦”，是古典怀古诗所从未到达的境界——繁衰成败，兴亡都是百姓苦。后期散曲创作中心也南移，散曲题材被扩展，感伤清丽是其主调，曲风开始雅化。代表作家有乔吉、张可久等，作品词句华美，消极思想更为明显。睢景臣的《高祖还乡》也是述古，却以刘邦同乡老汉的口吻来叙述，讽刺了正统历史的文饰虚伪面目，写得泼辣畅快，是后期难得的佳作。

元末期散曲基本向诗词写法靠拢，失却鲜活灵动特色。明中后期散曲也还兴盛，代表作者有康海、王九思、王磐等,在散曲作品总体上高雅化、诗词化、不再协音律的前提下,他们往往借曲来尖利地嘲世骂时,锋芒毕露。但浅俗尖露的散曲,实在与讲求平雅的传统文学格格难入,所以很快失去主流地位,文人少作,而在民间有所流传,逐渐与明朝的民歌靠近了。

明清时期的文坛上,传统的古近体诗依然占据文学主流地位。尤其是在清朝,诗词都一度重新焕发生机,词更有所谓"中兴"之说,出了像纳兰容若等出色的词人,但整体而言,此时更吸引人的、文学史上认为价值更高的却已不是由少数词人佳作烘出的诗词再兴,而是更大众化、叙事化、娱乐性强的体裁——小说与戏曲了。

第五讲　传统小说与戏曲中的人生境界
——中国古典文学(二)

中国是一个诗歌王国,抒情类的文体始终占据主流。但自唐朝开始,娱乐性强、更大众化的小说、戏曲却逐渐兴起,到元明清时期终于成为最有生命力的文体。这和唐朝以后都市经济兴盛、市民阶层逐渐壮大形成文化力量,以及印刷业发展等不无关系。整体而言,小说和戏曲在整个中国传统社会中一直为主流文人所轻视,只在教化百姓的立场上才被有限地接纳为主流文学的附庸;而广大百姓市民却是这类文学最忠实的拥护者,正是他们自下而上地推动了这两类文体的发展和兴盛。因此,中国传统小说和戏曲自然地表现出更多的民间化、大众化、娱乐化特点。

一、从传统小说看我国散文体叙事文学的发展

中国小说的发展是两种源流的交融,即作为子史附庸的叙事类散文体发展而来的文言小说和在民间市场兴盛起来的口语化、通俗白话小说。它们的审美观念、叙事方式、道德评价乃至语体在发展过程中互相融合,才最终出现了明清时期的小说高峰。

我们一般把虚构情节、刻画人物、散文体叙事作为小说体裁的主要特征。学者们多认为以此概括中国古典小说的特性并不恰当,但以此为文体发展成熟时对小说特征的概括,不妨借来对中国传统小说的发展源流作一对照,并以此来审视中国叙事文学发展的独特道路。

(一)漫长的孕育期:在各类叙事文体中萌生的小说体

中国叙事文体伴随文字出现而生,但所记载内容主要为历史大事,作为后世垂诫。“左史记言,右史记事”,左史记下的就是如老庄、孔孟、韩非子等对天人关系、社会治理等方面的看法,重点在于抒发抽象思想。但为使自己的论点更有说服力、更能打动别人,众家对文章气势、语言技巧都下了一番功夫,多用比喻说理,对照铺排,特别是庄子大量采用寓言形式,以夸张、虚构的方式来说明道理,实际上已是虚构叙事的萌芽。而诸子散文中的寓言是阐发主体抽象思维的工具,为论点服务的特点决定其虚构故事性,在此类文体中只能是附庸载体,其故事性和虚构性也不可能发挥开来。诸子散文更多地为中国叙事文学的发展在写作技巧、思维上打下了基础。

右史从初期的《尚书》、《春秋》到战国的《左传》、《国语》、《战国策》等书,用散文体叙述历史事件,按时间顺序安排结构,注重情节起末的完整性,重视分析局势变化背后的势力消长,而略写正面直接交锋场面,以人物个性化的言行表现性格而不重外貌、心理描写,文末加上"君子曰"来作评价,这些叙事方式都对后来的传统小说产生极大的影响。更重叙事的历史散文强调"秉笔直书"精神,将虚构、想像视为最大缺陷,在写作原则上对文学性叙事的发展产生了极大影响。

正是庄子首先提到了"小说"这个词,他说"饰小说以干县令,其于大达亦远矣",他自奉所发议论为大道,而"小说"指的就是浅薄小语,为他所不屑。所以西汉[①]时把一种叙事文类以"小说"命名时,就已经表示了对这种文类的轻视。桓谭定位"小说家"为"合丛残小语,近取譬论,以作短书,治身理家,有可观之辞"[②]。"小说"特征被概括为类似诸子寓言而浅短,但也有修身理家价值。班固也表示"小说家者流,盖出于稗官,街谈巷语、道听涂说者之所造也",鄙视它是因其出自里巷平民之口,大多虚妄浅俗,但正是"闾里小知者"所喜的,或"有一言可采",可用于教化小民,因此"君子弗为也","然亦弗灭也"。他把"小说家"列入《汉书·艺文志》九流十家之末,归为稗史,而他收集的《伊尹说》、《周考》、《青史子》等十五家小说,也被鲁迅评为"诸书大抵或托古人,或记古事,托人者似子而浅薄,记事者近史而悠谬"。证实了这种叙事文体约是下层文士模仿子、史而作,吸收了中国民间流传的各种神话传说等,士大夫们出于教化小民需要,接受其作为子史附庸。

历史散文对小说的影响,在司马迁的《史记》中表现得更突出。《史记》首创纪传体,以人和事件为中心叙述,选取能表现人物个性风貌的部分事件,情节完整而又详略得当,已经达到了叙事文学极高的成就。另外,《史记》虽也要求直书其事,但作者只是以此为原则,把大量散佚在民间的上古神话、民间传说稍加整理、逻辑化就归入史传。作为二十四正史之首,《史记》的叙事原则和方式影响了整个封建王朝文人对于叙事文学的创作原则。

汉赋承屈原楚骚而来,发展成介于诗文之间的文体,代表作有早期枚乘的《七发》、司马相如的《上林赋》、《子虚赋》和后期扬雄的《蜀都》等,内容由抒情转入铺张写物、渲染情态,因为打着劝讽君王的旗帜,可以用虚言、寓言取悦君王来曲谏,所以公然以子虚乌有取名,虚构描述细节而为君王取乐。后期虽然转重抒情,但是重咏物之风却没有改变。末期的俗赋更可视为韵文叙事小说。赋体在咏物铺陈细节方面的成就,使得从汉朝开始的准小说体如《汉武内传》在描貌状物时,就穿插诗赋描物表情。

今所存汉及汉前类小说的篇目主要有收入我国大量佚失神话的《山海经》十八卷,在历代史书中都归入巫术地理类,但其中含有丰富的神话传说和山川博物事迹,"偏好语怪",被视为"古今语怪之祖"。还有汉时的《穆天子传》、《汉武故事》、《汉武内传》、《洞冥记》、《燕丹子》等,大多依托杂史杂传而增益虚构细节,其中《燕丹子》讲燕太子丹逃回燕国寻荆柯刺秦

① 班固的《汉书·艺文志》是根据西汉刘歆的《七略》"删其要"而成,因此在西汉时就应该出现"小说家"一类。

② 转引自《文选》卷三十一注中提及的桓谭《新论》。

事，情节传奇，结局悲壮有感染力，明朝胡应麟把它称为“古今小说杂传之祖”。

魏晋南北朝政治混乱，人们常有生死荣辱无常之感，佛道宗教广泛传播，加上当时巫道方术盛行，神仙鬼怪之说泛滥，志怪小说纷纷产生。如托名曹丕的《列异传》、干宝《搜神记》、托名陶潜的《搜神后记》、吴均《续齐谐记》，还有专重于讲佛法灵异的如王琰《冥祥记》、颜之推《冤魂志》等；还有托名东方朔的《神异传》、张华《博物志》、王嘉《拾遗记》等，承《山海经》系统而来，属博物地理、记载神话、琐闻一类。这些小说以干宝《搜神记》为代表，内容除反映人鬼神之间的接触和交往乃至婚姻外，也记载了当时一些传说。体例驳杂，篇幅短小，叙事略陈梗概，艺术表现整体上还较幼稚，只有少数篇章在艺术技巧上较为成熟。作者始终抱着记录整理灵怪事的观点来证明神道不诬，并不主动虚构创作。

其时士风崇尚清谈品评，士大夫以狂放风流而自得，志人小说就是士族人物玄虚清谈和奇特举止的记录。代表作主要有邯郸淳《笑林》，以俳谐讥讽；东晋葛洪《西京杂记》，记评汉时人物，内杂怪异；逸闻轶事类是主要部分，有东晋裴启《语林》、郭澄之《郭子》、梁代沈约《俗说》、殷芸《小说》和宋刘义庆《世说新语》。《世说新语》在当时士大夫精神上追求风流神韵，语言上求机敏精刻的背景中出现，以人物为中心，篇幅短小，语言精炼简约，采取遗貌取神的手法，抓住人物最有个性特征、最富于意味的动作和语言表现人物的性格和精神面貌，注重模仿口语、写得逼似人物身份，善用生动精妙比喻来使形象情状更鲜明，充分反映士族阶层的精神面貌和生活状态。《世说新语》是魏晋南北朝成就最高的笔记小说，为后世文士深喜并加以模仿创作，对后代的笔记小说和小品文产生了很大影响。志人志怪具有今小说的基本轮廓，也不再只是理论的载体，可以算是我国小说的初期阶段。

（二）唐文言小说兴盛：文人有意虚构、传奇娱兴的开始

在六朝志怪和佚事小说基础上，唐朝出现有意为小说的“唐传奇”，这代表文言小说进入成熟期。唐传奇全是文人士大夫创作，内容注重传人事之奇，叙述方式上模仿史传，写时交代某时某处何许人，此事如何得传，结末多加评论，文中穿插诗赋传情达意。但作文目的不再是垂诫或教化，而是显露自己的文采意象，是士大夫之间的娱乐解闷品，所以内容上描摹细节，明显虚构而不为意。

初唐和盛唐是唐传奇的初兴期，集本数量少，未脱述异语怪。单篇代表作有《古镜记》、《补江总白猿传》和《游仙窟》。王度《古镜记》是唐传奇最早作品，以作者身份自述与古境神异有关的几件事情。张鷟《游仙窟》篇幅最长，也以第一人称自述旅宿“仙窟”，与神女十娘邂逅交结的故事。全文以骈文写成，又穿插了大量主客对答的五言诗，表现男女的戏谑调情，颇有色情倾向。当时就已流传到日本等国，对日本的小说创作产生了影响。

中唐时期是唐传奇的繁荣期。这时仅单篇传奇有百篇之多，还出现了像李公佐、沈亚之专以小说在文学史上著名的文人；诗与传奇开始相配而传，如白居易《长恨歌》和陈鸿《长恨歌传》、白行简《李娃传》和元稹《李娃行》；连韩愈等推行古文运动的大家，也写如《毛颖传》等讽喻性的传奇文。题材涉及生活的各方面，尤其是爱情小说和讽世小说最有成就。爱情小说内容主要是士人和妓女或神妖等相恋故事，代表作有沈既济《任氏传》、元稹《莺莺传》、白行简《李娃传》和蒋防《霍小玉传》等。《任氏传》写人狐恋，用细腻的生活化情节把狐精任氏

写得动人可亲,文末还盛赞任氏情真可贵,叹情人没有珍惜,一改以往志怪妖狐魅惑形象,并肯定情的重要性,是明清志怪乃至《聊斋》的先响。元稹以名诗人作小说《莺莺传》,文辞佳妙传神,极富诗意。此事据考是元稹亲历,莺莺形象刻画得神韵动人,明知张生不可靠却抵不住青春骚动的矛盾,为张生所弃前内心的煎熬和眷恋、被弃后以诗拒见的温柔和决绝,都堪称妙笔。比较特别的是小说篇末突发议论,认为莺莺是"尤物"祸水,张生抛弃她是"善改过也",与小说内容明显不一致,这反映了唐传奇中史论的传统男性化立场和描写故事本身求新奇、近人情之间的错位。讽世小说的代表作有沈既济《枕中记》和李公佐《南柯太守传》,《枕》篇即"黄粱美梦"故事:卢生热衷功名,借老人枕而在梦中经历了荣华富贵,梦醒时身旁的黄粱饭还未蒸熟。《南》篇用意相似而讽喻更深,游侠淳于棼醉入"槐安国",经历荣辱兴衰,醒后才知是梦,"槐安国"不过是庭中大槐树穴中的大蚁巢而已。《南》篇结构谨严,描摹生动,意味深长。李公佐还有《庐江冯媪传》、《谢小娥传》、《古岳渎经》三篇传奇。《李娃传》是在这一时期传奇故事中篇幅偏长、情节细腻曲折,故事内容、笔调都和当时平民审美观比较接近,明显受到当时民间说话等文体影响,这一时期的小说集,以牛僧孺早期所作的《玄怪录》较著名,内容多为神怪故事。

唐传奇到晚唐文采意象逐渐衰落,这时单篇较少,篇幅变短,结集较多。主要有薛用弱《集异记》,李复言《续玄怪录》、李玫《纂异记》、裴铏《传奇》、皇甫枚《三水小牍》等。豪侠小说是晚唐传奇中最引人注目的一类。名篇如杜光庭《虬髯客传》、裴铏《昆仑奴》、《聂隐娘》等,写身怀奇技的风尘侠客故事,尤喜以昆仑奴、侠女等为描述对象,开启后代武侠小说的源头。

唐传奇是中国叙事文体有意虚构、承认创作目的是娱乐满足好奇心的开始,一部分作品已具备完美短篇小说的条件,所以一直是后世小说家学习和借鉴的榜样。但唐传奇是一种"雅"娱乐品,传奇述异之中,穿插大量诗词歌赋;状物写人时,追求神韵诗意美,也主要只在文人士大夫圈内传播。

(三)宋金元民间话本小说的兴旺:注重情节曲折、娱乐大众

与此同时,"说话"成为唐社会流行的娱乐解闷方式,其内容主要是演说佛经故事、历史故事和民间传说、现实生活题材。其中佛、庙、僧在讲经文中间,将艰深内容以故事演释,甚至说与佛经无关的故事以招徕听众,且常以佛画配合释义,在唐时最为盛行,称为"俗讲"。记录"说话"的底本,即是后在敦煌莫高窟中挖掘出来的大量"变文",变文采用韵散夹杂的说唱体制,想像丰富,情节曲折,语言浅俗口语化。

宋、金、元时期,随着城市经济的繁荣和市民阶层的兴起,说话和说唱艺术日益繁盛。宋时就设立专门用于讲话的"瓦舍勾栏",民间说话呈现出职业化与商业化的特点。当时的"说话",以题材划分为"四家":小说、说经、讲史、合生。小说,以讲烟粉、灵怪、传奇、公案等故事为主;说经,即演说佛书;讲史,则说前代兴废争战之事。在说话活动的日益兴盛后,出现以口传故事为蓝本的文字记录本,即"话本"。"话本"除了是讲话艺人的底本外,也有文人根据历史、文言小说等改编的通俗故事读本。宋元小说话本一般由入话(头回)、正话、结尾几个部分构成。入话多为诗词或小故事,多与正话内容有点关系,以使观众安稳下来进入题旨。

正话之后，常以诗总结故事主题，或以“话本说彻，权做散场”之类套话作结。宋元话本大多描写细致，叙事口语化、人物个性化；其思考方式和审美追求都较市井化。

各类题材中爱情或公案故事最受欢迎，爱情故事中往往突出女性对爱情生活的主动追求，如《碾玉观音》中的璩秀秀，大胆泼辣、市井气较浓，与唐传奇中即便妓女也写得有大家风范很不一样。公案故事的盛行与宋元时代官府昏庸、腐败导致大量冤案出现有关，但公案故事本身所具有的情节离奇曲折、特别能展现现实生活种种冲突，非常迎合市民胃口，也是其流行的主要原因。今存的作品有《合同文字记》、《三现身包龙图断冤》、《简贴和尚》等篇。这些故事大多散佚在明人编辑的话本集如洪楩的《清平山堂话本》、冯梦龙的“三言”等中，直接启发了白话短篇小说的创作。宋元的讲史话本，又称“平话”，主要有《五代史平话》、《宣和遗事》和《全相平话五种》。这些作品大多依傍史实，又杂以民间传说故事，有虚有实。其中《宣和遗事》讲北宋兴衰、南宋建都临安经过，里面含有梁山伯故事，像杨志卖刀、晁盖智取生辰纲、宋江杀阎婆惜等《水浒传》故事的梗概都已具备。元朝编的《全相平话五种》中的《三国志平话》、《七国春秋平话后集》，是后来《三国演义》和《东周列国志》的前本。今存的宋元说经话本，只有无名氏的《大唐三藏取经诗话》宣扬佛法，以叙述为主，辅以诗歌，里面已出现猴行者形象。我国长篇白话小说就滥觞于宋元的讲史和讲经。

（四）明清小说的优秀成就：雅俗文学观、文言小说和话本小说的融合

话本故事在宋元说话艺人的讲唱中不断丰富，又长期与戏剧题材互相搬演生发，逐渐积累了丰富的叙事材料和技法，再经过文人润色提高后终于编定成稿。到元末明初，《三国志通俗演义》和《水浒传》的出现，标志着我国古代白话小说进入成熟阶段。章回体是我国中长篇小说叙事特有的形式，它用章回把故事情节分为较整齐的段落，加上整齐的诗句作为标目。后来的古代长篇白话小说都采用这种形式。罗贯中编定的《三国志通俗演义》结构宏伟，线索清晰，依傍真史而加以渲染——书的骨架、人物、大事件都与历史相符，但用于表现人物性格的情节细节却多是虚构的。在叙事框架、技法上继承发扬了《左传》、《史记》等史传文学传统，又采用了民间说话、戏剧的内容：描写战争能不局限描写战争场面，而注意写前因后果、明暗虚实局势对比和战后余波；把人物放在尖锐复杂的军事政治斗争中表现，不求细节逼真，略貌取神，用人物对比、环境烘托、气氛渲染来描写人物群像。如赤壁之战中周瑜与诸葛亮、黄盖、曹操等，在彼此强烈的冲突和勇智对比中各自显示多面性格。语言上采用浅近文言，“文不甚深，言不甚俗”，简洁传神，深受文人大众喜爱。它也开启了历史演义小说的风气，演义范围几触及全部历史。同类的作品还有明后期冯梦龙编写的《东周列国志》影响较大。

稍后由施耐庵编订的《水浒传》是英雄传奇长篇小说的扛鼎之作。英雄传奇缘自历史演义和公案小说，但故事多虚构，情节曲折起伏，人物形象栩栩如生，运用的是纯熟白话，在小说艺术成就上比《三国演义》更突出。这部小说结构上采用了几章以某人为传主、顺及他人的板块联缀形式，整体有点松散但部分章节内容却紧凑完整精彩，如著名的“武松七回”。由于英雄传奇小说允许自由虚构、故事性强，使人爱写爱看，所以在明清造成极大声势，如《杨家府演义》、《后水浒传》、《隋唐演义》、《说岳全传》、《五虎平西》等作品，在我国流传很广，经久不衰。

明中期吴承恩写的《西游记》是我国神魔怪异长篇白话的开山之作,创设了一个从未有过的瑰丽奇幻世界,却又能投射社会现实。虽缘自讲经而来,但主角转为大胆叛逆的孙悟空,书前七回是孙悟空的反叛天宫被镇,后面是孙悟空辅佐唐僧取经历八十一险终于皈依我佛,首尾相证圆满。刻画形象时以人、妖、神三体合一,神幻能力和世俗人格、动物特性结合在一起,故事诙谐生动,文笔幽默又暗含讽喻褒贬。如师徒终于得见我佛证法时,却发现佛祖也口口声声在谈钱,委实是辛辣讽刺。《西游记》以后,神魔小说逐渐发展成大流,明清其他同类较著名的作品还有《封神演义》、《四游记》、《西游补》、《三宝太监西洋记通俗演义》、《女仙外史》、《镜花缘》等,这类作品多能独创神魔仙妖独特功能、仙山海外传奇世界,且多在传奇神幻之间嘲世讽时,反映了人们对时世的不满和内心对强大力量和理想世界的一种渴望。

由于印刷业和商业的发展,文人思想的解放,白话小说受到广大市民喜爱和艺术价值的提高,使其在明中后期同时受到书商和具有新思想的文人的重视。一些修养高的文人承认小说的娱乐和艺术价值,李贽等力主"童心说",并推崇《水浒传》为天下至文,鼓吹众人读、作此类作品。中下层文人或为谋生,或出自兴趣,也参与白话小说的创作,这使明后期小说的创作及改编整理大有成就。书商逐利,更是尽可能地大量刻印传播为大众所喜爱的作品。明晚期的长篇世情小说《金瓶梅词话》就是在这种氛围里出现。它本源于武松故事,写西门庆一家兴衰历史,以自然主义的笔触描摹了黑暗腐败、色情堕落的生活,虽然有一些没必要、无节制的性描写,但这是中国长篇小说史上第一次以普通平凡商人乃至反面人物为主角,在日常生活内容中对人物个性加以表现,全以当时俗话口语描写,形象逼真,是现实主义小说的杰作,直接启发了以后《红楼梦》的创作。当时另一部长篇小说《醒世姻缘传》虽成就远不如它,但在小说的性质和写作特点上与之颇有相似之处。这时短篇小说集也大量印行,代表作主要有"三言二拍"。冯梦龙搜集宋元话本和当时流行短篇,润饰文字、统一体例,加强教化力度并模仿话本体式而创作"拟话本",编成"三言"(《喻世明言》、《警世通言》、《醒世恒言》),冯注重"情教",在娱乐中加以市井伦理,对道德较为宽容。凌濛初的两本"拍案惊奇"主要是拟话本集,情节曲折离奇,有很浓的市民趣味。短篇白话小说在明末清初掀起创作高峰,代表作有《型世言》、《西湖二集》、《豆棚闲话》、《照世杯》等,其娱乐劝诫随世风变化而轻重不一。

文言小说至宋朝也还有作,如《赵飞燕外传》、《谭意歌传》、《大业拾遗记》、《开河记》、《迷楼记》、《海山记》、《柳妃传》、《李师师传》,大抵以历史或当代风流人物为中心,但注重考据质实,多寓教训,文采意象衰退。笔记和笔记小说数量巨伙,收集在洪迈编的《夷坚志》等书中。元朝出现中篇传奇《娇红记》,描写表兄妹的恋情,没有唐传奇的富有诗韵,而叙事则大有进步,篇幅已达五万字,情节曲折细腻,使用浅近通俗的文言叙事,很多穿插的诗词与情节无关,有卖弄文采之嫌,诗写得也不算高明。这是文言小说在通俗小说和戏剧的影响下俗化的结果。明初瞿佑的《剪灯新话》和李昌祺的《剪灯余话》情节构思都追步唐人,但诗情较逊,穿插的诗歌与情节割裂现象更严重了。清蒲松龄的《聊斋志异》达到了文言小说的又一高峰。《聊斋》近五百篇,笔记体志怪和传奇夹杂,主要写文士遭际和与狐、妖、鬼的相恋故事,文笔简洁传神,描写婉曲,诗意盎然,上追唐传奇。《聊斋》成功地塑造了一批“多具人情,和易可亲”的花妖狐魅;一些篇章对当时社会黑暗现实有深刻揭露,谈狐说鬼中寄寓“花面逢迎,世情如鬼”之叹,把文言小说的艺术性又推进了一步。《聊斋》后文言传奇衰败,较著名的是志怪佚事笔记体小说有袁枚《子不语》和纪昀《阅微草堂笔记》。纪昀不满《聊斋》传奇志怪混杂、明显虚构的特点,而回复志怪体短概粗、异事必有人证特点,是古代正统文人始终无法接受小说虚构故事性的明证。

吴敬梓的《儒林外史》是一部长篇讽刺小说,出于对儒家理想的失望,他展露了被科举荼毒、僵化市侩的文人世界。全书几无传奇情节,转为刻画现实社会中真实的人性,寻找士林社会里已被人视若无事的悲剧性情节;常用夸张漫画手法,诙谐而多讽。如匡超人等随着环境改变从孝子而逐渐堕落,更深刻揭露环境的黑暗腐败。它朴素、平实、深刻的风格,更接近于现代小说。全书由一些短篇联成,没有真正中心人物,结构涣散是一大缺点。讽刺小说至清末发展为谴责小说,代表作有《官场现形记》、《二十年目睹之怪现状》、《老残游记》和《孽海花》等。

清中期曹雪芹的《红楼梦》是我国古代小说的最高峰。全书以贾、王、史、薛四大家族兴衰为背景,以宝黛钗三者婚恋悲剧为线索,塑造了一系列具有独特而鲜明个性的悲剧人物形象,宝黛钗等人性格多面融合;作者在他们身上寄寓了很多美好的理想,但又具有时代特性,如宝黛情感突破了以往“郎才女貌”、“爱才悦色”的俗套,而是有多年相知的深厚情感,但这又和宝玉对其他女子的流连博爱交织在一起,形成真实的封建贵公子恋爱观。采用日常生活细节来描写人物,选取的往往是生活化而又经过高度艺术提炼的场面,能一笔几面俱到,写出各色人等,人物的言行动作与其身份个性贴合,只字片语中能勾画出人物复杂微妙的内心。它代表中国小说叙述重心由故事曲折—情节描摹—用情节塑造人物的完成。从审美上看,《红楼梦》也代表着中国雅文学和俗文学的融合。本书在生动地再现一个宏大复杂的社会场面时,又在整体结构、人物命运中洋溢着浓厚的悲剧诗情。书中采用了有极强表现力的白话,又穿插大量与情节联在一起的诗词歌赋来表现人物外貌、情态、才华、个性,推动情节的发展,暗示故事线索、人物命运和作者深长的叹喟。明末才子佳人小说已开始盛行,《红楼梦》后继续广大,余流演变成狭邪小说如《海上花列传》。另外,清中后期侠义公案小说非常盛行,代表作如《儿女英雄传》、《三侠五义》等,侠客已变成忠义两全、封建伦理的维护者了。

二、最民间化、大众化的文学形式——戏曲

在传统文学体裁中,戏曲是一门最综合性、大众化的艺术。它集叙事与抒情于一体,目的在于表演故事,重心却放在唱曲抒情上,但抒发的是剧中的人与情节紧密相联。作为一门表演艺术,它集合了歌舞、俳谐、说唱、杂耍及装饰等的精华,它需要编剧、演员及美工等人一起合作,它发源于民间艺术,也始终要面向大众,在大众直接观看中完成,这使戏曲文体

从形式到内容、审美特征上都具有很强的大众化、民间化艺术特征。

(一)萌生期

简单地说，戏曲是一种表演故事的歌舞剧。我国戏曲直到元朝才具有比较完整的形式，此前过程中，它吸取了许多民间歌舞和各种表演娱乐方式，大致为：原始：巫歌舞娱神→春秋：优(用以调笑俳谐，俳优只有动作、表情无唱，倡优有唱、音乐伴奏)→汉：角牴戏→南北朝：踏摇娘(边唱身体边摇踏，有简单情节)、拨头、代面等→唐：参军戏→北宋：出现杂戏→金：院本/诸宫调→南宋末：温州杂剧。

到南北朝，"踏摇娘"等已出现有简单情节的歌舞与表演相结合形式。唐时结合了前代滑稽表演的特点，形成双人表演的"参军戏"，今相声、独脚戏都与其有关。参军戏的一支与歌舞相结合，加上宋时说唱等的滋养，形成了宋杂剧，宋杂剧形式上或偏重于唱或偏重于念诵、说白，但两者逐渐结合；角色有四五个，各有不同的名目；但代言体的特征还不明确。金院本承自宋杂剧，故事性更强些，它的很多题材为元杂剧继承。大约起自北宋的诸宫调是一种兼具说、唱而以唱为主的曲艺。它常用琵琶等乐器伴奏，以不同宫调的曲调联套演唱，杂以说白提醒推进情节。金代出现了董解元的《西厢记诸宫调》，把元稹三千字《莺莺传》改编扩展到五万，莺莺变得主动，红娘开始成为重要角色，相思探病、送别出奔等情节都完整出现，其中如"长亭送别"中曲词几乎被原样用到王实甫的杂剧《西厢记》里。元杂剧旦本、末本，一折由一个角色主唱，套曲的组织方式等形式特点和题材等都受到诸宫调直接的影响。

(二)儒家文化的主流地位被打破，蒙汉文化的和融催化戏曲第一个高峰期

元杂剧用第一人称代言角色叙事是戏剧成熟的重要标志。元杂剧一般每本四折，或再加楔子组成，楔子相当序幕戏和过场戏，可放在前面或折中间，用于交代情节。人物出场时有用于自我介绍的定场诗；文末有题目正名，以诗联概括全剧内容。每折由曲、科(动作、表情和舞台效果)、白(对话、独白)三部分组成。唱曲是主要的，每一折曲由男主角或女主角独唱到底，其他角色只能说白。元曲的角色除末旦净丑外，还有贴旦、净等十来个繁细的配角角色，这也说明元杂剧的发展程度。

元杂剧剧目流传下来的约有500多种，现存160多个剧本，它是元朝最有成就的文学样式。其所以兴盛，与元朝社会背景有关：大都市的经济繁荣造成大批新崛起的市民阶层，他们需要新鲜的、能为他们带来娱乐的文化；元初科举废除，加上民族歧视，文人、特别是汉族文人地位低下，甚至到了八娼九儒十丐的地步，文人投身戏曲创作以为出路，成为普通百姓中的一员，了解他们的疾苦；和演员关系紧密，往往剧、导、演三合为一，所以写出来的剧本精彩可演、现实感强、角色和趣味市民化。元杂剧大体可分前后两个时期：前期指从金末到元大德年间约百年，这是元杂剧的鼎盛时期，创作中心在大都和平阳(山西)，代表作家有关汉卿、王实甫、马致远、白朴、杨显之等。后期指元大德到元末约六十年时间，杂剧中心南移临安，发展滞缓，重要作家有郑光祖、宫天挺、秦简夫等。

元杂剧盛起于关汉卿，他共作杂剧六十多种，题材主要涉及社会黑暗、爱情、公案和历史，最出色的是社会剧和爱情剧，代表作有《窦娥冤》、《鲁斋郎》、《救风尘》、《望江亭》和《拜月亭》等。他塑造了一大批社会底层女性形象，里面有童养媳、妓女、婢女等，如窦娥性情刚烈，却因孝顺婆婆无辜受冤，临死还怕婆婆伤心，始终坚信天地公道会证明自己清白。作者真实地写出了她们的生活遭遇，也赞美了其泼辣坚强而又善良孝顺的性格。他常亲自粉墨登场，所以编撰的剧本更具有舞台性和戏剧性，场面紧凑集中，人物性格发展与场面的矛盾冲突配合得很好。他的语言质朴自然、通俗易懂，又能把形象描写得鲜明生动、富个性化。王国维说"其言曲尽人情，字字本色，故当为元人第一"，堪称元杂剧本色派作家的代表。

莺莺故事在唐朝以后不断发展，仅被改成的戏曲就有宋杂剧《莺莺六么》、金院本《红娘子》、南戏《张珙西厢记》[1]等，王实甫吸取前代经验，以金董解元的诸宫调《西厢记》为底本改成元杂剧，以五本二十一折连演一个故事，每折中也不再单由旦或末独唱，突破了元剧体制。王实甫的《西厢记》袭用了董《西厢》的大部分故事，而结构更严谨，场次洗练，情节更集中而连贯，人物性格刻画得更完整丰满。张生成为书剑飘零的穷书生，性格迂傻得可爱，又痴情诚挚，为崔母所逼才有意功名。丫鬟红娘成为本剧最亮眼的人物，她机灵大胆，敢想敢做，成为推动全剧情节、控制舞台节奏、制造舞台气氛的穿针引线人物。王实甫在对人物的心理描写成就尤其高，尤其是莺莺在礼教和青春觉醒之间的挣扎，及长亭离别时既难舍又忧被弃的复杂心理写得生动真实。本剧语言华美却不流于浮丽，表现力强。王实甫因此成为元杂剧文才派的代表。

白朴的代表作有《墙头马上》和《梧桐雨》等，《墙头马上》故事缘自于白居易诗《井底引银瓶》，大家闺秀李千金与裴少俊一见钟情，并以"做着不怕"的勇气私奔，写得很有光彩。《梧桐雨》演绎《长恨歌》事。马致远散曲最佳，杂剧多写神仙鬼物不可取，代表作有写王昭君和汉元帝事的《汉宫秋》，突出了王昭君坚贞自持、忠于民族国家的性格，美化汉元帝，渲染二人的"深情"，但曲词写得异常凄美生动，这使他和白朴都被归入文才派。

前期优秀的婚恋剧还有杨显之《潇湘雨》，写男子富贵弃妻娶，诬妻入狱，还嘱解差在发配途中将她害死。本剧的心理描写情境相生，为人赞赏。但剧终男子未受惩罚和前妻团圆的结尾，非常生硬。有类似情况的还有石君宝的《秋胡戏妻》，故事源自汉《烈女传》，这里的秋胡妻性格更坚贞顽强有反抗勇气，但拒绝诱惑苦受婆婆苛待多年，却换来发迹后的秋胡对面不识，以其美貌加以调戏并以金引诱，团圆结尾掩不去其悲剧色彩。它们真实反映了当时女性在婚恋中悲惨、被动的地位。历史剧著名的有纪君祥的《赵氏孤儿》，它据《史记》敷演而情节大变。以"搜孤"、"救孤"为中心展开，写春秋晋国赵朔门客程婴、老将公孙杵臼为保赵家骨血，前者牺牲亲儿和自己声誉，后者献出生命，最终得报大仇。情节起伏，忠奸分明。《赵氏孤儿》是我国最早流传到国外的古典戏剧著作之一，早在18世纪中期法意德等国都曾改编上演过此剧。

水浒戏和包公戏也是元杂剧重要题材。全元杂剧水浒戏存目约有三十多种。高文秀一人就有八种之多，而康进之的《李逵负荆》最精。《李逵负荆》通过系列误会构成悬念，展开喜

---

[1] 据游国恩、王起等《中国文学史》第三卷，241页，人民文学出版社1964年3月版。

剧化的情节。李逵形象风趣可爱，本剧在情节紧张、悬念运用和喜剧手法的运用上都很成功。无名氏的《陈州粜米》和李潜夫《灰栏记》都是包公公案剧，反映了元代吏治的腐败，人民渴望出现清官、明官的愿望。《灰栏记》是两女共争一子故事，包拯判定不肯用力拽孩子的是亲生母亲，故事有很强的戏剧性。"二母夺子"故事在古代东西方都有，所以此戏在19世纪就被介绍到欧洲，改编成具有各国风格的故事。

元后期杂剧的代表人物郑光祖最著名的作品是《倩女离魂》，源于唐小说《离魂记》，写倩女以魂私奔情人，肉体却缠绵病榻多年的故事。以浪漫手法表现男女对爱情的追求，但实际上也说明了《墙头马上》式的私奔之不可能。这本剧对《牡丹亭》有直接影响。

元剧在后期逐渐受重视，高官开始介入创作，剧本创作中寓以封建教化迷信的成分变多。加上科举恢复，文人与百姓距离拉远，杂剧内容变得贫乏，只追求语辞的华美、典丽而变成案头欣赏本。同时也由于元杂剧体制的局限很多作家不敢突破，所以容量有限，逐渐被南戏取代。

(三)高峰再起：表现容量更大、更成熟的明清戏曲

南戏发源于北宋末年到元末明初江浙一带民间，它在元末再次兴起。南戏体制上无固定场数，容量比元杂剧大；曲调上以南曲为主，部分吸收北曲，有时南北合套。每出剧中可以换宫调换韵；演唱方式上不再限于主角独唱，可以独唱、合唱、轮唱甚至幕后唱，这使其可以表现更多的内容和复杂的生活。元末明初高明的《琵琶记》是被称为"南戏之祖"。《琵琶记》源于早期南戏《赵贞女》，是赵贞女丈夫负心害妻、最后被雷打死的故事。高明以"不关风化体，纵好也枉然"为基调将其改成丈夫为全"忠孝"考功名、再娶、不辞官，不得已导致父母饿死、元配吃糠卖发。此戏提高了南戏的地位，但它对风化作用的强调，一夫二妇结尾等都被明传奇加以承继阐扬。元末民间流行《荆钗记》、《白兔记》、《拜月亭》、《杀狗记》"四大传奇"，其中《杀狗记》保持了更多民间色彩，比较粗糙；其他三篇多经修改流传。艺术化最高的《拜月亭》与关汉卿同名杂剧故事相同，可见当时戏曲题材的互相沿用。

在吸收元杂剧及各种艺术的特长后不断发展，南戏到明清蔚为大观，称为明清传奇[①]。明初传奇戏点缀升平，宣扬教化，发展迟缓，代表作有理学明臣丘浚的《五伦全备记》。明中期以后都市经济繁荣，市民阶层进一步扩大，这使戏曲发展更有市场。杂剧唱腔南曲化，也被称为"南杂剧"。王九思的《杜甫游春》、康海的《中山狼》和后来徐渭的《四声猿》等，都是借杂剧骂世，有较强的批判精神。另有冯惟敏的《僧尼共犯》，虽为闹剧，但已开启了"正视情欲为人之本性"的主题。传奇在明中叶以四种声腔流行，主要是江西弋阳腔、浙江余姚腔、海盐腔和苏州昆山腔，弋阳腔高亢粗豪，在民间很有基础；昆山腔流丽优美，在明中后期魏良辅等人手里又吸取了其他声腔曲调和北曲结构，婉约折转，具有很好的情感表现力。梁辰鱼以之作传奇，他的《浣纱记》传布南北，遂使昆腔在传奇唱腔中成为主流。

明后期东南资本主义经济萌芽，戏曲大盛，文人对戏曲的研究和创作数量大增。部分士

---

① 唐朝文言小说和源于南戏的明清戏曲都以传奇为名。

人开始鼓吹“以情返理”，追求自然人性，如李贽、汤显祖等在通俗文学领域大作功夫，使明末戏曲表现出新的精神面貌。另外，以沈璟为首的“吴江派”对戏曲从音律到语言等艺术形式加以探讨，要求合律依腔，他的传奇名作有《红蕖记》、《双鱼记》等，情节离奇波折，但感染力不如汤显祖作品。吴派的王骥德收取汤、沈之长，写《曲律》来探讨明戏曲系统理论，是明曲理论最好的著作之一。

汤显祖《牡丹亭》是明朝最优秀的戏曲作品之一。汤显祖写曲强调“以意趣神色为主”，宣扬自然情欲。《牡丹亭》以杜丽娘死分为前后两部分，前半部具有深刻的现实意义，在严酷的礼教禁锁中，杜丽娘只能在强烈的青春骚动和期盼中死去，死前与书生的春梦只是加剧了这种折磨，控诉了礼教对一个美丽少女的青春和生命的扼杀。死后还魂与柳梦梅成婚，展现了汤显祖盛赞的“生者可以死，死者可以生”的至情力量，用浪漫传奇的手法颂扬了情欲作为人本性的重要。本剧写得文采流转，生动感人。尤其是“惊梦”、“寻梦”两折，因有“原来姹紫嫣红将开遍，似这般都付与断井颓垣”等丽句，成为脍炙人口的名段。汤显祖还有《紫萧记》、《紫钗记》和《邯郸记》、《南柯记》，都改编自唐传奇小说，以一梦作为戏的关纽，后三种与《牡丹亭》合称“玉茗堂四梦”。明末孟称舜改编自元同名小说的传奇《娇红记》承沿汤显祖“重情”一脉，写得较为出色。

晚明传奇戏坛上出现了大量的才子佳人戏，大多是改自前人戏本，彼此情节曲白重复相袭较多，以情人信物为题，较好的有高濂《玉簪记》，写书生陈必正和潘妙常曲折情事，在我国民间很受欢迎并不断改编成各种体裁，流传至今不衰。明末戏曲则矫枉过正，一反前期情节曲目重复状况，追模沈璟，极力追求情节离奇巧合，对曲律关目比较强调，代表作有阮大钺《燕子笺》等。

清前期戏剧延续了晚明繁荣。以李玉为首的“苏州派”的中下层文人创作时强调剧本舞台效果，李玉、朱素臣等人共同创作了《清忠谱》，以明晚期东林党人和腐败阉党作斗争为内容，在文学史上第一次比较真实地描绘了声势浩大的群众斗争场面。这部戏很注重舞台效果，第一次把舞台表演和幕后声音配合得很好。另外，该戏标榜戏内容“事俱按实”，强调考证，开启了清朝戏本爱考据的风气。李玉比较有名的剧本还有《一捧雪》、《人兽关》、《永团圆》、《占花魁》等，多写人情世态，宣扬忠义，可演性较强。朱素臣的《十五贯》风格与之相类似，戏曲情节多源自前代已有的小说戏曲等。苏州派之外，入清的吴伟业（有传奇《秣陵春》等）和尤侗（有传奇《均天乐》等）等著名文人，借历史悲欢来抒发自己内心情怀，开启了清朝历史剧序幕，但多为案头之作，不太适合舞台演出。同时期的李渔在前人丰富的戏曲创作基础上，著有《闲情偶寄》一书，从舞台演出效果和戏剧创作经验两方面出发，系统地总结了戏剧创作的独特规律。

康熙前后出现在剧坛上的《长生殿》和《桃花扇》是清代戏剧的佳作，它们的作者洪昇和孔尚任也因此在剧坛被誉为“南洪北孔”。二剧不约而同地以兴衰剧变的历史时期为背景，展开有情人的悲欢离合；在剧本中都很注重对史料的订正和戏剧教化作用的强调；曲文也都非常优美动人。不同之处在于，洪昇的《长生殿》以诉“情”为主，以白居易《长恨歌》为故事线索，展开唐明皇和杨贵妃之间缠绵徘恻的爱情，后半部分的戏剧写追索贵妃死魂更是深具浪漫主义精神。《桃花扇》以侯方域和名妓李香君的爱情作为主线展开，但晚明历史却完全走到前台成为主角，情只是生活中的附丽，所以乱后男女重逢爱情却已散失，因为“你看国在哪里，家在哪里”，终于各自出家。这部戏具有极深的现实主义悲剧色彩，刻画名士侯方域在忠君和名利之间的摇摆、矛盾尤为深刻。

清前期以后，戏曲发展的成就不是太高，主要原因在于中后期文网加严，作者生怕动辄得咎；清文坛严于经义、重考据，对戏曲较为轻视；加上中后期文人的戏曲创作开始越来越多地注重文词，不注意舞台效果，所以越来越多地成为自我欣赏的“案头之作”，偏离了戏剧的本义。另外，清中期以后，随着“雅部”即昆曲的逐渐衰退，“花部”即各种地方戏曲日渐兴盛。民间艺人改编前人作品来演出，剧本较为简陋。乾嘉时的焦循在他的《剧说》和《花部农谈》中留下了很多地方戏曲的资料。这些“花部”戏曲在经过民间长期演出、改编、吸收元杂剧、明清传奇和其他艺术的营养后，到近代终于诞生了京剧，使我国戏曲到达了又一个高峰。

综上所述，由于戏曲在中国古代始终主要是在民间、以为大众服务的形式传播，所以具有几个明显的民间化文学的特征：

(1)作为一种民间化的文学，它是以民间艺人唱演方式来传播的，剧作者习惯把前人已有的故事情节、人物及曲词根据舞台表演效果改编甚至部分原封不动地搬演，这种情况，甚至是在最著名的戏曲作家关汉卿、王实甫的剧本中也表现得非常明显。大部分的优秀剧作都是在世代艺人、剧作者手里累积成长，某一作品既表现出改编者个体的文学创作水平，更多地代表了当时集体的创作能力。

(2)由于其作为民间大众现场表演娱乐的特点，戏曲甚至是最好的剧本如《牡丹亭》都无法避免穿插无意义而恶俗的科诨逗笑等。故事情节往往陈旧类型化、多以大团圆方式结局。其中夹杂的道德说教意识也是各种文学体裁中最多、最明显的。道德说教性在明清时期较上层文人参与创作时被进一步加强，以达到教化民众的目的。这使中国戏曲相对西方戏剧而言，作品整体上比较平庸而没有太大的突破度。

(3)由于戏曲主要是以舞台表演形式出现，戏班通过演出收入来维持生存，因此很多作品并不注重剧本的雅驯语词。文学史上收集的戏曲作品又大多是文人所作或所改，仅数量上就与实际上的戏曲作品相差较大，因此仅以文学资料来判断一时剧作盛衰是很难的。尤其是一些地方剧种，不见著于文学史，却还在民间以其独特的音腔方言继续受到当地民众的欢迎，这些作品的文学价值还有待耙梳整理。

【思考与练习】

1. 试以一个朝代的文学走向为例，分析我国古典文学的抒情性特征。

2. 以《三国演义》等名著为例，阐述如何看待中国传统小说的重史实倾向。

3. 试分析都市经济发展对元曲盛行的影响。

参 考 书 目

[1]游国恩等. 中国文学史. 北京:人民文学出版社,1964
[2]章培恒,骆玉明等. 中国文学史. 上海:复旦大学出版社,1997
[3]袁行霈,孟二冬,丁放. 中国诗学通论. 合肥:安徽教育出版社,1994
[4]鲁迅. 中国小说史略. 北京:东方出版社,1996
[5]石昌瑜. 中国小说源流论. 三联书店,1994
[6]吴志达. 中国文言小说史. 济南:齐鲁出版社,1994
[7]吴熊. 唐宋词通论. 杭州:浙江古籍出版社,1989
[8]徐朔方. 小说考信编. 上海:上海古籍出版社,1997
[9]朱东润等. 中国历代文学作品选(上中下编). 上海:上海古籍出版社,1979
[10]臧晋叔. 元曲选(全四册). 北京:中华书局,1958
以及各种小说集及著名小说作品

参考以及知识扩展网站:

各类文学及研究资料	国学网站 www.guoxue.com
诗歌及诗歌研究	中国诗歌网 http://www.poetry-cn.com/
诗经	诗经斋 http://www.shijingzhai.com/
屈原楚辞	语文天地网站 http://ywtd.3322.net
关于唐诗	唐诗网站天地 http://www.ltps.ylc.edu.tw/～6a/htm/act7.htm
各类词集	秋雁南回站 http://www.qiuy.com/gdworks/s/
各类小说阅读	读书网 www.dushu999.com
明清小说	明清小说研究 www.mqxs.com
红楼梦及研究大全红楼驿站	http://www.sqhgz.cz.jsinfo.net/hlm/index.htm

第六讲　奇异的风采神韵
——中国古代艺术

我们古代人民用自己的聪明才智创造了众多的艺术形式和门类，积累了丰富的艺术审美经验，创造了灿烂的艺术成就，为繁荣中华民族的传统文化作出了重大贡献。

一、中国古代艺术的主要门类

中国古代艺术根植于中国传统文化的肥沃土壤中，是在中国文化的滋养下茁壮成长起来的，正如中华文化是世界文化的极重要组成部分一样，中国优秀传统艺术也是世界艺术宝库中的瑰宝，以其浓郁的民族特色闪耀着举世瞩目、璀璨独特的光芒。从远古的原始纹身和服饰面具，到盛极一时的彩陶和青铜器；从气魄宏大的秦汉艺术，到艺术自觉时代的六朝风韵；从富于舞乐精神和恢宏气度的唐代艺术，到处于社会转型期的宋代艺术，再到处于社会巨大裂变期的元明清艺术，内容丰富深邃，形式多姿多彩，艺术魅力富有无穷。中国古代艺术既体现了中国古代人民对艺术的独特追求，也反映了其卓越的艺术造诣。中国传统艺术既是中国文化滋养的结果，又是中国传统精神文化的重要组成部分，体现了中华民族的文化心理和审美意识。它以众多的艺术门类，极大地丰富了中国传统文化的宝库，不同门类的中国传统艺术面貌异彩纷呈，气象万千。

(一)戏曲

中国古代戏曲是一门综合性的艺术，它与古希腊戏剧、印度梵剧鼎足而立，是世界上最古老的三大戏剧样式之一。中国传统戏曲是乐用歌舞的形式，以演员扮演角色，直观展现故事情节的艺术样式。正如王国维所说："戏曲者，谓以歌舞演故事也。"

1. 孕育发展

中国传统戏曲正式诞生虽迟，其渊源却可以一直追溯到远古时代的祭祀神鬼的仪式。除了原始歌舞以外，先秦即已出现的俳优，也是戏曲艺术的源头之一。俳优是夏、商、周三代宫廷中专为满足统治者娱乐需求而设置的艺人，作为最早的职业演员，原来主要从事歌舞表演，后来表演歌舞的职能逐渐减弱，转而偏重于在统治者面前用滑稽的语言和动作，进行调谑或讽谏。

至汉代，戏曲艺术的萌芽在极富群众性的"百戏"中进一步生长。"百戏"乃是一种综合性的大型娱乐形式，歌舞、杂技、幻术及武术竞技等同场表现，相互促进，十分丰富多彩。代表作有以角抵表演为主的《东海黄公》和以歌舞为主的《总会仙倡》。

经过魏晋南北朝艺术交流融合，唐代艺术呈现出了整体繁荣的辉煌局面。唐代的歌舞戏和参军戏，已经开始以故事情节为主，由演员装扮成某种角色，用歌唱或说白以及表情动作，根据规定的情景进行表演。如果说歌舞戏的载歌载舞形式对后世戏曲中的曲与舞产生重大影响的话，那么以说白为主的参军戏则从另一个方面丰富了中国戏曲的表现形式。周贻白在《中国戏曲发展史纲要》中谈到："中国戏剧之形成一项独立艺术部门，唐代的这两种戏是其间一大关键。"

宋代是市民文艺大繁荣、大交流、大融汇的阶段，在大小城市的勾栏瓦舍里，各种演出技艺互相观摩促进，为戏曲这门综合性艺术的发展提供了场所，也提供了剧本和音乐的基础，其中常演于勾栏的说唱艺术直接丰富和充实了戏曲的各种艺术成分。富裕的市民阶层，则为戏曲表演带来了稳定的观众。北宋时期的杂剧已经成为一个独立的艺术门类，不仅在内容上完全以故事情节为主，而且在表演形式上继承了唐代参军戏与歌舞戏相互搀合的传统。南宋时期，杂剧在宋金分治的地区有着不同的发展，在南宋统治地区出现了以南方曲调作为唱腔的南戏，在金国统治地区则发展为以北方曲调说唱故事的诸宫调。可以说杂剧的成熟和南戏的出现，可以看作中国戏曲诞生的标志。

杂剧发展到元代，进入中国戏曲的辉煌时期。元杂剧虽然名为杂剧，但与宋初那种以诙谐取笑为主的短篇杂剧已很不相同，故事情节渐趋复杂，演出时间也明显加长，这样就可以容纳更丰富的内容，从而更有效、更深刻地反映当时的社会生活。元杂剧演出形式为对白、演唱、动作、舞蹈相结合，其中演唱最为重要；角色分末、旦、净三类，一般由担任主角的正旦或正末一人主唱；演唱采用套曲，一折一套，由同一宫调的若干曲牌组成；演唱风格较为劲健；结构上则基本是一剧一本，一本又分四折。折是音乐组织的单元，也是故事情节发展的自然段落，每一折大都包括较多的场次，为演出的安排提供了很大的便利，也为观众提供了想像的空间。有的杂剧还有"楔子"，用来在开场介绍故事情节，或者在折与折之间进行故事情节的串连。元杂剧的角色分工更趋细腻，除了主要角色正末、正旦之外，还根据剧情的需要设置冲末、副末、贴旦、外旦、色旦、搽旦、净、副净、丑等配角。演出时，唱词只由主要角色演唱，配角只有宾白。宾白包括独白和对白。关汉卿是最杰出的元杂剧作家，他的《窦娥冤》、《望江亭》、《救风尘》等作品，深刻触及现实矛盾，人物性格鲜明，词曲本色晓畅，结构完整统一，代表了元杂剧的最高成就。其他剧作家还有王实甫、白朴、马致远，其中王实甫的《西厢记》通过对崔莺莺和张生冲破封建礼教的束缚，执着追求爱情幸福的故事的描写，揭露了封建礼教对青年自由幸福的摧残。

南戏在北宋南宋之交形成于浙江温州一带，高明创作的《琵琶记》被誉为"南曲之宗"，与《荆钗记》、《白兔记》、《拜月亭记》、《杀狗记》等，共同展现了元末南戏的艺术风姿，也预示了明代传奇戏曲的新发展。

明代的传奇戏曲基本上继承南戏的衣钵，而在演唱声腔上产生了重要的新变。到明代中叶以前，传奇因在江南一带广泛流传，结合各个具体地方的方言和民歌曲调，便形成了若干带有地方特色的声腔，主要为海盐腔、余姚腔、弋阳腔、昆山腔。明代后期的传奇戏曲舞台，以昆山腔为主，呈现出了一派十分兴旺的场面。沈璟领袖吴江派，讲求音律；汤显祖领袖临川派，崇尚才情，分别代表了传奇创作的不同倾向。代表作有汤显祖《玉茗堂四梦》，其中《牡丹亭》一剧，情节浪漫，文词典丽。清代传奇戏曲创作继续发展，洪昇的《长生殿》和孔尚任的《桃花扇》，内容深刻，形式完美，是这一时期的优秀代表作。清代中叶以后京剧开始形成，为传统戏曲树立了典范性的艺术模式。京剧集传统剧种及各地方剧种之大成，在艺术形式上有了新的发展，角色体制更为完备，表演中唱、念、做、打融为一体，音乐方面则放弃了曲牌联套的结构方式，转而采用了更为灵活的板式结构体制，自身的艺术表现力得到明显增强，清代后期，京剧的影响从北京逐渐扩展到全国各地，成为全国性的代表剧种。

从戏曲产生与发展历程中大致可以看出，中国古代戏曲艺术走的是一条由民间而文人、由宗教而世俗的道路，是时代风尚的体现者。

2.审美特征

中国传统戏曲在自身的发展历程中，形成了与众不同的审美特征，体现了永恒的艺术魅力。

(1)表演的虚拟性。表演的虚拟性是中国戏曲的独特风格，是中国戏曲相异于西方戏剧的独特舞台风格和美学特征的重要因素之一，是组成中国戏曲表演体系的一个重要支柱。所谓虚拟表现，就是指演员以形体动作，将多种没有在舞台上直接出现的事物暗示出来，使观众由此而获得虚实统一的完整舞台形象。如：舞台上本无花，一个优美的“卧鱼”嗅花动作，花便似乎存在了；舞台上本无门，一组开门关门的动作，门便似乎存在了；舞台上本无楼，提起衣裙抬脚踏上几步，楼便似乎存在了；手执一支马鞭，便虚拟了胯下的骏马。在《打渔杀家》中，那滔滔江水和一叶渔舟，全是由萧恩父女一系列摇桨、撑船、撒网、提网的动作来间接表现的。

表演的虚拟性与舞台装置的简陋性也是互为因果的。在虚拟性表演中，演员既是他所要饰演的角色，又是这个角色所生存的环境的创造者，创造着那个虚拟环境里的事物，演员的表演可以起到无中生有的作用。舞台装置的简洁、写意，加强了戏曲表演的虚拟性特征。虚拟化的表演，使中国戏曲舞台上逐渐形成了演员注重身段动作的美而并不在意模仿的真实性的程式化的特征，观众对演员的表演，也更多的是对表演程式的欣赏，而不去刻意追求其动作的真实。

(2)时空的任意转换。虚拟性表演，也使得中国戏曲在创作和表演过程中，可以不受时间和空间的限制，比较随意地从一个空间跳向另一个空间。中国戏曲舞台时间和空间的自由，从根本上说，是因超越了客观时间空间意识而生成的，是一种心灵的艺术自由。

戏曲舞台时间的组织是自由的。在戏曲舞台上，剧中故事情节进展的时间和客观时间并不同步，可以根据艺术表现的需要确立自身的特殊节奏，或疾，或徐，或加以压缩，或加以延长。如《失街亭》，舞台表现探马“三报”，十分紧凑，可实际上已经将“三报”之间所需的较长时间一带而过了。

戏曲舞台的空间组织也是自由的。由于中国传统戏曲的虚拟性，所以舞台的空间是随着演员的表演而灵活变化的。如《梁山伯与祝英台》中的“十八相送”，梁山伯为祝英台送行，二人依依惜别，不知不觉间已经经过了池畔、井旁、庙前、桥头的十八里空间变换。

(3)适当写意。中国传统戏曲的舞台表演体系，并不追求与生活现实的外形酷肖，而是力图创造实现了艺术升华的舞台形象，它基本上是偏于写意，而非写实的。

戏曲的写意性特征，首先是戏曲的舞台形象经过了精心的艺术提炼和艺术加工，与现实生活的形态和面貌存在着明显差异；其次，戏曲的舞台形象有着浓厚的抒情意味，体现着鲜明的情感态度。现代戏剧家黄佐临曾对戏曲的写意性做过这样的剖析：

第一，生活写意性，就是说不是写实的生活，而是源于生活，又是对生活加以提炼、集中和典型化。创作不应当仅仅是来自生活，而应当是提炼过的高于生活的东西。

第二，动作写意性，即一种达到更高意境的动作。

第三，语言写意性，即不是大白话，而是提炼为有一定意境的艺术语言，达到诗体的语言。

第四，舞美写意性，即不是实际的环境，而是达到高度艺术水平的设计。

这四点所揭示的就是戏曲形象的不同。

(4)程式优美。中国传统戏曲可以说是一种全面程式化的表演艺术。程式指某些相对固定的规格样式，戏曲程式形成的特点是约定俗成。

戏曲表演的程式首先体现为基本行当的划分。行当是依据性别、身份、年龄等条件对各种剧作角色的归纳。行当一经确定以后，就具备了特定的表演要求和表演风格。以京剧为例，有生、旦、净、丑四个基本行当，而每个行当中又有更细致的分支。如生行扮演一般的男生角色，可细分为老生(有称须生，扮演中老年男子)、小生(化妆不挂胡须，扮演青少年男子)、武生(扮演擅长武艺的青壮年男子，或长靠，或短打)等。

戏曲表演的程式更突出地体现在演员的动作上。就突出过程而言，从上场、亮相，到中间的圆场、走边、起霸、趟马、打出手等等，甚至下场，各个环节的主要动作都有相应的程式。就演员表演而言，身体从头到脚各个部分的动作包括手势、眼神、身段、步法等，都必须符合一定程式。

此外，戏曲演员的演唱、扮相，也各有程式。戏曲程式总是处于不断发展之中的，而已经形成的程式，又可以结合具体剧情适当变通，灵活发挥。

(5)高度综合。中国传统戏曲曾长期在民间孕育流传，与多种艺术样式之间都存在着密切的血缘联系，因此其综合的特征显得极为突出。文学、音乐、舞蹈、绘画等艺术因素，都被吸收接纳到戏曲内部，分别为戏曲的诞生贡献了力量。

中国传统戏曲剧本从小说中借鉴了情节，却取消了小说的叙事。中国传统戏曲剧本采用的是代言体形式，其故事情节不是由叙事者讲述交待的，而是通过戏中人物直观化的语言动作直接展示的。传统戏曲剧本直接把诗接纳到自身的系统之中。戏曲唱、白结合，以唱为主，而所唱之词就是已经戏曲化了的诗。例如《西厢记》第四本第三折起首崔莺莺送别张生的唱词：

[端正好]碧云天，黄花地，西风紧，北雁南飞。晓来谁染霜林醉？总是离人泪。

音乐和舞蹈加入传统戏曲，无形中使戏曲的表现和感染力获得了极大的丰富，戏曲是音乐化的戏剧，没有音乐，也就不成其为戏曲。戏曲表演以唱、念、做、打为基本功，其中排在第一位的唱就属声乐，而戏曲的伴奏则属器乐。戏曲中的演唱，第一步要求便是“字正腔圆”。第二步要求则是抑扬顿挫。戏曲的器乐伴奏，配合着演员的唱、念、做、打，起到重要的烘托作用。

在戏曲中，“做”和“打”都采取了舞蹈的形式。舞台上演员的一举一动，一招一式，无不经过了艺术的加工提炼。“如上楼下楼、开门关门、赶路行走、坐船驾车等，从形式上看，一个动作过程就是一段舞蹈，即连写字睡眠、绣花喂鸡等等，都带有浓郁的舞蹈感和舞蹈姿相。甚至角色的上下场，也是上场有上场舞，下场有下场舞。”（蓝凡《中西戏剧比较论稿》）

绘画因素对戏曲的创造，突出体现在人物的扮相上。

(6)大团圆结局。以大团圆来收结的情节，普遍存在于传统戏曲中，王国维将其概括为：“始于悲者终于欢，始于离者终于合，始于困者终于亨。”《牡丹亭》中的“返魂”，《长生殿》中的“重圆”，正是这方面的代表。即使是“列之于世界大悲剧中，亦无愧色”的《窦娥冤》和《赵氏孤儿》，最终也是善恶有报。戏曲情节的大团圆和善恶有报，从根本上讲，是折射了下层人民希冀在艺术中求得心理满足的朴素愿望，许多圆满结局，只是道德上的圆满，体现了中国传统戏曲重教化的伦理目的，是以道德评判代替戏剧冲突的结果。

（二）舞蹈

舞蹈是以人体为物质材料，以动作姿态为语言，在时间的流程中以占有空间的形式来表达思想和情感的独特的艺术门类。舞蹈有别于其他具有人体特征的文化及其相关的艺术门类的最大不同点在于，它是以展示心灵与情感世界为宗旨的人体文化，而且它具有以人体本身为物质材料的特性。正如美国当代舞蹈理论家H.埃利斯所指出的：“舞蹈是惟一的由我们自己充当材料构成的一门艺术。”“舞蹈艺术是最先通过人类自身来表现自己的一切艺术的源泉。”（《生活的舞蹈》）

舞蹈根源于人的生命律动。“舞是生活情调最直接，最实质，最强烈，最尖锐，最单纯而又最充足的表现。生命的机能是动，而舞便是节奏的动，或更准确点，有节奏的移易地点的动，所以它直是生命机能的表演。”（闻一多《说舞》）借助于中国传统舞蹈，中华民族的生命活力获得了艺术升华。中国传统舞蹈以其飞舞跃动的势态，集中体现了作为中国文化核心的宇宙观念及其由此派生出的艺术观念。宗白华先生认为：“尤其是‘舞’，这是高度的韵律、节奏、秩序、理性，同时是最高度的生命、旋动、力、热情，它不仅是一切艺术表现的究竟状态，且是宇宙创化过程的象征。艺术家在这时失落自己于造化的核心，沉冥入神，‘穷元妙于意表，合神变乎天机’。‘是有真宰，与之浮沉’，从深不可测的玄冥的体验中升化而出，行神如空，行气如虹。在这时只有‘舞’，这最紧密的律法和最热烈的旋动，能使这深不可测的玄冥的境界具象化、肉身化。”（《中国艺术意境之诞生》）同时，中国传统舞蹈最充分地展示了中国古代艺术侧重抒情写意的特征。《毛诗序》写道：“诗者，志之所之也，在心为志，发言为诗。情动于中，而形于言。言之不足，故嗟叹之；嗟叹之不足，故永歌之；永歌之不足，不知手之舞之，足之蹈之也。”汉代傅毅在他的《舞赋》中也讲：“歌以咏言，舞以尽意，是以论其诗不如听其声,听其声不如察其形。"两者都强调舞蹈在感情的抒发方面最充分也最强烈。

总之,"'舞'是中国一切艺术境界的典型"(宗白华语)。把握中国传统舞蹈的内容和形式,有助于深入领悟中国古代艺术的审美观念。

1.发展历程

中国舞蹈起源的确切年代,还难以考证,但1973年在青海大通县出土的彩陶盆中已有舞蹈的纹饰,由此我国的舞蹈至少可以追溯到距今5000年的新石器时代。这个属于马家窑文化的陶盆,记录了当时民族部落成员舞蹈的情景:人们手拉手,朝着同一个方向踏地而舞。据史料记载,远古时代有反映伏羲氏发明结网,教人捕鱼的乐舞《扶来》;有反映神农氏发明农具,教人耕作的乐舞《扶犁》等。进入原始农耕时期,反映农业生产的乐舞传说就更多了,如《葛天氏之乐》,表演时三人执牛尾,踏地而舞,乐舞分别表现诸如祝愿人丁兴旺、祭拜图腾对象、祈求五谷丰收、敬畏上天、感谢土地等多种与农业生产和人类生存有关的愿望。原始舞蹈是从人类早期的劳动实践中分化出来的,是生命力的直接表现。就内容来说,原始舞蹈最初与生活劳动关系密切,随后受到原始宗教的影响,又被打上了氏族部落图腾祭祀活动的印记。就形式来说,原始舞蹈基本上是节奏单纯动作简明的集体群舞,而且与原始音乐是融为一体的。

从商代起,舞蹈开始有了巫舞和乐舞之分。巫舞是原始宗教舞蹈的继续,乐舞则是供贵族享用的歌舞表演。周代正统舞蹈的巫术气息逐渐淡化,而被赋予了很强的教化性质。当时的宫廷雅乐体系分文舞和武舞两种。文舞显示君王以德服人,舞时手持乐器和鸟羽,如《大韶》、《大夏》等;武舞显示国家武力强大,舞时手持干和戚,如《大雩》、《大武》等。这种雅乐的主要作用,在于维护当时的宗法礼制和伦理等级。

秦汉时期,随着民间百戏的繁荣,舞蹈开始和武术、杂技等技艺结合起来,并不断和异域舞蹈相交流,逐渐成为一种不同阶层人们都喜闻乐见的娱乐形式。汉代舞蹈既有优美的"长袖舞"、"对舞"、"中舞",又有刚猛的"干舞"、"戚舞",形式多样。其中"盘鼓舞"最引人注目,宗白华先生对这一舞蹈形象评价极高,认为:"它的高超美妙,比起希腊人塑造的女神像来,具有她们的高贵,却比她们更活泼,更华美,更有远神。"(《中国古代的音乐寓言与音乐思想》)

四川彭县出土的汉画像砖,画面即表现这一舞蹈,地上摆着六盘,中间二鼓,一个穿长袖细腰舞衣的女子双足踏在鼓上,作"登亏"之姿,左手向前,长袖飞扬,右手曲在腰侧,长袖后曳,舞姿飘逸。画像砖上描绘的舞蹈场面,形象地印证了汉赋中那些精彩的舞蹈场面,这些舞蹈艺人既要在盘鼓上腾踏纵跃,发出有节奏的鼓声,还要完成高难度的舞蹈动作,既需要力度、柔度,更需要对身体的控制能力,不然就难以达到高纵轻蹑的舞蹈要求。

魏晋南北朝,各民族文化的大融合和中外文化的交流,使舞蹈艺术更加丰富多彩。由于南北风俗的差异,舞蹈艺术也呈现出各自不同的特色。大体说来,江南士人尚文轻武,多以"优舞"为主,舞者手持巾、拂尖、杯盘等道具,轻歌曼舞,温文尔雅,偏于清丽纤柔,表达感情十分细腻;北方民族剽悍尚武,多以"武舞"、"胡舞"为主,舞蹈中常有击剑打斗等场面,风格粗犷奔放。

中国传统舞蹈在唐代翻开了历史上真正辉煌的一页。舞蹈在唐代是以独立的表演形式出现的，它既不像周代雅乐舞那样，依附政治，也不像汉代舞蹈那样，融于“百戏”。作为舞蹈艺术高度成熟的标志，唐代已形成自己的舞蹈分类法。按照舞蹈的风格特点区分，有“软舞”、“健舞”两大类。“软舞”动作抒情优美，节奏比较舒缓；“健舞”动作矫健有力，节奏明快。属于“软舞”的有“绿腰”、“春莺啭”、“乌夜啼”等。属于“健舞”的有“剑器”、“胡旋”、“胡腾”、“柘枝”等。唐代诗歌中留下了许多吟咏这些舞蹈的名篇，如杜甫《观公孙大娘弟子舞剑器行》、白居易《胡旋女》等。唐代诸多舞蹈中，最著名同时也最能代表整体艺术水准和艺术成就的，乃是《霓裳羽衣舞》。其乐曲据传是唐明皇结合中外乐谱写的；其舞姿也融汇了中原舞蹈的轻柔婉转和西域舞蹈的旋转跃动。《霓裳羽衣舞》的演出形式并不固定，可以是独舞或双人舞，也可以是采用乐舞大曲结构形式的大型群舞。舞蹈的基调华丽明艳，婀娜娇美，成功地创造了一种缥缈虚幻的神仙境界。白居易《霓裳羽衣歌》对此作过细致的描写：“飘然转旋回雪轻，嫣然纵送游龙惊。小垂手后柳无力，斜曳裾时云欲生。烟娥敛略不胜态，风袖低昂如有情。”其中既有健舞的气势，又有软舞的柔姿，典雅华丽，美不胜收。唐代也是古代“燕乐”舞蹈最为繁荣的时期。“燕乐”用于宴享典礼活动，具有娱乐欣赏和礼仪性双重作用。唐代的宫廷“燕乐”，主要是有地域特征的乐舞表演。唐代民间还流传着“兰陵王”、“踏摇娘”等演示简单情节的舞蹈，是舞剧的雏形。总之，唐代舞蹈的丰富、绚烂、开朗、明快之美是无与伦比的。

宋明后中国舞蹈走上了盛极而衰的道路，舞蹈越来越难以撑起独立的旗帜，逐渐衰微，最终被戏曲艺术发展的潮流所吞噬。舞蹈的独立性减弱，而叙事性增强。宋代宫廷乐舞的主要形式是“队舞”。“队舞”多承唐代遗制，它是舞人众多的、程式严格的表演队伍的舞蹈。宋代宫廷队舞，虽不如唐代宫廷乐舞那样气势庞大，但在内容形式上都有所变化，出现了唱、念、舞结合的趋势。“队舞”把歌唱、舞蹈、朗诵相互配合，具有一定的故事情节，宋代“队舞”讲究华丽和场景效果，一部分乐舞作品，虽然仍然保持歌、舞、乐相结合的形式，但纯舞蹈的性质已被削弱，综合化、情节化是这一时期舞蹈发展的大趋势。到了明清，独立表演性舞蹈已基本上销声匿迹了。

封建社会后期，舞势衰落，戏曲兴盛。随着戏曲对社会的全面占领，人们的审美趣味发生了深刻的变化，舞蹈的发展一方面更民间化，一方面则被戏曲吸收融合。舞蹈依附于戏曲，不仅增加了戏曲的魅力，而且保存了优秀的舞蹈传统，丰富了自身的表演程式。

2.审美特征

中国传统舞蹈以自身的特殊方式，传达着民族文化精神，透露着民族审美心态。

(1)风格刚柔相济。刚柔相济，是“中和”审美理想在中国传统舞蹈中的具体体现。一般说来，一个时代的舞蹈往往是既有偏于阳刚者，又有偏于阴柔者，彼此配合，相互补充。中国舞蹈史上“文舞”与“武舞”的区分始于先秦。魏晋南北朝，南方的“清商”乐舞婀娜多姿，自然轻柔，如云似水，优美抒情；北方的“胡舞”往往豪迈粗犷，铿锵有力，动作快捷，节奏鲜明，充满阳刚之气。唐代的舞蹈又有“软舞”与“健舞”之分。“软舞”抒情性强，优美柔婉，节奏比较舒缓，偏向阴柔；而“健舞”动作矫捷雄健，节奏明快，趋向阳刚。明清两朝，戏曲舞蹈因与特定角色相联系，或刚或柔，也转化成了固定的程式。这种刚与柔共存共兴，互推互生，使得中国传统舞蹈在整体风格上始终趋于“中和”之美。另一方面，中国传统舞蹈的刚与柔是相对的，两者实际上相互包容，相互渗透，相互转化，刚中有柔，柔中有刚。

(2)动作圆转回旋。动作是舞蹈构成的审美意象，传达审美感情的主要手段。不同的舞蹈体系，孕育了不同的舞蹈动作语汇。西方的芭蕾舞，动作是开放性的，要求尽量向外伸展，富于外向的张力。至于中国传统舞蹈动作的突出特征，则是圆转回旋。

“圆”是一种周而复始的运动轨迹，具有特殊的形式美。而舞蹈动作的“圆”则基于身体的“转”。由身体扭转而带动动作的圆弧，进而连续贯通，回旋往复，便生成了中国传统舞蹈周流无碍的特殊韵律。对于中国传统舞蹈来说，圆转回旋既在于舞蹈者动作的空间线路，也在于舞蹈者运行的平面线路。这种圆转回旋的动作特征，可以从明清的戏曲舞蹈一直回溯到先秦。中国传统舞蹈动作的圆转回旋，要求以舞蹈者的身轻腰细为保证。身轻则灵，腰细则活。中国传统舞蹈还常借“长袖”来加强舞蹈动作的圆转回旋。“作为延伸肢体运动线条的长巾和水袖，能大大扩展身体的表现力，强化舞蹈情感。舞者通过手臂、手腕、身肢等部位不同幅度、力度、速度、路线的运动，使巾袖缭绕空际，变化着无数形态——时而袅袅直上，如蜂蝶飞舞；时而缓缓游动，似流水清波；时而冲入云端，像银蛇腾空；时而卷曲回旋，若风戏白练，创造着无数生动鲜明的舞蹈意象，展示着无数复杂的心境和情感。”(袁乐《中国舞蹈意象论》)长袖飘舞，回旋翻飞，缭乱萦回，呈现出的是流畅的曲线，可以使圆转的舞蹈动作更加优美动人。

(三)音乐

音乐，是心灵的艺术。“凡音者，生人心者也。情动于中，故形于声，声成文，谓之音。”(《礼记·乐记》)音乐通过由乐音组织而成的旋律，可以最丰富最细腻地表达人的感情世界的复杂变化。中国古代的音乐文化有悠久的历史和丰富多彩的内容，真实地体现了中华民族的心路历程，是中国各族人民世世代代共同创造的辉煌成果。

1. 发展历程

音乐是在中华大地上诞生的最古老的艺术样式之一。远在新石器时代早期，我们的祖先就开始了自觉的音乐活动。出土于河南舞阳的距今约8000年前的18支七音或八音孔笛，已经可以吹奏出简单的曲调，表明中原地区乃是中国传统音乐的真正发祥地。原始音乐与原始舞蹈在形式上常常是融合为一的。《吕氏春秋·古乐》记载，葛天氏“三人操牛尾，投足以歌八阕”。相传舜时就有《韶》乐，孔子赞曰：“尽美、尽善”，听《韶》乐“三月不知肉味”。周代我国最早的乐理著作——“乐记”诞生。《诗经》所载之诗都是乐歌，表明周时我国民间音乐很发达。先秦就出现了鼓、瑟、钟等乐器，先秦音乐家虽无从考证，但从伯牙与钟子期的故事中可知已经出现了杰出的音乐家，伯牙的《高山》、《流水》是我国音乐中的珍品。

魏晋南北朝时期，是音乐理论和音乐演奏全面兴盛时期，南北民族的大融合，为音乐的丰富和发展，提供了有利的条件。魏晋玄学盛行，而一些玄学名士如阮籍、嵇康等则耽爱音乐，借音乐表达性情寄托人格。他们尤喜琴曲，都是弹琴高手。嵇康的琴曲《广陵散》、桓伊的

《梅花三弄》流传甚广，产生了较大影响。南朝音乐以清商乐为主。清商乐是前期“中原旧曲”相和歌加入“江南吴歌，荆楚西声”而形成的，其风格较为纤弱绮丽。北朝音乐则以北歌为主。北歌为北方鲜卑族的民间音乐，风格偏于粗犷劲健。这期间，西域音乐大量涌入中原，对中国传统音乐的发展起了很大作用，西域音乐带来了特殊的演奏乐器，更带来了特殊的语汇，无疑丰富了中国固有的音乐文化。另外，作为中国传统音乐种类之一的佛教音乐，也大致诞生于这一阶段。

隋唐时期是中国传统音乐空前繁荣的阶段。宫廷燕乐和民间俗乐是唐代音乐的两大潮流，在社会上层与下层遥相辉映，形成蔚为壮观的局面。唐代宫廷燕乐是中原音乐与外来音乐的合流，既充分体现了开放、自信、浪漫、辉煌的时代精神，又集中展示了这一时期音乐艺术的最高成就。燕乐歌舞并用，规模盛大，兼有娱乐性和礼仪性，凡重大的宫廷宴会都要表演。唐代宫廷燕乐包含着歌曲、舞曲、解曲三种音乐样式。“有声有辞者是歌曲，配合舞蹈的为舞曲。解曲则是有声无辞的器乐曲。”唐代燕乐大曲是对汉魏以来相和大曲和清商大曲的创造性发展，结构更为庞大，节奏变化更为复杂，音乐表现力更为丰富。唐代的民间俗乐凝结着广大下层民众的心态与情怀。诗人白居易曾在一首《杨柳枝》词中写下过这样的诗句：“‘六么’‘水调’家家唱，‘白雪’‘梅华’处处吹”，生动说明了音乐在民间的普及。与宫廷燕乐相比，民间俗乐更活泼，更富于蓬勃的生命力。唐代新兴的民间歌曲——曲子广泛流传，孕育了词这一特殊诗体。唐代出现的民间说唱，是宋代市井说唱形式的直接先导。

到了宋代，我国音乐文化的走向发生了重要变化。“就音乐的性质而言，我国音乐的主流由宫廷转向民间，由贵族化转向平民化。民间音乐逐步加入到商品经济行列。就音乐形式而论，我国音乐最具代表性的形式由歌舞转向戏曲。”(《中国音乐通史简编》)

宋代最繁荣的音乐样式是曲子，一种曲词合一的抒情歌曲。曲子受到社会各阶层的普遍钟受，上至帝王，下至市井百姓，皆喜好唱曲填词，士大夫文人更乐此不疲，宋词开始繁荣。宋代都市经济的崛起，催开了民间说唱艺术的花朵。在瓦肆勾栏百戏杂陈的市民娱乐活动中，民间说唱占有相当重要的地位。最典型的宋代民间说唱是诸宫调。诸宫调以唱为主，间以说白。

元、明、清三朝，中国传统音乐的潮流主要是在民间涌动。这一时期，主要的音乐形式乃是戏曲音乐。从元杂剧到南戏传奇，再到京剧，戏曲音乐留下了一条清晰的发展线索。元杂剧音乐吸收了传统音乐多方面的成果，带有北方的地方色彩，因此称为北曲；旋律采用七声音阶，风格比较粗放刚劲。南戏音乐地方特色较明显，为五声音阶，字少腔长，委婉抒情。而京剧音乐重点在于板式的灵活变化，也就是音乐速度和节拍的灵活变化。受到戏曲音乐的带动，明清民间歌曲和器乐曲也发展得十分红火。民歌小曲兴盛，代表作有《孟姜女》、《醉太平》。随着民间小曲的兴盛，各种为市民阶层喜爱的说唱艺术流行开来，“弹词”和“大鼓书”，分别为南北说唱艺术的代表，各种流派相映生辉，为清末曲艺事业的繁荣开了先河。

2.传统音乐发展的特点

首先，中国传统音乐是在其他艺术的伴随下逐步成长起来的。没有像西方音乐那样，能以自己为中心独立发展，而是依附于其他艺术形式以游散的形式发挥其艺术功能。最初，乐和舞是密不可分的,"乐"时必有"舞","舞"时必奏乐;乐、舞作为一种姊妹艺术相辅相成,并肩发展。在远古时期的祭祀仪式中,巫者所跳的娱神舞,往往就有音乐伴奏,这可能就是中国音乐的最早起源。据史书记载,传说中的黄帝、尧、舜和夏、商、周三代都有自己的乐舞。在《诗经》时代,随着民间诗歌的兴起,乐、舞又和诗歌紧密结合起来,形成了诗、乐、舞三位一体的文化传统。这种文化传统在其后的音乐发展中得到了很好的继承。如战国时期的楚辞、汉代的百戏和乐府民歌、隋唐的歌舞、宋代的词曲等,都和音乐有着密切的关系。戏曲产生之后,音乐又成了戏曲的必备要素之一。

其次,中国音乐发展的另一个特点表现为多民族的融合。早在周代,中国音乐就再现了雅乐体系,这种雅乐主要是为宫廷贵族服务的。但同时,对于当时的民间音乐,统治者也并不完全排斥,当时的"采诗"活动主要就是搜集民间流传的地方乐歌。当时楚国的地方乐歌就十分流行,并且出现了风格上的高雅与通俗之分,如《阳春》、《白雪》和《下里巴人》。秦统一六国后,秦地本土音乐和东方六国音乐出现了大的融合,胡地音乐也开始对秦乐产生了一定影响。自汉代起,西域音乐逐渐传入中国,如横吹、羌笛、琵琶、羯鼓等,本来都是西域的乐器,这时已经与来自北方胡地的笳、角以及中原本有的乐器共同组成了汉代的鼓吹乐,这种乐器的组合反映了各民族间音乐文化的融合。魏晋至唐代,南北方少数民族音乐进一步与汉族音乐相交融,流行在北方的相和歌与南方的吴歌、西曲相结合,形成了新的音乐形态"清商曲",产生了《春江花月夜》等著名的传统民族乐曲。中国音乐对各民族音乐的兼收并蓄,充分反映了中国文化具有很强的兼容力和适应性。

3.传统音乐发展的总趋势

中国古代音乐是经历了一个漫长的历史发展过程的。这个发展的总趋势是:音乐活动的主体由政治实践、道德实践的主体转向艺术实践、审美实践的主体;音乐所表现的内容,由社会道德的体验转为个体生命情感的体验;音乐表现的形式,由强调声乐、器乐的共性及器乐对声乐的配合,发展到声乐、器乐开始相互独立、各自发展,器乐的特殊个性得到充分的认识,但器乐的表情特征始终没有脱离"以人声为本",从而使声乐和器乐在相互独立发展的同时,又始终不脱离音乐与语言同根同源的表情本质,声乐及器乐的器种和表现的手段、风格、内容,由单纯、质朴到繁富、精致;音乐的审美形态也由单纯笼统的"和",精细到更能表现音乐的审美意蕴的"韵"。

二、中国古代艺术的整体风貌

中国古代艺术植根于中国文化土壤之中,因而各艺术门类都受着中国传统文化特质的规定和制约,形成了共同的风貌。

(一)致用精神

在儒家思想的哺育下,中国古代艺术中的不少艺术形式都有着深厚的现实主义传统,带有鲜明的服务于现实的致用精神。诗歌、文章、音乐等都把道德教化作为重要的审美标准和价值尺度,从而产生了"诗言志"、"文以载道"、"乐以教化"等一系列艺术命题。如孔子十分重视音乐的社会功用，他把乐看成个人道德修养得以完成的一个重要阶段。他说："兴于《诗》，立于礼，成于乐。"(《论语·泰伯》)"礼乐不兴，则刑罚不中；刑罚不中，则民无所措手足。"(《以论语·宪问》)在孔子看来，乐和礼一样，都具有一定的道德规范作用，因此，只有加强礼乐教化，才能使百姓有规可依。荀子也十分重视音乐的社会功用，他的音乐思想集中体现在《荀子·乐论》中。《乐论》说："且乐也者，和之不可变者也；礼也者，理之不可易者也。乐合同，礼别异。礼、乐之统，管乎人心矣。"荀子认为，乐和礼是两个相辅相成的方面，乐的作用在于使群众和谐，礼的作用在于使等级分明，礼、乐相互结合，才能规范人们的心灵。

(二)中和之美

受儒家"中庸"哲学思想的影响，中国古代艺术把"中和"作为重要的审美原则。中和之美要求艺术所表现的内容要符合"温柔敦厚"的儒家诗教，所反映的思想情感不能超越儒家传统的道德规范，"要发乎情，止乎礼义"。

中和之美突出表现在中国古代的音乐思想中。《左传·襄公二十九年》记载吴国的季札对周乐《颂》的一段评价："至矣哉，直而不倨，曲而不屈，迩而不逼，远而不协，迁而不淫，复而不厌，哀而不愁，乐而不荒，用而不匮，广而不宜，施而不费，取而不贪，处而不低，行而不流。五声和，八风平，节有度，守有序，盛德之所同。"这段话一连用了十四个排比句来赞叹《颂》乐的美好，每个句子都是两个对立面的和谐统一。《颂》乐对这十四组对立关系处理得恰如其分，把握其度，止于中正，既不超越，又无不及，使它们趋于完美、和谐。

孔子对《诗经》的评价也是以"中和之美"作为审美原则的。他对《诗经》作出"乐而不淫，哀而不伤"的审美评价，反映了其"温柔敦厚"的诗教思想。在孔子看来，诗歌可以表达作者的内心情感，但不能超越一定的"分"：既要表现自己内心的喜悦，又不能失于淫邪，既要反映自己内心的哀情，又不能过度悲伤，关键就在于恰当地把握一个"和"字，和则正，正则美。

中和之美的审美观念对于促进中国古代艺术向着和谐统一的方向发展起到了积极作用，但其消极影响也是不容忽视的。"发乎情，止乎礼义"的教条，束缚了作家的思想，限制了作者真实情感的自由抒发。

(三)虚实相生

中国文化的宇宙观认为气是宇宙的根本，这使艺术各门类都与"气"有着紧密的联系。古人常以气来论述艺术各门类的特征，对于文学，解释为"文以气为主"(曹正)，"气盛则句之长短与声之高下皆宜"(韩愈)；对于书法，解释为"梭梭凛凛，常有生气"(萧衍)；对于音乐，解释为"冷冷然满弦皆生气氤氲(徐上瀛)；对于绘画，解释为"气韵生动"。总之，把气看作是艺术作品的根本。无形的气，在有形的作品中显现出，这就是化虚为实，从而形成了中国艺术的显著特征——虚实相生。反映在文学中，"无字处皆其意"(王夫之)；反映在绘画空白处，"虚实相生，无画处皆成妙境"(笪重光)；反映在书法上，"潜虚半腹"(智果)，"计白当墨"，"实处之妙，皆因虚处而生"(蒋和)；反映在建筑上，通过"透风漏月"的门窗和亭台廊榭之空格，得自然之动景。

(四)尚意追求

中国古代艺术特别重视对内在精神的追求，把艺术所表现的"意境"和"神韵"作为重要的审美标准。

庄子认为，言语只是一种工具和手段，根本目的在于“得意”；要想实现这一目的，就必须摆脱言语的局限，达到“忘言”的境界。这种“得意忘言”的观念反映在文学创作上，表现为言语所塑造的形象往往无法完全表达作者的情意，而仅仅是作者情意借以寄托的工具；要想尽可能全面表达作者无限的情意，就必须追求言外之义。刘勰强调“文外之重旨”（《文心雕龙·隐秀》），钟嵘提倡“言有尽而意无穷”（《诗品》），在绘画上，顾恺之的“以形写神”说是这方面的典型代表。顾恺之认为绘画应以传神为目的，但传神是离不开写形的，只有通过对形的精神描写，才能实现传神的最终目标。“得意忘言”的观念反映在书法创作上，表现为当时对“意在笔先”的书法观念的强调。

魏晋以后，意境和神韵一直是中国古代艺术的追求目标。唐司空图所提出的“象外之象，景外之景”，刘禹锡《董氏武陵集记》中所说的“境生于象外”，宋代严羽《沧浪诗话》中所讲的“诗之极致有一，曰入神。诗而入神，至矣，尽矣，无以加矣”，清代郑板桥的“写意”说，近代王国维的“境界说”等等，都凝聚着中国古代艺术尚意的审美观念。

（五）尊崇自然

受“天人合一”哲学思想的影响，尊崇自然成了中国古代艺术一个重要的审美观念。艺术家们渴望与自然达成高度的和谐，在自然之中陶冶自己的审美情操，使自己的思想境界得以升华。崇尚自然，赞美自然，是中国古代艺术一个永恒的主题。

东晋陶渊明的田园诗是反映作家渴望回归自然的典范之作。他的《归园田居》细致描写了纯洁、幽美的田园风光，表达了自己“久在樊笼里，复得返自然”的喜悦心情。诗的语言平淡质朴，不加藻饰；所写景物真淳自然，寻常可见。在陶渊明等人的倡导下，追求自然的风尚在晋宋之际出现了一个高潮。对此，宗白华《美学的散步》中有过一段描述：“晋宋人欣赏自然，有‘目送归鸿，手挥五弦’，超然玄远的意趣。这使中国山水画自始即是一种‘意境中的山水’。宗炳画所游山水悬于室中，对之云：‘抚琴动操，欲令众山皆响！’郭景纯有诗云：‘林无静树，川无停流’，阮孚评之云：‘泓静萧瑟，实不可言，每读此文，辄觉神超形越’。这玄远幽深的哲学意味渗透在当时人的美感和自然欣赏中。”魏晋南北朝以后，山水自然之美成了人们自觉的审美对象，无论是唐宋的诗歌，还是宋元的绘画，都把自然美景作为描绘的重点，田园诗和山水画从此开始兴盛起来。

【思考与练习】

1. 举例说明中国戏曲的审美特征。

2. 简要叙述中国古代舞蹈的发展历程。

3. 谈谈“中和之美”的审美观念在历代文学创作中的体现和消极影响。

第七讲　讲述九千年的民族风情
——中国古陶瓷文化

陶瓷，是中国人日常生活的必需用品，从古至今，莫不如此。陶瓷器的发明就与我们先祖的日常生活息息相关，许多考古资料佐证，从陶瓷器诞生的那天起，它就是人们的生活日用品之一。

但是，作为日常生活用品应运而生的陶瓷器却在整个中国历史文明的长河中有着它独特的地位和不可替代的作用。从某种意义上来考察，一部中国古陶瓷史，就是一部中华民族政治、文化、艺术史；中国古陶瓷的产生和发展，几乎伴随着中华民族文明进步、文化发展的每一个脚印。

一、古陶瓷的发展与中国文化

（一）史前陶器概况

中国的古陶瓷，是先有陶后有瓷，瓷器脱胎于陶器而后产生。

关于中国陶器的起源，有学者认为可以上溯到13000年以前，即新石器时代早期，此说未见明证。但在20世纪60年代，中国的考古工作者在江西万年县大源乡的仙人洞及江苏溧水县的神仙洞遗址上先后发现9000年以前的夹砂陶陶片，足以确证新石器时代的先民们已经开始烧制最为原始的陶器，文物考古学界把它们称作“史前陶器”。我们不可小觑了这些“史前陶器”在中华民族发展史上的重要意义，它比石器的打造和使用实在是进了一大步，因为石头是天然的、固有的，是华夏民族的先民们对自然界的一种本能的改造；而陶作为人类自己创制和使用的第一种非天然材料，显示了华夏民族的先民们对水、火和泥土的最早的征服，是他们对物质环境改造能力的一大进步。毫无疑问，这其中体现了文化的萌芽和文明的起源。

当然，上述的那些夹砂陶的陶片仅仅是一些罐形器的碎残物，考古学者们后来用万年县仙人洞遗址中的陶片基本复原了一件大口深腹圜底罐，其他完整的器物终于未能找到。所以，要论新石器时期陶器的代表，学术界、收藏界公认的还是裴李岗（位于今河南新正县）、磁山（位于今河北武安县）文化遗址和河姆渡（位于今浙江余姚市）遗址出土的陶器。

裴李岗、磁山文化遗址的遗存年代距今约8000年左右，这两处出土的陶器已明显分为炊器(如陶鼎)和食器(如碗、盘、钵、豆、杯、罐)。制作技艺较粗糙,器壁显得厚薄不匀,大部分器皿素面无纹,仅有少数陶器上出现了绳纹、划纹、蓖点纹,可以算是一种原始的装饰。值得一提的是在裴李岗遗址出土了几件陶器的羊头和猪头,这应当属于当时原始崇拜的一种物质体现,进而我们也可以认为这几件看似粗糙的陶羊头、陶猪头已经是华夏民族的先民们创作的最初的陶塑艺术品,它们开启了视觉艺术的先河。此外,磁山的文化遗址上发现了一片画有红色曲折纹的彩陶片,考古学者们认为那是先民们用天然矿物颜料先在陶胎上画纹然后烧制而成的,这足以说明新石器时代的先民们已经萌生了艺术上的审美意识。

河姆渡文化是我们较为熟悉的新石器时代文化遗址之一,距今约 7000 年。该处文化遗址发掘和保护工作很到位,出土的陶器种类和数量都较多,其共同特点是陶质较为单一,绝大部分为夹炭黑陶,胎质疏松,陶壁粗厚。但引起专家们关注的并非它的制作工艺,而是河姆渡陶器身上出现了相当完整的植物纹饰和动物纹饰,其中最著名的是 1973 年出土的夹炭黑陶猪纹钵(见图 7-1)。陶钵器壁上的猪惟妙惟肖,形神毕具,生动地体现了 7000 年前长江三角洲地区的农耕文化。

图 7-1　夹炭黑陶猪纹钵(河姆渡文化)

(二)三代、秦汉陶瓷的发展

公元前 21 世纪夏朝的建立是中国历史和文化发展史上一个划时代的标志,新石器时代就此结束,此后的夏、商、周三代及秦、汉两朝共历时二千四百余年。在这一时期,中国陶瓷的发展进入了一个相对完整的发展阶段。而中国传统文化对陶瓷业的影响也得到了更大的体现。

夏、商、周三代先后使用了青铜器和铁器,这使得当时的生产力得到了很大的发展,其他如丝织、制漆、玉雕、制盐等手工业也相继兴起,而当时的陶瓷业更成为仅次于青铜铸造业的独立手工业部门。三代前期,陶器制作适应于当时社会经济的发展,人们的物质生活的需要和对精神生活的追求而出现,广泛开拓了服务于人类的适用领域,除了生活用陶外,陶质的建筑器材,如瓦、钉、砖、排水管等,以及冶铜、冶铁时所需的陶模,都先后问世和流行。

夏、商时期陶器的质地一改新石器时代以红、灰陶为主,白陶少量的面貌,而发展演进为以灰(黑)陶为主,红陶为辅,兼出量少质精的白陶的新格局。这就为瓷器的脱胎而出奠定了技术和物质基础。夏商时期出现的"早期青瓷器"最早见于山西夏县东下冯遗址,但仅见青瓷残片;完整的青瓷器则出现在郑州二里冈文化遗址。这两处早期青瓷的发现,标志着中国瓷器的起源。早期青瓷器在制作上离成熟瓷器尚有一段距离,具体表现在选料较为粗放,所以瓷胎比较粗糙,制作工艺也比较简陋,器形品类较少,釉层厚薄不匀,且容易剥落。但其中也不乏一些制作精巧的上乘之作。(图 7-2,7-3)

西周时期,早期青瓷器的数量增加,器形、胎釉等方面与商代相比有了较大进步。在已发现的一些青瓷簋、豆标本上,可以见到最早应用"化妆土"的痕迹。所谓化妆土,是指在原本不够细白的瓷胎上施一层白色瓷土浆水,其目的是为了遮盖颜色较深的胎色,并填补胎

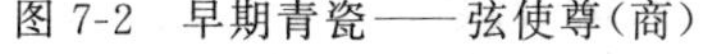
图 7-2　早期青瓷——弦使尊(商)

图 7-3　早期青瓷——褐釉弦使豆(商)

体上的气孔和疵点，减少粗胎对釉的色泽和质感的影响。这可以说是早期青瓷制作工艺上精细化的具体体现。(见图 7-4)

图 7-4　早期青瓷(西周)

春秋战国时期，很多地方的大量早期青瓷器的胎质已经比较细腻，釉质均匀，外形线条流畅，器皿种类也有较大的增加。尤其值得一提的是长江中下游流域主要是现在江苏、浙江一带的青瓷产品更是走在当时瓷器制作的最前列。其特点是瓷胎中杂质较少，外观细腻，胎壁较薄，厚度均匀，胎色多为灰白、黄白，釉有青绿色、黄绿色等，且多饰有纺织纹、卷云纹等，细致精巧。这也为日后江、浙地区成为我国陶瓷生产和发展的主要基地奠定了坚实的基础。战国晚期，早期青瓷的制作因为楚文化的东进而出现了一次中断，但到了秦、西汉，一些同类产品又逐渐出现。

商、周两代是中国古陶瓷发展史上的重要时期。在早期青瓷发明、发展的同时，制陶业已成为一个独立的行业，其内部分工也更为明确。而当时盛行的青铜制作工艺又与制陶工艺相互影响，互相促进，共同繁荣和发展。由于陶瓷质地的多样化和技术上的改进，这一时期的陶瓷生产已经形成了完整的体系。

应当指出的是，由于中国疆域辽阔，历史上的中原地区与周边地区的经济文化发展不平衡，因此，当中原地区进入三代，原始青瓷异彩纷呈之际，周边地区的红陶、彩陶仍以古朴、多姿的异域情调，与青铜文化交相辉映，这也就使这一时期的陶瓷艺术更加百花齐放、绚丽多彩。

秦代是中国历史上第一个封建大帝国，但仅仅延续了 15 个年头，在这历史长河中的短短一瞬间，陶瓷却以其洋溢着的磅礴气势，生动体现了秦代所特有的时代风格。这里，我们必须要认真地了解一下秦兵马俑这一旷世奇观。

秦兵马俑属于明器，明器是古代专为随葬而制作的器物。古时候的人们相信死者的灵魂不会消失，他们死后必将在另一个世界里重新生活，因而把他生前喜欢用的东西或使用过的东西依样仿制出来，作为随葬用品。陶佣是一种较为特殊的明器，它是用制陶工艺仿制塑成人形，以及车、马形状的俑来作为帝王的随葬品，以供死去的帝王在另一个世界驱使。1994 年以来，陆续发掘出土的被誉为“世界第八奇迹”的秦兵马俑，是战国时期盛行厚葬以来随葬陶佣的代表作，也可称得上是先秦陶塑艺术的大规模的总结。这些由数以千计的兵、马、车俑组成的浩浩荡荡的军阵，堪称是秦始皇生前禁卫军的真实写照。它们不但展示出中国第一个封建皇帝叱咤风云的军事力量和当时强盛的国力，还展现了秦代陶塑艺术的惊人成就，这主要体现在三个方面：

(1)严谨写实，真实感强。制作兵马俑的工匠们几乎是如实描绘了秦始皇禁卫军阵，对每个兵士身上的物件都刻画得非常精细，就连跪射兵俑脚上布鞋的纳线绳的痕迹都能极其逼真地加以表现，确实证明了秦代陶塑工艺的水平已经相当高超。

(2)人物形态，栩栩如生。工匠们能通过对人物的眼、鼻、嘴唇等部位的细节刻画，表现出秦军将士各自不同的神态。例如：同为步兵俑，身披盔甲的都威风凛凛，有一股坚忍不拔的气势，轻装前进的则面带笑容，风趣而乐观；同为将军佣，有的表现指挥若定的儒将风度，有的则表现“一夫当关，万夫莫开”的神勇，其形象刻画之生动，性格表现之鲜明，都是前人所望尘莫及的。

(3)充分运用视觉规律。秦兵马俑身高一般都在 1.78 米到 1.98 米之间，比真人的身材略高，但我们在观赏时却感到这些陶俑似乎与我们一样高。这说明秦代陶瓷工匠已经掌握了雕塑的视觉规律。两千年以前的匠人们能有这样的艺术经验，确实是非常了不起的。

除秦兵马俑外，能代表秦代陶器特点的还有秦代瓦当、陶量和茧形壶。瓦当始现于西周，是古建筑檐头筒瓦前端的遮挡物。秦代瓦当的主要特点有二，其一为前端呈 3/4 的圆面形式，且均有精细的动物画像和纹饰；其二为形制较大，气势雄奇。例如咸阳秦始皇陵周围出土的瓦当，画面以神异的夔凤组成，画面宽阔，直径竟达 61 厘米，可称为瓦当中的巨品了。陶量则是始皇帝统一度量衡的一项重要措施。《汉书·律历志》曰：“量者，龠、合、升、斗、斛也，所以量多少也。”可以推测，为了推广统一的度量衡制度，当时陶量的制作数量是较为可观的。茧形壶是秦代、西汉特有的一种器皿，因其造型似蚕茧而得名。秦茧形壶一般为素面、饰以竖弦纹，而到了西汉则多用布彩纹。

汉代是中国历史上极为重要的发展时期，汉王朝吸取了秦代灭亡的教训，采取了无为而治的政治方略，西汉初期就出现了“文景之治”，社会、经济发展可以用繁荣昌盛来形容。这个时期，以豪强势力为基础的庄园经济使富有阶层的人数增长较快，西汉的陶瓷业为适应这种社会经济发展态势，也有了新的发展，并被赋予鲜明的时代特征。

我们现在所见的汉代陶瓷制品，基本上都是当时的随葬品。其中的瓷器，多是专为墓主人生产的生活器皿，而陶器则几乎全是明器，这其中大多是随葬的陶俑，这说明汉代用陶俑随葬的现象已经十分普遍。如果说秦兵马俑是皇家制陶业的大手笔，那么，汉代陶俑则完全是当时民间世俗生活的生动写照。所以，这一时期制陶艺术的杰出代表，正是这些再现汉代

图 7-5　汉代说唱俑

民俗生活内容的大量的陶塑艺术品，其中重要的是奴仆俑和一些反映庄园生活的模型明器。汉代的奴仆俑，人物形象缤纷多姿，既有服侍墓主起居的奴仆俑、侍仆俑，也有供主人玩乐消遣的舞蹈俑、说唱俑（见图 7-5）；既有为墓主从事生产劳动的男女劳作俑，也有为墓主烹饪美食的庖厨俑，侍卫墓主的武士俑。庄园的生活设施，如楼阁仓舍、庖厨、车、船等等，也一应俱全，甚至连日常生活中的牛、羊、猪、犬等以及驱鬼避邪的神兽也随处可见。有些大型墓葬，俨然是另一个地下世界。我们可以想见，汉代的厚葬之风可谓达到了极致。但正是这些陶俑和明器，客观地为后人留下了汉代四百二十余年上至帝王、贵族、庄园主，下至底层劳动人民的经济状况、风俗习惯的真实生活的记录，也为后世的历史研究提供了许多实物例证。

图 7-6　铅绿釉多层望楼（东汉）

汉代陶俑在制作上多以灰陶、红陶为胎，胎上饰以彩纹作为装饰，陶塑艺术的风格多样，达到了相当高的水平。如墓葬中陶塑庄园的多层望楼（见图 7-6）。

东汉是中国瓷器发展史上划时代的阶段。这一时期，瓷器的制作终于成熟，浙江的越窑出产了成熟的青瓷，虽然所见数量不多，但却是中国瓷器史上的里程碑。成熟的青瓷器皿胎土细致，瓷胎已烧结，胎釉结合紧密，釉色纯正，透明而有光泽。1981 年，湖北邗江县广陵王刘荆墓中出土的 4 件瓷罐，是迄今为止年代最早的东汉瓷器，图 7-7 所示为其中之一。

图 7-7　青瓷罐（东汉）

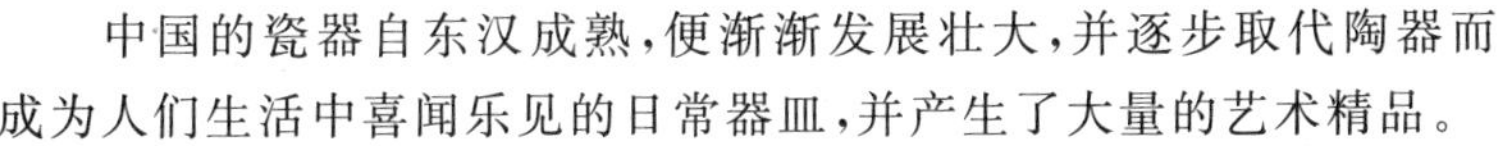

中国的瓷器自东汉成熟，便渐渐发展壮大，并逐步取代陶器而成为人们生活中喜闻乐见的日常器皿，并产生了大量的艺术精品。

（三）三国、两晋南北朝的陶瓷

三国、两晋南北朝时期在中国历史上共延续二百三十余年。在陶瓷业的发展上，主要特点是瓷器与陶器的明显分流。

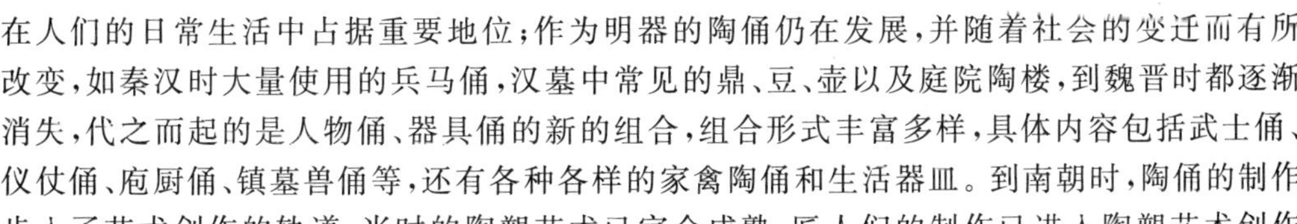

在陶器中，陶质建筑器材、炊具及寻常百姓家用的罐、钵、碗仍在人们的日常生活中占据重要地位；作为明器的陶俑仍在发展，并随着社会的变迁而有所改变，如秦汉时大量使用的兵马俑，汉墓中常见的鼎、豆、壶以及庭院陶楼，到魏晋时都逐渐消失，代之而起的是人物俑、器具俑的新的组合，组合形式丰富多样，具体内容包括武士俑、仪仗俑、庖厨俑、镇墓兽俑等，还有各种各样的家禽陶俑和生活器皿。到南朝时，陶俑的制作步入了艺术创作的轨道，当时的陶塑艺术已完全成熟，匠人们的制作已进入陶塑艺术创作的境界。它也为唐、宋两代陶俑艺术的高度发展铺下了坚实的基础。

在制瓷业方面，三国、两晋南北朝时期仍属于起步发展阶段。这一阶段，瓷器业的发展主要是在以浙江为主的江南一带。实际上，制瓷业已经在当地成为一项重要的手工业。在制瓷的精细度上，婺州窑（今浙江金华）已在粗质瓷胎上明显应用了化妆土。这种制瓷工艺在前文已略作介绍，它主要的作用是可以使粗糙的胚体变得光滑、整洁，颜色较深的瓷胚则能够得以覆盖，釉层的外观也显得美观、鲜亮。

中国瓷器起始于青釉瓷，三国、两晋南北朝的制瓷业仍是青瓷的天下，但也已经出现了白瓷和黑釉瓷，当然，青瓷占了这个时期瓷器的90%以上。

观察这一时期青瓷器的造型，则多取动物的形象作为仿本，或整体、或局部，姿态优雅别致，妙趣横生，大大改变了汉代及以前日用陶瓷大部分是简单的罐、壶、碗等简单造型的局面。到南朝时，佛教已在中国盛行，青瓷的装饰纹样也随之出现了佛像、飞天、莲花纹等与佛教密切相关的题材内容（见图 7-8）。

图 7-8　青瓷莲花大尊

在制作工艺上，也显得更为精细、复杂。此外，在南方制瓷业中还出现了最早的匣钵烧制工艺，匣钵是一种用于置放待烧制的胚件，并对其起保护作用的匣状窑具。由于它的封闭性好，提高了瓷器烧制的质量，由于它的承重力强，又提高了瓷器的产量。这样这一时期的青瓷烧制发展到了一个较高的水平，并为日后“南青北白”局面的形成奠定了坚实的基础。

（四）隋唐五代的陶瓷

隋唐五代的三百余年是中国封建社会极其重要的历史时期，由于较长时期的相对统一、安定，社会经济繁荣，文化、艺术事业也相对发达，而中国的陶瓷业更以“南青北白”为标志，步入了一个全新的发展阶段。

所谓“南青北白”即指南方以生产青瓷为主，北方以生产白瓷为主。当时的青瓷主要产于越窑，唐代越窑的烧造地主要集中在浙江上虞、余姚、宁波一带，以后逐渐扩展，形成了越窑窑系，其生产的青瓷产品，质量最好。越窑青瓷的主要特点是：瓷胎细腻致密，胎面光滑，浑然一体；釉色滋润而不透明，釉层匀净。唐代茶圣陆羽，从品茶出发，将越窑青瓷评为第一。白瓷以邢窑产品的质量为最高。邢窑位于现今的河北内丘县，内丘原属赵州，后改为隶属邢州，唐代瓷窑以州命名，故称邢窑。邢窑生产的白瓷以碗居多，也有盘、罐、壶等。邢窑白瓷的主要特点是：胎质坚硬，釉色洁白，造型规整，制作精细。邢窑成名后，生产地域逐步拓展，形成了以内丘为中心的邢窑窑系，生产邢窑白瓷的窑口遍及太行山东麓。

隋唐五代时期，主要是在唐代，是重要的窑具“匣钵”普及发展的时期，由此，使得瓷器的制作与造型发生了很大的变化：胎壁由厚重趋于轻薄；底足由平底、饼形足变为玉璧形底、圈足；釉面也可以不再受窑内烟熏污染，从而保持色泽的纯净；器物的造型更趋于轻巧精美。而后，还出现了纹胎瓷、花釉器、秘色瓷等高级品类。据史书记载，在唐代的现实社会生活中，瓷器已几乎完全取代了漆器、青铜器等，成为“天下无贵贱通用之”的器皿。由于瓷器与日常生活的紧密相关，新的瓷类器物不断应时而兴，茶具、餐具、文具、酒具、玩具以及各种陈设器具几乎无所不备。品种上，不仅有“似玉如冰”的越州青瓷，“似雪类银”的邢州白瓷，还有黑瓷、彩绘瓷和新创制的黄釉瓷、花釉瓷，其可谓“名瓷争艳，百花齐放”。

唐代陶瓷更值得一提的还有流传至今、脍炙人口的唐三彩俑。这是一种在表层挂饰彩釉的陶俑。其色彩主要是武则天时期发明的，白、黄、绿三彩釉，以后又有紫、蓝、赭、褐、黑等多种釉色的交错使用。如今，我们还可以在唐代帝王、贵族的陵墓中，看到随葬的整齐排列的唐三彩俑，其场面多为出行仪式，宴饮作乐的场面，人物众多，五彩缤纷，甚为壮观。这其中，无论文臣武将、仆夫婢女，还是远道而来的波斯商人、金发碧眼的白人少女，都被雕塑得栩栩如生，充分体现了唐代陶艺匠人们高超的写实技艺。

（五）灿烂辉煌的宋元瓷器

赵宋王朝始建于公元 960 年，是在盛唐后中华民族又一次走向统一的封建帝国。尽管史学界有宋朝积贫积弱之说，但宋朝前期的经济恢复和发展仍是相对较快的。处于经济恢复期的陶瓷业，因为与人们日常生活的密切关系而得到了更好的发展。唐代以来形成的“南青北白”两大主流在此时更借机蓬勃拓展，宋代因此成为中国瓷器发展史上的“黄金时代”。

1. 宋代的“六大窑系”

已故故宫博物馆古陶瓷研究专家冯先铭先生生前的主要学术成就之一是根据宋代瓷器分区域特色将众多的窑口归类为“六大窑系”，即北方的定窑系、钧窑系、磁州窑系、耀州窑系和南方的龙泉青瓷窑系、景德镇青白瓷窑系。限于篇幅，此处略作介绍。

(1)定窑系。以河北曲阳县的定窑为中心窑场，白釉印花、酱色釉(也称“紫定”)是它的特色瓷品。

(2)钧窑系。以河南禹县神镇一带为中心窑场，其产品特色是多种釉色错综掩映、变幻莫测的窑变釉。

(3)磁州窑系。中心窑场在河北磁县附近的观台镇、彭城镇。以出产民间生活用瓷为主，产品种类多，数量也大。其主要特色是具有浓郁的乡土气息，装饰活泼，简朴实用。品种主要是黑彩彩绘瓷。磁州窑系对整个北方制瓷业影响极大，它出产的彩绘瓷对此后不久兴起的吉州窑系以及元代青花瓷的创制，都有很大影响。

(4)耀州窑系。中心窑场在陕西铜川县黄堡镇。以青釉刻花闻名于世，到北宋后期，则以青釉印花为特色，它是宋以前惟一史载有名的北方青釉瓷窑。

(5)龙泉窑系。中心窑场位于浙南山区龙泉县的金村和大窑村。龙泉窑系规模十分庞大，窑场遍布龙泉县境内及周边地区。其生产的品种主要为青釉瓷，分为素面和划花装饰两类，外壁大多有凸起的莲瓣式菊瓣，纹饰呈浅浮雕效果(见图 7-9)。龙泉窑系的青瓷与南宋官窑的青瓷一道，被文物界尊崇为中国古代青瓷艺术的高峰。

图 7-9　青釉露胎龙纹瓷盘(龙泉窑)

(6)景德镇窑系。也被称为青白瓷窑系，是宋代以江西景德镇为中心窑场的一大窑系。景德镇窑系产品表面釉色介于青、白之间，特点是青中有白、白中泛青，故被称为“青白瓷”，或“影青瓷”。

2. 宋代的“五大名窑”

“五大名窑”与上述“六大窑系”一样，虽是客观存在，但宋代当时并无这样明确的提法和划分。只是到了明代以后才逐步见于皇室收藏目录中，至清末民初，“五大名窑”之称方在收藏界和民间流行，具体是指“汝、官、哥、定、钧”五个窑场。

(1)汝窑。因窑地在宋代汝州(今河南宝丰)境内，故称汝窑。烧造时间约为北宋神宗到徽宗(1068—1125年)时期。汝窑生产的瓷器胎薄、细腻、规整，釉色匀净，釉色以天青色为主。

(2)官窑。主要是指北宋的开封官窑和南宋临安(杭州)官窑。官窑，顾名思义是由皇家营建、官方主持烧造瓷器的窑场，它可以不计工本，以最好的材料、最好的窑制，由工艺最精良的工匠烧制，在质量上是精益求精的代表。其产品多为供皇家使用的器皿以及炉、尊等仿周、汉时期青铜壶式样的瓷器。今杭州市内有“中国南宋官窑博物馆”，藏品较丰，值得一观。

(3)哥窑。虽为五大名窑之一，却至今是一宗悬案，因为哥窑烧制的确切年代、地点以及它的性质、它与官窑的关系等许多问题业内专家未能达成共识，仍有待于进一步求证。哥窑的作品传世甚少，其特点是釉面布满“碎片纹”，又称“百圾碎”。(见图7-10)

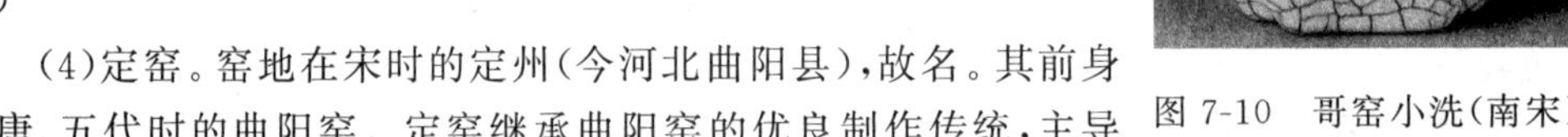

图7-10 哥窑小洗(南宋)

(4)定窑。窑地在宋时的定州(今河北曲阳县)，故名。其前身为唐、五代时的曲阳窑。定窑继承曲阳窑的优良制作传统，主导的产品自成体系，品种几乎遍及所有瓷制器皿，釉色则以白釉为主，也有黑釉、绿釉等其他颜色品种。定窑产品多用刻花、划花、印花等装饰手法，外观造型流畅、华丽。

图7-11 钧窑鼓钉洗

(5)钧窑。窑地在宋代的钧州(今河南禹县)，故名。钧窑的烧制时间较长，从唐代延续至元，宋代为钧窑的烧制高峰期。但因其传世作品极为少量，故有“黄金有价钧无价，一件钧瓷百重厦”之说。现传世的宋钧窑瓷器，主要是钧台窑烧制的北宋后期宫廷用瓷器，收藏价值极高。(见图7-11)

3. 元代青花瓷的突出成就

元朝入主中原仅八十九年，只为历史一瞬间，但是在中国瓷器发展史上，元瓷却书写了浓墨重彩的一章，这就是以生产青花瓷为主要特色的江西景德镇制瓷业的崛起。

景德镇瓷业的兴起源于赵宋王朝的南迁，南宋时，景德镇就已形成了自己的窑系。元朝伊始，忽必烈即在景德镇设立“浮梁”(元时景德镇称“浮梁”)瓷局，主要负责瓷器的烧造，此举有力地促进了当地的制瓷业。早中期的景德镇青花瓷品种多为观音像等佛道用器或明器，一般不制作生活用瓷。至中晚期，景德镇瓷业的青花烧造技术已完全成熟，特别是元至正年间生产的青花瓷,代表了元青花的最高工艺水平。其主要特点为:形制巨大,瓷胎致密洁白,造型气魄宏大,青花构图丰满。"至正青花"成为元代成熟青花瓷的代表性专有名词,其收藏价值无可比拟。2003 年 12 月,一件编号为 74 号的元"青花四系海水云龙纹扁壶"在纽约 Doyle 拍卖行以高出预估价 11 倍的 583.14 万美元被英国一著名藏家买走,创造了中国瓷器拍卖价格的世界记录。(见图 7-12)

图 7-12　青花四系海水云龙纹扁壶

(六)欣欣向荣的明清瓷器

中国的陶瓷制作技艺经历了几千年的实践和创新,到明、清时已是硕果累累,呈现出欣欣向荣的景象。明、清两代是陶瓷艺术收获的季节,也是各种各样陶瓷制作工艺百花齐放的繁盛时节,更是瓷器制作水平的顶峰期。从明代开始,江西景德镇已逐步确立了它在明清制瓷业中的行业中心地位。景德镇出产的丰富多姿的青花瓷器也成为各类产品的主流,御窑场(官窑)制品极尽精彩、华丽之能事。明清制瓷业的产品,后世公认以明永乐至宣德年间的水平最高,尤其是明宣德年间(1426—1435 年)的青花瓷几乎达到了完美无缺的境界,后人亦望尘莫及。

明代制瓷业在高温单色釉方面也取得了突出的成就,成化以前,已有祭红瓷出现,祭红以铜为呈色剂,作品鲜红夺目,十分精致,其制作技艺一度失传,至清雍正年间,方又有祭红梅瓶问世。祭蓝以氧化钴为色料,颜色纯正,以宣德年间的祭蓝瓷尤为精致。清代前期的制瓷业继承了明以来突飞猛进的彩瓷生产,并在釉色品种上显得更为丰富,如釉上蓝彩、釉下五彩、墨彩等,彩瓷产品更为灿烂夺目,制瓷工艺也屡有创新,器物品类空前丰富,装饰手法也达到了空前的繁盛。清中晚期,中国制瓷业呈现渐趋衰落的景象。因此,清代成为中国古代瓷器发展的最后阶段。

二、中国古陶瓷常识

中国古陶瓷器以其独特的民族文化特色讲述着中华民族9000年的历史风情，代表着古老中国悠久的文明，更是中华民族独特的审美寄托与审美对象。学习和了解中国古陶瓷常识，对于今天的中国大学生，是一件十分有意义的事情。

1. 陶器

陶器是用可塑性好、易熔的黏土掺入沙、炭末等制成胚料，经过成形、干燥、烧冶而制成器物。陶器的烧制温度一般在800～1000℃。我国目前所见最早的陶器是距今9000年左右新石器时代产生的。

2. 精陶

精陶是由白色或象牙色的陶坯经表面施加透明釉后，再以1260℃高温烧成的细陶制品。精陶是较晚才出现的一种高级釉陶器。

3. 高岭土

高岭土又称高岭石黏土，俗称瓷土，因发现于江西景德镇附近的高岭村而得名。高岭土是烧制瓷器的主要原料。它具有可塑性、黏结性、高耐火度、良好的绝缘性和化学稳定性。

4. 瓷器

古代也被叫做窑器。瓷器以高岭土等瓷土为原料，经制坯、成形、干燥和施釉等工作，再以1200～1300℃的高温烧制而成。瓷器的外观光洁，吸水率大大低于陶器，质地坚硬致密，胎体较薄者可成半透明状，敲击时声音清亮。我国目前所见最早的瓷器见于山西下冯夏朝文化遗址，距今约4000年左右。

制瓷的生产工序一般分为采石、粉碎、淘洗、制坯、利坯、上釉、烧成等，彩瓷还要加上彩绘工序。

5. 陶器与瓷器的区别

	原　料	火候(℃)	声　音	吸水率
陶	陶土	600～1000	闷、瓮	吸水
瓷	瓷土(瓷石)	1300左右	清亮	不吸水

6. 化妆土

在不够白细的瓷胎上所施的一层白色瓷土浆水，称化妆土。上化妆土主要是为了遮盖颜色较深的胎色，填补胎体上的气孔和疵点，减少粗胎对釉的色泽与质感的影响。最早使用化妆土的窑是浙江的婺州窑。宋元时期，北方许多窑口都使用化妆土。在施用化妆土的瓷胎的剖面上，可以看到一线白浆层。

7. 窑与窑系

窑有三个含义，第一指窑炉，即烧冶陶瓷器的一种基本设备，如古代的横穴窑、方窑、圆窑，现代的隧道窑等；第二指一个比较集中的地区的生产同一典型特征的陶瓷器的窑场的总称，如河北的定窑、浙江的龙泉窑等；第三指具体的陶瓷生产作坊，如邢窑的中心窑场在临城县祁村，因此邢窑也被称作祁村窑。

窑系是指生产具有同类特征陶瓷器的一个体系，如宋代古瓷生产被区分为六大窑系。

8.唐、宋以来名窑与其生产的典型品种

窑　口	典型品种
越窑	青釉瓷
邢窑	白釉瓷
长沙窑	青釉彩绘瓷、褐斑彩贴塑瓷
汝窑	天青色釉(有的有鱼籽纹)瓷
官窑	开大片的如玉质感青釉瓷
哥窑	开金丝铁线片纹的青釉瓷
钧窑	窑变釉瓷
定窑	白釉印花瓷
耀州窑	青釉印花瓷
龙泉窑	粉青釉瓷、梅子青釉瓷
磁州窑	白地黑花瓷
景德镇窑	青白釉瓷、青花瓷

上述表中许多特色相同或相近的品种，往往为多个窑口所共有，难以明确区分某个品种一定是某个窑口所生产，如宋代的定窑和磁州窑都生产绿釉瓷、白釉瓷，业内一般也不作硬性区分。

9.古瓷艺术及其欣赏

现代所说的古瓷艺术，是指清代以前古人所使用的瓷制生活用具和陈设器皿。这些物品反映了它们所处时代的社会生活和文化精神；尤其是经历了几百年、几千年的岁月磨砺而仍然完好无损的陶瓷器，往往是古瓷中出类拔萃的精品，其历史价值、艺术价值和收藏价值都是极高的。欣赏古陶瓷艺术品，主要是从其历史年代、造型、釉色、纹饰及完整性等几个方面入手，考察其是否完美，是否独特。

三、中国古陶瓷的收藏与辨伪

中国古陶瓷文物历来被视作中华民族传统文化的瑰宝，这是由于在它9000年的发展过程中蕴含了太多的中华民族的历史、艺术、科技和文化积淀。在中国文物收藏界，陶瓷与青铜、书画历来被视为鼎足而立的“三大项”，它们数量巨大、品类丰富、工艺精绝，且绵亘数千年之久，最能代表中华民族物质文明与精神文明的成就。目前，中国各地都有众多中国古陶瓷的收藏爱好者，其中不乏卓有成效的民间收藏家；在海外，更有不少财大气粗的古陶瓷收藏大家，不断地在纽约Doyle、香港苏富比等世界著名拍卖行的年度春拍、秋拍及一些专拍盛会上不断刷新中国古陶瓷的拍卖记录。确实，中国是陶瓷的故乡，尤其是宋、元以来，制作工艺几达高峰的中国瓷器，以其坚致、洁莹、润泽、绮丽在当代几乎成为与文明、财富等同的世界性语言。当世界各地的文物爱好者们尚不能理解中国青铜器铭文与图案的诡谲古奥，不能明白中国书画的意韵幽远时，他们一旦面对中国历代瓷器精品，却能够发出会心的、相互能够言喻的赞叹。正是一种对中国古陶瓷文物的共识和偏爱，使中国陶瓷文物在国际文物市场上的价格持续上扬，从而引发了新一轮的古陶瓷收藏热潮。

近年来，在青年一代中也出现了不少陶瓷作品的收藏爱好者，出于对中国传统文化的热爱和对古陶瓷艺术的兴趣而涉足其中，固然，要在这一领域作出成果，不但需要专门的收藏知识，还要有相当的经济实力。但是“世上无难事，只怕有心人”，任何事情，只要我们能够用心去学，潜心去做，持之以恒，且能够抓住每一次的机遇，那么，成功离你或许并不太远。

热爱乃至拥有一定数量的文物藏品无疑是一种高雅乐事，也是显示个人文化品位的一种表现，通过合法途径获得一些文物以期保值、增值也是现在不少收藏者的直接动机，这当然无可厚非。但古陶瓷这类文物的来源毕竟有限，因此，古陶瓷的仿制与作伪便成为某些不肖之徒的“职业”，“辨伪”也就成为收藏爱好者的第一门功课。在当代，古陶瓷器物的鉴定，渐渐已成为一门科学。对我们初涉收藏的一般爱好者而言，可以从学习古陶瓷辨伪的一般知识入手。

(一)辨伪的主要对象

由于古陶瓷的不可再生产性，决定了真器的稀少和其价值的高企，因此，自宋以来对古陶瓷的仿制作伪，可以说是代不乏人。仿古品有两个概念，其一为仿品——即后人模仿前人的，这是一种崇尚古物的文化现象，但并不作假；其二是伪品——即有意作假，以假充真，辨伪的主要对象就是要识别这一类器物。通常来看，作伪的对象绝大部分为各时代的精品、美品，而一般作品大量存世的器物则较少去作伪。例如，对明清瓷器，作伪对象基本上是官窑器或者民窑的精品。另一方面，作伪的水平也随着人们收藏和研究活动的深入而逐步提高，时代越晚，就越可能出现足以乱真的伪品。所以，当你面对近年以来频频出现的貌似真品、精品的“文物”时，还必须多长一个心眼，要更为深入地推敲，乃至于请专家来做专业的鉴定。

(二)从把握文物的“个性”来辨伪

古陶瓷的辨伪除了考虑上述“共性”的问题外，更应注意考虑陶瓷文物的特殊规律及外在表现。历朝历代对陶瓷，尤其是瓷器的作伪手法各不相同且有着发展益精的过程，其手段繁多，可谓是层出不穷，初略来看就有形制模仿、补缺拼接、旧坯新彩、旧胎加刻、新物旧款、磨口磨底、去耳补彩、脱釉补釉等十余种。针对这些作伪手段，文物界专家一般从陶瓷器物的“质、形、文”三方面来考虑真伪。

1.从“质”入手考察

主要是针对瓷器的胎质、胎色、釉色、釉质来推究其生产的年代和窑口。这是因为各时代、各窑口的胎是不同的。如果我们能找到几块不同时代的瓷片，就可以清晰地看到它们之间的差异。如元朝时期越窑的胎为青灰色，瓯窑的胎是淡灰色，这两种胎色反映到对釉色的衬托上，则越窑瓷器的釉色要比瓯窑的深。因此，记住各个时代、各个窑口瓷胎的特征，是陶瓷辨伪的基础。但也有同一时代生产的瓷器其表现风格却大不一样。比如宋代定窑生产的名为“油滴盏”的黑瓷，胎细而薄，器物显得很精巧，而宋建阳窑生产的黑瓷则用一种铁青泥的胎，质较粗，有小砂粒，整个胎看起来就较为厚重。

还有非常重要的一点，古瓷的胎是用人工挤压成型的，故而胎质较为疏松，未烧之前，用手稍微用力一碰，极易破裂；而现代制胎往往用机械，瓷胎经反复挤压，挤去坯泥中的空气，所以瓷胎的密度极高，就是烧制前也较坚实、牢固。而器物烧成后，胎质给人的感觉是不一样的。

2.从“型”入手来考察

选型是陶瓷文物鉴定的一个重要依据，每个时代的陶瓷器作品都有明显特征、时代风格，反映不同时代人们的审美观念和实用选择。所以，一件某一时代陶瓷作品，如果造型不符合时代特征，就可以总体上判断它是一件赝品。各时代器物造型一般特征如下：唐代的浑圆；宋明的修长；元代的多见大器、重器；明、清两代作品造型的显著区别为，明代的造型相对敦厚、圆润，而清代的造型线条较为生硬。

3.从“文”入手来考察

陶瓷文物的“文”广义地说是指除作品釉色之外的所有装饰，包括纹饰、彩绘以及文字、款识等等，而狭义的理解一般仅指器物上题写的诗词文赋和作品的款识(主要是纪年款、堂号款、帝王年号款等)。仅凭器物上的诗词文赋较难探索其真伪，所以，重点应放在作品的款识上。通常认为，元代以前的瓷器，较少落款，自明朝永乐年间开始，当时官窑制作的瓷器开始落帝王年号款，以后也逐渐带动了民窑瓷器落款风气的盛行。但总的来看，落款和器物一样，官窑和民窑两条线是较为分明的。

常见的官窑落款如：隶书款“永乐年制”(明永乐)、楷书款“大明隆庆年造”(明，隆庆)、“大明××年制”、“大清××年制”等。落款的位置有在器物的口沿下、颈部、腹部的，称扁额款；更多的则落款在底部。形制有四字二行款、六字三行款和六字二行款，清雍正年间则多用方框款，其余的多为双圈款。另有一些特殊的帝王堂名款，如“慎德堂制”(清道光帝堂名)、“体和殿制”(清光绪时慈禧太后的御用器)、“永庆长春”(清光绪帝堂名，多见于官窑花盆)等。

民窑的落款形制呈现多样化，有类似“大明成化年造”的本朝款，也有用隶书、草书落一个“福”字款，还有各目繁多的祝颂款（如金玉满堂）、斋堂款（如退思堂、白玉斋）以及天干地支，六十甲子纪年的甲子款等等，不一而足。

直到 20 世纪 80 年代，款识鉴定都是古陶瓷文物鉴定中的重要方面，有时，甚至是判定年代的主要依据，古陶瓷界的前辈们曾经总结出明代款硬，清代款软，宣德、正德的“德”字无横划等落款特点。但从 20 世纪 90 年代起，款识就不再作为鉴定真伪的重要依据，这当然是因为落款是仿古瓷中最易模仿，又是仿得最逼真的一个环节，现代的有些作伪古瓷，其落款仿造得可谓惟妙惟肖。

综合以上三方面的方法，可以归结一句话，就是要认准一件古陶瓷作品的“时代风格”。当然，要对各个时代的风格了然于胸，就需要多用功、下苦功，要多研究文献资料，更要多接触实物，真品、伪品都要作相当数量的揣摩和了解，方能逐步入门，并从中寻觅到无穷的意趣。

这里，值得一提的是如何对待古陶瓷文物的仿品问题，对初涉收藏的爱好者来说，这也是一道不得不做的题目。近几年来，随着文物收藏市场的日益繁荣，古陶瓷仿制和作伪层出不穷，其中大多数做工粗劣，毫无收藏价值，但确实也有一些工艺精湛，颇具审美价值和艺术价值的仿品，值得我们关注。

文物的不可再生性决定了文物商品必然越来越少，因而仿制品的出现也在所难免。古陶瓷仿品中的优秀者可以满足部分收藏爱好者的需求，这是因为这些仿古瓷本身的质地和工艺并不错，通过对这些仿古瓷作品的收藏和欣赏，人们可以体味和领略古人的精湛工艺和深厚的文化内涵，何况，当代的陶瓷艺术家去尽力恢复古人的艺术，也是对华夏文化的弘扬。当然，优秀的仿制品同样存在着较高的审美价值、经济价值和收藏价值。其实早在我国古代，便有仿品出现，如清仿明的、唐仿秦的，张大千仿唐寅的，仿品也都是精品。2004 年 5 月，在辽宁国拍的春季艺术品拍卖会上，一只清雍正官窑仿宋代哥窑的贯耳尊，被人以 740 万人民币的高价拍走。确实，历史上各代的仿品，如今也成了文物，并冠以唐仿、宋仿、明仿、清仿的名称，近些年来，就连民国仿也一样值钱了。确实，与实用商品不同，艺术品是自由定价，是靠买者的艺术审美、艺术修养、鉴赏水平决定的。

现代仿古瓷器采用现代的高科技手段，瓷质细腻，与古瓷相比有过之而无不及，且从画工和所用颜料上，甚至比古瓷上的图案和色彩更富艺术感，因此，现代的不少仿古瓷精品的艺术价值和收藏价值实在不容忽视。当然，有一个前提，同一类的仿制品数量不能太多，更不能批量生产，多则滥矣！

应当强调的是，仿古并非作伪，仿古与作伪是性质全然不同的两回事。用低廉的原料、粗劣的工艺来作伪，用于牟利、骗人、害人，则是不足取的。

前几年，索斯比文物艺术品公司在英国伦敦举办过一个中国明代“皇帝的破碎瓷器展”，众多的伦敦市民蜂拥而至，观赏这个英国二十几年来规模最大的文物展览。在相当长的一段时间内，这个展览几乎主宰了伦敦下午茶的话题。这些雍容的、对艺术作品近乎苛刻的伦敦人为什么会对那些破碎的中国明代瓷器发生如此浓厚的兴趣呢？这其中的原因值得爱好者们深思。

从古陶瓷收藏的角度来观察，一件有价值的藏品，它的造型、釉色、窑口、年代等因素都非常重要，但更重要的是其本身不能有冲崩磕磨之伤，哪怕只是一丝一点也会严重影响其价值，因此，真正的古瓷珍品现在已极难见到，其在市场上的价格也迭创新高。对于大多数爱好者来说，不要说拥有一件这样的珍品，甚至无缘与它们相遇。但是，收藏古瓷片却不是一件遥不可及的事情。这是因为瓷器的本身就容易破碎，不少古代陶瓷器皿或传世使用，或地下埋藏，稍有磕碰就会破碎，冲口、剥釉、开裂等情况比比皆是。总体来看，伤残器远多于完整器。许多传世名瓷已经根本无法找到完整实物，于是，瓷片就成为最好的见证。如本讲中提及的宋代五大名窑中的汝窑，因烧制时间短，传世品极为少见，我们一般都仅能从瓷片上领略它的风采。上文中中国明代"皇帝的破碎瓷器展"中的展品都是考古学家们极为小心地从江西景德镇珠山御窑遗址中发掘出来的明代成化官窑的遗物。这147件"破碎的珍品"也许本身就是御窑的工匠们按皇帝的要求和爱好而精心设计、制作、烧制的，只是因为有了那么一点点的瑕疵而被打破丢弃，但我们却仍然可以在这些破碎的瓷片上寻觅到它细腻的质地、精美的工艺。何况，聪明的修复师既没有作假去填补空缺，也没有试图去掩饰裂缝，就如同断臂的维纳斯，是不用后人去接续她那一双臂膀的。这应该就是众多的伦敦人为之倾倒的原因吧。破碎的美丽同样可以令人震撼，因为人们从中看到了后人永远也无法复制的历史。

【思考与练习】

1. 秦汉陶俑是中国制陶业的一个高峰，试以秦兵马俑为例，说明其艺术上的伟大成就。
2. 简要说明陶器与瓷器的主要区别。
3. 你喜欢收藏陶瓷艺术品吗？如果在收藏中遇到仿制品，你应该如何对待？

第八讲　妙笔生花　翰墨传情
——中国书法艺术神韵

一、辉煌的中国书法

(一)先秦书法

先秦包括商、西周和春秋战国时期,是中国书法的初期阶段。

1.商、西周时期书法

商、西周的文字已具有用笔、结体和章法等书法艺术所必备的三要素,主要有甲骨文和金文。甲骨文刻在龟甲、兽骨上,其文字是记录当时占卜的内容,故又称卜辞,是十分成熟的文字。商代甲骨文是清光绪二十五年(1899年)由王懿荣发现的。至今出土已有15万片以上,其文字属于商代后期。1977年在陕西岐山县周原地区,又出土西周早期甲骨17000多片,除少数有文字外,大都无文字。商、西周甲骨文是用尖利的工具契刻的,也有用类似毛笔所写的墨书和朱书文字。龟甲兽骨都很坚硬,上面契刻的文字,笔画瘦硬方直,线条无论粗细,都显得遒劲和富有立体感。不同时期甲骨文,在风格上有明显差异,或雄伟俊迈,或纤细谨密,或草率粗放。那些书写契刻甲骨文的巫史(卜辞中的所谓贞人),无疑是当时的书法家,像著名的《大骨四版》、《祭祀狩猎涂朱牛骨刻辞》等,都是含有艺术素质的精美的书法作品。

商、西周的金文(旧称钟鼎文)也是十分重要的文字资料,在书法上有着与甲骨文不同的艺术特色。在青铜器上铸铭文,始于商,盛于西周。这些青铜器上的铭文,现在称之为金文。金文一般是铸,少数是刻。金文的铸作是先把文字书写在软坯上制成范模,然后用烧熔的铜液浇铸。在金文刻范和铸的过程中,对原来书写的笔画虽有所损益,但仍能更多地保留和显示书写时的笔意,字画丰腴,体势凝重,有极高的艺术性。金文的代表作品有《大盂鼎》、《大克鼎》等。

西周的金文最有代表性。出现了长篇巨制的铭文,内容十分广泛,有册命、赏赐、志功、征伐、诉讼及颂先扬祖等。早期的铭文仍很简短,常为族徽和器主姓名,犹存殷商遗矩。后来铭文逐渐加长,如武王时期的《天亡簋》、成王时期的《眉县大鼎》、康王时期的《大盂鼎》等。早期金文,笔画有显著的波磔,行款渐趋齐整。尤其是《大盂鼎》用笔方整,行款茂密,气度宏伟,是西周早期金文的典型。中期自穆王始,书风有了变化,笔画已少波磔,笔画粗细划一,均匀圆润,布局完满,文字十分规整。穆王时期的《静簋》柔和隽美,恭王时期的《墙盘》谨严端整,孝王时期的《大克鼎》舒展遒美,都是金文精美的代表作。晚期的金文已发展到高峰,并呈现多姿多彩的局面。厉王时的《散氏盘》字画草率,字形扁平,奇古生动,已开草篆之端。宣王时的《毛公鼎》用笔纯熟,字迹秀劲,铭文多达490字,煌煌巨制,为西周金文之冠。宣王时的《虢季子白盘》,字呈长形,横竖成行,雍容秀丽,疏朗整齐。

从《毛公鼎》、《虢季子白盘》可以看出这一时期的金文已进一步稳定、规范,笔画分布讲究均匀对称,波磔已消失,多用粗细一致、首尾不露锋芒的玉箸线条。行款已横有列,竖有行,字形多为纵势。但与后来的小篆相比,结构仍未完全定型。一些字的笔画增减,偏旁部首排列的位置,依然还有一定的随意性,有的字结构上显得更为繁复。所以《毛公鼎》、《虢季子白盘》被认为有可能是籀书。史籀是周宣王时人,他写的一本字书称《史籀篇》,书上的文字,被称作籀书,亦即大篆,是西周金文已臻成熟后的产物。

2.春秋战国时期书法

郭沫若认为,有意识地把文字作为艺术品或者使文字本身艺术化或装饰化,是春秋末期开始的,这是文字向书法的发展,达到了有意识的阶段。春秋初期的金文与西周晚期金文很相近,从风格上有时难以判断出两者的差别。这一时期,齐、晋、秦、楚等国的金文最有特色,并带有地域的色彩。北方的晋国出现了尖头肥腹的笔形,如《智君子鉴》,很像后世所说的蝌蚪文。南方江淮一带吴、越、蔡、楚等国的文字,有的笔画多加曲折,或以鸟形和点子作为附加装饰,这种近于图案的文字,多见于兵器上,应是所谓的鸟书。

春秋中晚期出现了错金工艺,并用于错嵌铭文,传世的《栾书缶》是目前见到的最早的错金铭文器物。战国时期错金工艺进一步发展,如《鄂君启节》、《曾侯乙墓编钟》和一些兵器上,都有错金铭文,这些铭文圆润秀劲、端严华丽,别具一格。春秋战国时期的金文变得清新秀丽,突出的特征是文字的形体多为纵式,行笔很长,笔法全用玉箸,圆润柔和,如《功吴王夫差鉴》、《秦公簋》,已开秦代小篆的前型。

中国古代刻石文字始于何时,尚待考证。著名的石鼓文的年代,仍有很多争议,但一般倾向于是战国时物。石鼓文是秦国的石刻文字,内容主要是歌颂田原之美和游猎之盛的四言诗,分别刻在10个鼓形碣石上。石鼓文的字体被认为是属于籀书系统,是周代金文向秦代小篆过渡的形体。

墨迹是研究书法艺术的重要实物。春秋战国之际的盟书是目前发现最为丰富和完整的墨迹,如《沁阳玉简》即是盟书。盟书是用朱色或墨色写在玉片和石片上的,玉石片多呈圭形。盟书上的字,笔画起笔见方,中肥末锐,笔锋显露,用笔粗细有致,率意自然。

战国时期,随着七国割据、各自为政,文字的地方色彩更为浓厚,自春秋晚期就已出现文字异形的现象。一个字的写法,往往齐楚有异,秦燕不同,地域性差别十分明显。尤其是在竹帛、金石、货币、玺印、陶器等上面出现了形式多样、纷繁复杂的字体。东方六国的文字被称作六国古文,因容易与商、西周文字混淆,一般称为战国文字。东方六国文字品式多样,风格不一,有很高的艺术性。

西周和春秋时期已有在竹木简上记事的方式，战国时期的竹简现已发现很多。据记载在汉、晋时期就有简牍的发现。1941 年以后在湖北随县和江陵、湖南长沙、河南信阳等地的楚墓中出土了不少战国中晚期的竹简，内容为遣册、古书和卜筮记录。篆书从线条转化为隶书的点画，不仅丰富了书法的用笔，而且这种新的体势和风格，对汉字和书法的进一步发展产生了极为深远的影响。

战国时期还有一种记事书写材料是帛书，帛是白色的丝织品，汉代总称丝织品为帛或缯，或合称缯帛，所以帛书也名缯书。20 世纪 30 年代在湖南长沙子弹库一座楚墓中曾有人盗掘出一件帛书，年代约为战国中晚期，是中国目前最早的帛书。

战国的竹简和帛书，都是手写的。这些字的笔画具有弹性，起止处较尖锐，中间或偏前的部分略粗，充分表现了毛笔书写的特色。竹简、帛书是研究战国楚文字和书法的重要资料。

（二）秦汉书法

秦汉时代，汉字的变迁最为剧烈，大篆经过省改而创造了小篆；隶书发展成熟；草书发展成章草；行书和楷书也在萌芽，书法家也随之大量产生。文字的变化和书法的成就，对以后的书法产生了极为深远的影响。

1. 秦代书法

小篆是秦代的官方文字。小篆形体长方，用笔圆转，结构匀称，笔势瘦劲俊逸，体态典雅宽舒，主要用于官方文书、刻石、刻符等。流传至今的秦代小篆作品，石刻有《泰山刻石》、《琅琊台刻石》、《峄山刻石》、《会稽刻石》等，相传均为丞相李斯所书。《泰山刻石》残存 10 字，现在山东泰安，是典型的秦代小篆书法。

秦代书法墨迹有帛书和简书。湖北云梦睡虎地出土的秦简，文字大都属于隶书。但有的字仍保留篆书的结构，是篆隶递变中的古隶。字形有长方、正方、扁方等变化，笔画浑厚朴茂，结构方圆相辅，书法工整端秀。湖南长沙马王堆汉墓出土的帛书，文字有的是属于篆书，书写年代有的为秦代。

根据记载，秦代书法家有李斯、赵高、程邈等。李斯曾作《仓颉篇》，他取史籀大篆，创造小篆。他的书法骨气丰韵，方圆妙绝。相传秦始皇巡游各地的刻石均由李斯书写。

2. 汉代书法

汉代通行的字体约有三种，即篆书、隶书和草书。西汉碑刻篆书比较少，留存至今的多是题刻，如《鲁北陛石题字》、《祝其卿坟坛》、《上谷府坟坛》等，其特点由秦代的圆转逐渐趋向方正。东汉立碑之风兴起，著名篆书碑刻有《开母石阙铭》、《少室石阙铭》、《袁安碑》等。东汉碑刻篆书，书法结体茂密，体势方圆结合，用笔遒劲，汉代碑刻篆书最为丰富多彩的是碑额，有的结构方整奇肆，有的婀娜多姿，不仅风格多样，而且用笔也层出不穷，或圆转巧丽，或方折挺拔，或茂密，或疏朗。如著名的《韩仁铭》、《孔宙碑》、《孔彪碑》、《华山碑》。

汉代砖瓦文字，大都是篆书，形体修长，富有装饰性，如《长乐未央方砖》、《单于和亲方砖》都是如此。瓦当文字随形书写，独具匠心，赋予篆书浓重的装饰趣味。

隶书起源很早，可以上溯到战国时代。隶书在秦代普遍流行于民间，经过不断地改正和完美，到汉代发展到最高阶段，成为汉代的主要字体。隶书到西汉末期和东汉时期发展到成熟阶段，形体由长方趋向宽扁，由纵势转向横势，笔画已趋工整，波挑也更为完美，点画俯仰呼应使隶书的艺术性达到和谐完美的境界。东汉隶书用笔技巧更为丰富，在波挑中充分发挥笔毫的变化，提按顿挫，起笔止笔，表现出蚕头燕尾波势的特色。在结构上疏密的变化，点画的呼应，更加呈现出隶书复杂多变的姿致，而风格也更为多样。

汉代简牍和帛书为隶书主要的墨迹。从已发现的汉简来看，工整谨严的隶书多见于先秦典籍和官方诏令。如居延出土的《尧典》残简，罗布泊出土的《论语》残简，武威出土的《仪礼》简，河北定州出土的《论语》简，武威出土的《王杖诏令》简，甘谷出土的桓帝延嘉元年(158年)《诏书律令》等，都是谨严工整的隶书。居延出土的汉简，多为修筑边塞、屯田、置亭燧所遗屯戍文书，书写比较草率，似多不经意，而书写面貌也各不相同。

最能代表隶书成就的是东汉碑刻。东汉盛行立碑刻石的风气，碑本身就是一件石刻艺术品，碑的重要部分——碑文，要和碑构成完美的艺术形式，因此特别重视书法。东汉碑刻隶书，大体可分为两大类型：

(1)字形比较方整，法度严谨，波磔分明。又可分为两种风格：①倾向端庄秀丽的风格，刻得比较细腻，笔毫效果较明显，笔画波磔分明。结体方正，笔画顿挫有致。如《史晨碑》结体工整，风格浑厚典雅；《张景碑》书体宽扁，风格秀雅；《华山碑》点画俯仰有致，风格典雅华美；《孔宙碑》讲究左右布势，用笔圆转，有篆书笔意；《尹宙碑》笔画圆健，有楷书笔意；《熹平石经》体势方整，笔画丰厚，风格端庄。这一类中还有一种风格比较秀丽的，如《曹全碑》。②倾向古朴雄强的风格，刀刻的效果较明显，笔画呈现方棱结体方正。如《鲜于璜碑》用笔方折，气势雄强，严谨中又带有自然的姿致；《张迁碑》体势方正，有骄横不可一世的气概；《衡方碑》结体宽绰，笔画肥厚古拙；《西狭颂》体势方正，笔画顿挫浑厚。

(2)书写比较随意自然，法度不十分森严，有放纵不羁的趣味。后者也可分为两种风格：①书写草率随便，字形大小参差不一。②由于写在崖壁上，为不平整的石面所限制，所以随石书写，有自然不拘的效果。摩崖刻石，完全是依岩壁石势来书刻，所以有意想不到的效果，如《石门颂》。《礼器碑》是兼有上列两种风格的汉隶书，全碑细劲雄健，在端庄中略带秀丽。

隶书到东汉末年，由于过分追求形式和装饰性，波挑矫揉造作，而结构板滞，缺乏生趣，于是开始走下坡路。

秦汉的草书是中国草书发展史上的章草时期。汉代早期的草书，是隶书(古隶)的简易、急速的书写，为草隶或隶草阶段。东汉时期草书逐渐出现波磔，至曹魏、西晋，草书经过书法家的不断加工，形成有一定规律的草法，后代称这类草书为章草，以区别东晋盛行的今草。章草在东汉已普遍流行，除出土大量草书简牍外，如《急就章砖》、《公羊传砖》、《马君兴砖》，以及安徽亳州出土的曹氏墓砖，都是用章草书刻，可知东汉章草在民间相当流行。

汉代著名书法家有史游、曹喜、杜操、王次仲、崔瑗、张芝、蔡邕、梁鹄等。史游曾以隶书草写作《急就章》。张芝擅长章草书，唐张怀瓘《书断》说他创今草，并称他为“草圣”。王次仲擅长隶书，《书断》说他以隶草作楷法。蔡邕擅长篆隶，创飞白书。师宜官善隶书。梁鹄善隶书，书法为曹操所欣赏。

（三）三国、两晋南北朝书法

三国、两晋南北朝是各种书体交相发展的时期：隶书已走向东汉末年程式化的末路，楷书趋向成熟，草书经章草阶段发展成今草，行书在隶楷递变过程中从产生经过发展到成熟，涌现出了众多著名书法家，产生了许多重要的书法理论著作，成为中国书法史上光辉灿烂的时代。

1. 魏、西晋书法

从三国到西晋，隶书仍是官方通行的书体，当时的碑刻大都用隶书写成。《上尊号碑》和《受禅表碑》均为曹丕称帝而立，是典型的官方隶书，书体方正、气度庄严，以表示碑文的尊严；碑刻笔画都是方棱的尖角，由于过分强调波挑的装饰效果，因而矫揉造作，很少有生趣。这时期南方孙吴的碑刻和魏刻不同，如《天发神谶碑》，笔意在篆、隶之间，结体以圆驭方，势险局宽，下笔处如斩截，气势雄伟奇恣，是面貌独特的书法作品。

三国、两晋时期留存到今天的墨迹大都是写经、简牍和残纸。西晋陆机的《平复帖》，属于章草，它和出土的汉晋简牍章草很相似，虽然纸质疲敝，字有伤缺，但仍能看见用笔的挺健和朴拙的风格。西晋著名的写本有新疆出土的两种《三国志》写本残卷，书法在隶楷之间，捺笔滞重，有朴拙的风格。

魏晋著名的书法家有钟繇、韦诞、皇象、索靖、卫恒、陆机等。他们的作品有的有刻帖流传，如钟繇的《荐季直表》、《贺捷表》、《宣示表》等，皇象的《急就章》，索靖的《月仪帖》、《七月帖》等。

2. 东晋书法

东晋碑刻传世很少，《爨宝子碑》是著名的晋碑，书体介于隶楷之间，碑字大小错落，笔画多为方笔写成，横画收笔处有挑脚，但体势已具楷书的特点，风格朴厚古茂。东晋墓志近年出土较多，如《王兴之墓志》、《颜谦妻刘氏墓志》、《王闽之墓志》、《王丹虎墓志》、《夏金虎墓志》等。这些墓志的书法，有的方折凝重，笔画如斩钉截铁；有的镌刻比较随意草率，也有的是隶书。

流传至今的墨迹大都是勾摹本和临摹本，其中以王羲之父子的书迹比较多，如王羲之的《姨母帖》和《初月帖》、王献之的《廿九日帖》、王徽之的《新月帖》。王羲之墨迹的勾摹本还有：《寒切帖》、《奉橘帖》、《快雪时晴帖》、《丧乱帖》、《二谢帖》、《孔侍中帖》、《兰亭序》等。王献之的墨迹及其勾摹本有：《鸭头丸帖》、《中秋帖》等。东晋书法家墨迹流传至今比较可靠的有王珣的《伯远帖》，此帖北宋《宣和书谱》著录，现藏故宫博物院。

东晋书法最盛，书法家亦比较多，当时门阀大家都以书法世代相传，如庾、郗、王、谢等大家族，父子祖孙以书法著名者不在少数，如王导、王洽、王珣，庾亮、庾怿、庾翼，郗鉴，谢安等。

3. 南朝书法

南朝宋、齐、梁、陈是楷书盛行时期。楷书经过魏、西晋的发展，到东晋已趋成熟，南北朝碑刻书法大都是楷书书写。南朝著名的碑刻有：宋《爨龙颜碑》，齐《刘觊买地券》、《吴郡造维卫尊佛题记》，梁《太祖文皇帝神道阙》，陈《新罗真兴王定界残碑》等。其中以《爨龙颜碑》、《瘗鹤铭》为最著名。《爨龙颜碑》楷书，带有隶意，笔势方折雄劲而又具飞动之势。《瘗鹤铭》刻在江苏省镇江市焦山崖壁上，后堕入江中，因刻在摩崖上，随山刻石极为自然，书法潇洒而有法度，字画厚重笔势飞动，其中间杂行书，笔法方圆并用，圆处圆转流利，方处不显得呆滞，严谨有法度。

南朝墓志有：宋《刘怀民墓志》，齐《吕超墓志》，梁《桂阳王萧融墓志》、《桂阳王妃慕昭墓志》，陈《前锋将军卫和墓志》等，都是比较成熟的楷书。刘宋墓志比较方正，齐和梁婉转秀丽。

南朝墨迹流传至今天的有：齐王僧虔《太子舍人帖》、王慈《得柏酒帖》、《尊体安和帖》、《郭桂阳帖》，王志《一日无申帖》等。

南朝写经流传今天的多为齐梁间经生所写，如齐永明元年(483 年)《佛说欢喜普贤经》，梁天监五年(506 年)《大般涅槃经》、普通四年(523 年)《华严经卷》、大同元年(535 年)《佛说金刚般若波罗密经》等，都是端庄流丽的楷书，其结体、用笔和晋写经有明显不同，结体茂密，笔法妍美，其秀劲笔法、严整结体，开隋、唐写经的先河。

南朝著名书法家有羊欣、孔琳、范晔、王僧虔、萧子云、萧衍、陶弘景等。

4. 北朝书法

北朝碑刻书法比南朝丰富多彩。北魏初期书法方劲古拙，仍保留部分隶书笔画，如《太武帝东巡碑》、《大代华岳庙碑》、《中岳嵩高灵庙碑》等，都属于风格雄强一类。北魏帝王提倡佛教，开窟造像之风大兴，因此造像碑亦大为兴起。著名的龙门石窟成为北魏书法艺术的宝库。龙门石窟书法以《牛橛造像记》、《始平公造像记》、《杨大眼造像记》、《孙秋生造像记》、《魏灵藏薛法绍造像记》等最著名。其书法结体紧劲，风格雄强。后世选择龙门造像题记有“龙门四品”，“龙门廿品”等名目。《始平公造像记》为方格阳文，结构绵密而有韵味。《牛橛造像记》端方峻整，紧劲之中而又开张舒展。《杨大眼造像记》浑厚生动，兼有茂密雄强之势。太和以后书法风格更为丰富多彩，著名碑刻有《南石窟寺碑》、《贾思伯碑》、《张猛龙碑》、《高贞碑》、《刘根造像记》、《元景造像记》等。

北朝碑刻书法，以北魏和东魏为最精，风格多样，书风大体可分雄强、秀丽两类。前者以《张猛龙碑》为代表，雄强奇肆，结构严谨，在方劲中表现出纵逸，在严整中表现出险峭。《敬使君碑》用笔侧微细巧，清婉秀劲。北朝摩崖碑刻，著名的有北魏《石门铭》，北齐《泰山金刚经》等。《石门铭》超逸疏宕，笔势长而飞动。山东掖县云峰山诸石刻，多为北魏郑道昭和北齐郑述祖所书写。其中《郑羲下碑》结字宽博，用笔方圆结合，圆劲中有篆隶遗韵，为魏碑之精品。《泰山金刚经》为隶书的变体，因长期风化剥蚀，渐去棱角，呈圆浑的笔画，故时出奇态。

北朝墓志数量之多为前所未有，其书法也极为多样。志石因体积较小，石质精细，书写便利，可以发挥书法的用笔特色，而镌刻细腻能表达笔画的变化，由于长期埋在墓中，很少损伤，是古代书法的重要资料。《元羽墓志》、《元诠墓志》等为一体势，结体稍斜，用笔工整秀丽，点画俯仰。《刁遵墓志》雍容浑厚，用笔凝练；《崔敬邕墓志》用刀有粗细深浅不同，故产生纵横使转不为法度所拘的特殊趣味。《张黑女墓志》结体扁平，用笔似多侧锋，有端庄秀丽的趣味。北魏以后墓志书体渐趋疏宕平整，北魏茂密浑厚的书风已渐趋泯灭。

书法经过两汉、魏、晋的发展，各种书体都已成熟。在错综复杂的发展过程中，要寻绎其发展历史，便有书体渊流派的探索和讨论。又因书法家蜂起，而各有擅长，要收藏品第，便有书法家名录和品评一类的著作。此外，书法技巧的研究，也较两汉时期为广泛和深入。魏晋南北朝书法理论得到了前所未有的发展，著作主要有：卫恒《四体书势》、索靖《草书势》、羊欣《采古来能书人名》、王僧虔《论书》、萧衍《观钟繇书法十二意》、《与陶隐居论书启》、庾肩吾《书品》等。

（四）隋唐书法

隋、唐是中国书法史上最繁盛的时期。

1. 隋代书法

隋代时间较短，书法虽臻于南北融合，未能获得充分的发展，却为唐代书法起了先导作用。隋书法家智永曾用30年时间，书写《真草千字文》800本，分送浙东各寺院。其书法传王羲之法而有所变化，平正和美，体兼众妙。有石刻《真草千字文》传世，流传日本的《真草千字文》墨迹，亦传为智永所书。

隋代碑刻和墓志书法流传较多。隋碑内承周、齐峻整之绪，外收梁、陈绵丽之风，故简要精通，汇成一局，淳朴未除，精能不露。隋代著名的碑刻有：《龙藏寺碑》、《董美人墓志》、《苏孝慈墓志》、《元公墓志》和《元公妻姬氏墓志》等。这些碑刻和墓志，结体或斜画竖结，或平画宽结；风神或浑厚圆劲，或秀朗细挺。

2. 唐代书法

（1）初唐。唐初社会安定，经济日益繁荣，书法亦蓬勃发展，朝廷定书法为国子监六学之一，设书学博士，以书法取士。唐太宗李世民喜好书法，倡导书学，并竭力推崇王羲之的书法。这对唐代书法的发展和繁荣，起了推动作用。唐初书法家的代表是欧阳询、虞世南和褚遂良三人。欧阳询的书法，法度严谨，雄深雅健，以险峭取胜，代表有《九成宫醴泉铭》、《化度寺碑》、《皇甫君碑》等，墨迹有《梦奠帖》、《卜商帖》、《张翰帖》等。虞世南书法沉粹安详，不露锋芒，笔力坚实，外柔内刚。代表作品为《孔子庙堂碑》。褚遂良书法清劲秀颖又内含筋骨，作品有《伊阙佛龛碑》、《孟法师碑》、《雁塔圣教序碑》、《房玄龄碑》等。另有薛稷，师法褚遂良，曾同欧阳、虞、褚并称初唐四家，作品有《信行禅师碑》等。唐太宗李世民在书法创作和书法理论上都颇有建树，其书法学王羲之，首创以行草书入碑，有《晋祠铭》、《温泉铭》等传世。他在理论上主张学书法应学其骨力，并亲为《晋书·王羲之传》作赞，称其书尽善尽美，古今第一，还以重金收购其书法墨迹。因此上行下效，研习王书成为一时风尚。

稍晚的重要书法家有孙过庭和李邕。孙过庭善草书，师法王羲之、王献之，工于用笔。其书法俊拔刚健，被为是二王草书典型传派，传世墨迹有《书谱》。李邕是一位才华横溢和多产的书法家，多以行书入碑。书法瘦劲厚重，纵逸通达，作品有《麓山寺碑》、《云麾将军李秀碑》、《云麾将军李思训碑》等。

这个时期的书法家还有欧阳通，作品有《道因碑》、《泉男生墓志》等。贺知章善草书，有落笔龙蛇之喻，传世作品有草书《孝经》。陆柬之为虞世南的外甥，书法学虞世南，传世作品有墨迹《文赋》。

（2）盛唐。这一时期，书法风格由初唐方整劲健趋向雄浑肥厚，有张旭、怀素、颜真卿和柳公权等著名书法家，他们分别在狂草和楷书方面开创了新的局面。

张旭，人称张颠，创狂草，有“草圣”之称。其草书千变万化而不离规矩。他又能写极严谨的楷书，其《郎官石柱记序》被认为唐人正书无出其右。怀素与张旭合称“颠张狂素”。怀素书法如惊蛇走虺，张雨狂风。有《自叙》、《苦笋帖》、《食鱼》等墨迹传世。颜真卿是一位勇于革新的书法家。他的书法多用中锋，结体丰茂，庄重奇伟，称颜体。他遗留的碑刻最多，且极富变化。如《多宝塔碑》结字匀稳，秀媚多姿；《宋广平碑》丰润圆挺，宽博疏朗；《颜勤礼碑》风神饱满，用笔奇伟；《中兴颂》宏博浑厚，意兴飞扬；《颜家庙碑》庄重遒劲，大书深刻；《麻姑仙坛记》秀颇超举，神采舒和。其草稿《与郭仆射书》和《祭侄文稿》则顿挫郁屈，纵横磅礴，成为书法中的楷模。徐浩工楷隶，其作品有《朱巨川告身》、《不空和尚碑》、《大证禅师碑》等。柳公权是继颜真卿之后的重要书法家。人称颜筋柳骨。其字遒劲圆润，楷法精严。传世碑刻有《玄秘塔碑》、《神策军碑》等。这时期著名书法家还有钟绍京，作品有《灵飞经》。

唐代篆、隶书亦颇兴盛。篆书成就最高的当推李阳冰，作品有《三坟记》、《般若台题名》、《谦卦碑》等。唐玄宗以善隶著称，所书《石台孝经》、《纪泰山铭》等影响很大。

（3）晚唐。这一时期，唐国势渐衰，书法也没有初唐、盛唐兴盛，但也出现一些书法家，如王文秉的篆书，李鹗的隶书都为后世所称道。

唐代的书法还有许多不知名作家所书写的大量墓志和经生所写的佛教经卷，都是重要的书法资料。唐代书法理论在三国、两晋、南北朝基础上更加精密、完善。孙过庭的《书谱》不仅是一篇优秀的草书精品，也是一篇文思绵密、词简意赅的书法理论著作。张怀瓘的《书仪》、《书断》等亦多真知灼见。张彦远的《法书要录》则是第一部古代书法理论的总集，收罗广博，选择精慎，对后世书论产生了深远影响。

（五）五代、宋辽金书法

1. 五代十国书法

这一时期，朝代频繁更替，战乱不已，人们有一种不安的心绪，再加唐人已把书法上的法度发展到相当完善的境地，于是书法家们转向以书法抒发个人意趣的轨道，在这方面取得高度成就的是杨凝式。杨凝式，擅长楷、行、草书，具有奇险、雄杰的风格。他师法唐欧阳询、颜真卿、柳公权诸人，并按唐代书法发展的脉络上溯魏晋书法。他以破方为圆、削繁成简的办法，打破唐人的森严法度，兼融楷、行、草书与篆、隶二体的结构和笔法，创造出一种楷兼行、行兼草、并暗寓篆、隶遗意的新貌，从而使他的书法比较接近魏晋的书风。宋代书法家在他的基础上，演化出具有时代特征的尚意书风。

2. 宋代书法

北宋初期的书法仍然沿续唐代余波，已变唐人书法的深雄气魄为雍容端丽，最享盛名者为李建中和蔡襄。李建中擅长楷、行、篆、隶书。其楷、行书师法颜真卿,但无颜体的丰肥朴拙,而是肥而能秀、拙中见巧。蔡襄工楷、行、草书,得颜真卿书法的端庄稳健。表现为端而正丽、健而洒脱。李建中、蔡襄只是由唐至宋的过渡人物,真正确立宋代书风的是苏轼、黄庭坚和米芾三人。历史上以苏轼、黄庭坚、米芾、蔡襄为宋四家。

苏轼是书法尚意的倡导者。他的书法最初师王羲之《兰亭序》,中年以后转学颜真卿、徐浩、杨凝式。擅长行书,少数楷书作品也带有几分行书笔意。他的书法,兼得《兰亭序》的姿媚和颜真卿、徐浩书法的沉雄浑厚,杨凝式的险劲多变的艺术特点。他创造出用笔丰肥遒劲,字势内紧外疏,应手生变,婀娜多姿而又雄浑沉着的苏体。

黄庭坚的书法有中宫紧结、笔画向外四射和有意拉长的特点。他的艺术见解,有些与苏轼接近,特别强调笔法。他的书法,运笔沉着迟涩,形成一种神闲意散的艺术趣味。

米芾早年师法欧阳询、柳公权,中年上溯魏、晋、西汉,直至三代。家蓄古今法书名画甚多,临摹古人书法,可以乱真。多年追求字有古意,号称集古字。篆、隶、楷、行、草书俱能,以行书成就最高。米芾曾称自己的字为“刷字”。他能于疾书中做到用笔沉着,锋全势备。且擅长传势,字形跌宕多姿。他对唐人书法,特别是颜真卿、柳公权的楷书多有贬抑。

北宋时期还有一些书法家,如薛绍彭,书法颇具功力;宋徽宗赵佶,创瘦金书,亦颇有影响。

南宋在书法上能另辟蹊径的则是张即之。他的书基本出自唐楷,尤善大字榜书。用笔斩钉截铁,风格方劲古拙,技法娴熟,能行止自如。但他的字定型较早,变化不多,创造性不大。

3.宋代法帖

中国古人将书写在丝织品上的字迹称为帖,书写在竹、木上的字迹称为简牍。造纸术发明后,纸与丝织品并用于书札,凡是小件篇幅的书迹,都称帖。宋代,汇集历代名家书法墨迹刻在石或木板上并拓成墨本的亦称为帖。因为这些墨迹是学习书法的范本,所以又称为法帖。汇集数家书迹的,称为丛帖、汇帖或集帖。

中国流传至今最早的一部刻帖是《淳化阁帖》,10卷,原无帖名。因刻于淳化年间,并藏于秘阁,故名。共收入唐代以前历代名人及帝王法帖100余家400余种。

(六)元代书法

据明陶宗仪《书史会要》记载,元代书法家达300余人,其中以赵孟頫、鲜于枢、康里夔夔等成就最为突出。

赵孟頫、鲜于枢提倡广泛师法古人名迹,特别强调直接取资晋、唐,使晋、唐的传统法度得以恢复和发展,开启了元代的书法风格。赵孟頫、鲜于枢被称为元代书坛的“巨擘”。

赵孟頫擅长篆、隶、楷、行、草诸体,法度谨严,用笔遒劲,体势朗逸,风格姿媚,创造独具面目的赵体。他的书法对当时和明、清两代影响很大。鲜于枢善楷、行、草书,笔法婉转遒健,气势雄伟迭宕,自成一格。著名书法家还有邓文原,与赵孟頫、鲜于枢并称元初三大书法家。他擅长楷、行、草书,运笔清劲秀丽、韵致古雅。元中后期的康里夔夔擅长楷、行、草书,其书法行笔迅急,笔画遒媚,转折圆劲。元末杨维桢擅长行、楷书,笔法清健,富有个性。此外,许多著名画家如吴镇、倪瓒等，也无不以书法见长。

（七）明代书法

明代书法继宋、元帖学而发展，可分为早、中、晚三期。

明初书法沿袭元代传统，尚未形成特色，当时著名书法家有三宋，即宋克、宋璲和宋广。宋克兼善章草、楷、行和草书。章草笔画瘦劲挺拔，以健美见长；行、草书也吸收了章草的波势，古雅遒劲，技艺娴熟。宋璲工篆、隶、楷、草书，字画遒媚。宋广善行、草书，其字熟媚。三宋等人书法的平正、娴熟，为台阁体开了先路。

永乐年间明成祖朱棣下令征召天下善书人，授中书舍人官职。分别值武英、文华殿，缮写内阁拟定的诏令、典册、文书等。其书法有着统一的要求和体格，人称台阁体。台阁体的代表书家有二沈，即沈度、沈粲兄弟。

明中期商品经济的发展，使江南地区的苏州、杭州、扬州等城市不仅成为全国的经济重心，也成为文人荟萃的文化中心，文坛上出现了大量反映市民生活的文艺作品，文人书法也重新抬头。书法家们将兴趣转到古代书法上，试图从中汲取营养。如李东阳学颜真卿、李阳冰，吴宽学苏轼，沈周学黄庭坚，张弼、张骏学张旭、怀素等。经过多方的摸索，加之他们都具有较深的文学修养，因而他们的书法在继承优秀传统基础上更讲求形式美和抒发个人情怀，终于在苏州出现了吴门派书法。他们的代表人物是祝允明、文徵明、王宠等。

祝允明小楷师钟繇、王羲之，狂草师怀素、黄庭坚，出入变化，自成面貌。文徵明楷书师钟繇，行草出于《圣教序》，并兼蓄唐、宋、元诸家之长，大字专法黄庭坚，小楷取法王羲之《黄庭经》、《乐毅论》，其书以功力取胜，风格娟美和雅。王宠精小楷，亦善行草书，师王献之、虞世南，书风朴拙疏秀。吴门三家也以小楷成就最为突出，取法魏晋，强调表现书法的天籁之美。草书是三家传世作品最多的一体。文徵明得其法度谨严，王宠得其疏拓遒美。祝允明书法不拘一格，纵横散乱。文徵明书风严谨，老而弥笃，其书法度有余，遒劲和雅。王宠书法出自王献之，疏拓萧散，于朴拙中流露出爽朗风神。此外，陈淳、文彭、文嘉等都属于吴门派，所以当时有“天下书法尽归吴门”的说法。

明晚期，书坛出现了许多风格独特和成就卓著的书法家。如徐渭、邢侗、张瑞图、董其昌、米万钟、黄道周、倪元璐、王铎、傅山等。

徐渭以纵横驰骋的行草书抒发胸中的郁愤。邢侗广师晋、唐、宋诸名家书法，其书法笔力矫健、沉着圆浑，得力于钟繇、王羲之。张瑞图书风奇逸，于晋、唐书法外另辟蹊径，用笔体势多方侧，给人以古怪奇特之感。米万钟与宋代米芾同宗，专学米字，笔法沉着浑厚。

在晚明书坛，影响最大，开一代书风的应推董其昌。董其昌兼工楷、行、草书。他从17岁开始学颜真卿《多宝塔》，进而师法晋、唐、宋名家。一生取王羲之的姿媚风神、颜真卿的粗拙朴茂、宋人书法的率意自然，形成生拙秀雅的书法风格。在书法理论上，他强调书法贵有古意，认为书法必须熟后能生，即以生拙之态来掩饰技法的娴熟，借以表现书法的“士气”。他重视书法家的文化艺术修养，主张多阅、多临古人真迹，强调读万卷书、行万里路，以提高艺术的悟性。董其昌创造了一种似乎不食人间烟火的秀雅风格。其书法在清初社会安定后，很快受到统治者的重视和提倡。

（八）清代书法

清代书法在近300年的发展历史上，经历了一场艰难的蜕变，它突破了宋、元、明以来帖学的樊笼，开创了碑学，特别是在篆书、隶书和北魏碑体书法方面的成就，可以与唐代楷书、宋代行书、明代草书相媲美，形成了雄浑渊懿的书风。尤其是碑学书法家借古开今的精神和表现个性的书法创作，使得书坛显得十分活跃，流派纷呈。

清早期书坛上有影响的仍是明代遗民，其中以王铎、傅山、朱耷等为代表。他们均擅长行草书，而以王铎、傅山的影响最大。王铎行草浑雄恣肆，一时独步。傅山的行草虽劲健不及王铎，但由于他不降清，以书法发挥他的思想感情，所以有萧然物外、自得天机的意趣。朱耷的行草藏头护尾，其点画及其转折中蕴涵着一种国破家亡的惨痛的心情。

康熙酷爱董其昌书法，至乾隆又推崇赵孟頫的书法，因此赵、董书体身价大增，一般书法家只奉赵、董为典范。而清代科举制度所产生的馆阁体要求的乌、方、光，使得这一时期的书法，出现靡弱妍媚的风气。当时有代表性的书法家有沈荃，为明代台阁体书法家沈度的十世孙，他学董其昌，御制碑文多由他手书。高士奇书法亦学董其昌，因工书受荐入内廷，得到康熙的宠幸。陈奕禧的行草书也得到康熙、雍正、乾隆的赏识。此外笪重光、汪士慎等也是康熙间名家。

在帖学衰颓时期，有一些书法家起来学习汉碑。能写隶书的书法家有王铎、傅山、王澍等。

清代中期帖学仍很风行。乾隆在位很久，而且嗜书又深，尽力搜集历代名迹，命梁诗正摹刻《三希堂法帖》，对帖学的发扬起着积极的作用。帖学书家中以刘墉、王文治、梁同书、翁方纲四大家为代表。翁方纲书法学唐碑不余遗力，亦涉猎汉碑，其气质仍与帖学相近，他擅长小正楷，但在研究碑学上其功甚大，著有《两汉金石记》、《苏米斋唐碑选》等。梁同书，早年宗赵、董，后追溯颜、米，工楷、行，书法秀逸，但缺乏雄强之气。刘墉书法取径董其昌，力厚思沉，筋摇脉聚。王文治书法强调风神，秀丽飘逸，但缺少刘墉的魄力。

清代中叶碑学风气渐开，碑学书法家不断涌现，较著名的有金农、邓石如、伊秉绶。金农为扬州八怪之一，他的楷书取法魏、晋、南北朝碑刻，得法于《龙门二十品》、《天发神谶碑》，创造所谓漆书，力追刀法的效果，强调金石味。包世臣在《艺舟双楫》中大谈碑学，提出把邓石如作为学碑的典范。邓石如是清代学碑的书法巨匠，擅长四体书和篆刻，在篆书上突破了秦以来李斯、李阳冰的玉箸篆笔法，开创了篆书的新风格。其隶书学汉碑，遍临汉、魏诸碑，继承汉分隶法，成遒丽绵密的新体。其楷书取北魏碑，行草书由碑中衍变而出，加上他在篆刻上的造诣，创造了富有金石气的风格。伊秉绶擅长隶书，以颜书笔法体势作汉隶，魄力恢宏，有独特的风貌。康有为认为邓石如、伊秉绶是清代碑学的开山祖师。

这时期还有一些画家也兼为书法家，如扬州八怪中的郑燮、黄慎、汪士慎、李方膺等，都有自己的风格和特点。郑燮熔真、草、篆、隶于一炉，自名为“六分半书”。汪士慎的隶书、黄慎的草书，体现了不因循守旧的艺术风格。篆刻家中如西泠八家，也都人人善书。丁敬隶法行草，古朴简率，得旷然天真的趣味。陈鸿寿的隶书将篆隶相融，中敛外肆，意趣清新。

晚清的书法虽然大家不多，但碑学仍是方兴未艾，这时篆书和金文勃兴，汉、魏、南北朝的碑刻出土日益增多,对书法的影响仍起着极大作用。晚清书法以何绍基、赵之谦、吴昌硕为代表。何绍基的书法以颜真卿为基础,搜集周、秦、两汉古篆籀,下至南北朝、隋、唐碑版,心摹手追,自成一家。他的草书成就尤其突出,楷书既醇雅又有唐人法度,精劲有北朝书法的气象。晚年精篆隶,60岁后将汉隶名碑几乎临写殆遍,隶书笔法稳健,古拙沉雄。他的行草是熔颜字、北朝碑刻、篆隶于一炉,恣肆而超逸,天真罄露。赵之谦书画、篆刻都兼长,书法初学颜真卿,后取法六朝碑刻。他的楷书颜底魏面,用婉转圆通的笔势来写方折的北魏碑体,而且他的行草、篆、隶诸体,无不掺以北魏体势,自成一格。这时期的书法家还有张裕钊,他以北碑为宗,高古浑穆,用笔外方内圆,其楷书对后来也有一定的影响。篆、隶成就比较突出的是吴熙载,篆书学邓石如,浑雄不足而清逸过之,行草书纯学包世臣,也缺乏创造。杨沂孙擅长篆书,方劲雄健。吴大徵是金石收藏家,善写篆、隶,隶书平稳,篆书能用金文结体来写,面貌一新。徐三庚以《天发神谶碑》笔法写篆书。翁同龢以写行、楷著名,书法由颜入魏,苍老平淡,笔力凝重,晚年也写隶书,用笔极为凝练。

清代末年,以杨守敬、吴昌硕、康有为、沈曾植等书法最著名。杨守敬,收藏汉、魏、六朝碑刻甚多,擅长隶书和行楷书,曾东渡日本,带去不少碑帖,并收日本学生,对近代日本书法产生一定影响。吴昌硕为清末书、画、篆刻大家,篆书对石鼓文下功夫最深,字形变方为长,讲究气势;隶书效法汉《三公山碑》等,别具一格;行书由王铎上追唐人,晚年"强抱篆籀作狂草",融会贯通,开辟了新境界。沈曾植是著名学者,书法学习钟繇、索靖,更熔铸汉、魏碑刻,晚年精于章草。康有为在书法理论上发挥了阮元、包世臣的崇碑观点,著《广艺舟双楫》,对近代书法理论影响极大。他的书法亦植根于北朝碑刻,尤其是北魏《石门铭》、山东掖县云峰山诸石刻对他影响最深,所以他的书法浑拙古劲,奇肆开张,有纵横跌宕的气势,具有独特风格。

二、文房四宝

工具若能手足般配合,必能使书画达到尽善尽美之境界。中国书法的工具和材料基本上是由笔、墨、纸、砚构成的,人们通常把它们称为"文房四宝",中国古代文人或能书,或能画,或能书能画,故笔墨纸砚也就成为文人书房中必备的四件宝贝。

(一)笔

1.笔的种类及特性

在林林总总的笔类制品中,毛笔可算是中国独有的品类了。传统的毛笔不但是古人必备的文房用具,而且在表达中华书画的特殊韵味上具有与众不同的魅力。毛笔的制造历史非常久远,早在战国时,毛笔的使用已相当地发达。古笔的品种较多,从笔毫的原料上来分,就曾有兔毛、白羊毛、青羊毛、黄羊毛、羊须、马毛、鹿毛、麝毛、獾毛等。从性能上分,则有硬毫、软毫、兼毫。从笔管的质地来分,又有水竹、鸡毛竹、斑竹、棕竹、紫擅木、鸡翅木等,不少属珍贵的材料。从笔的用途来分,有山水笔、花卉笔、叶筋笔、人物笔、衣纹笔、设骨笔、彩色笔等。

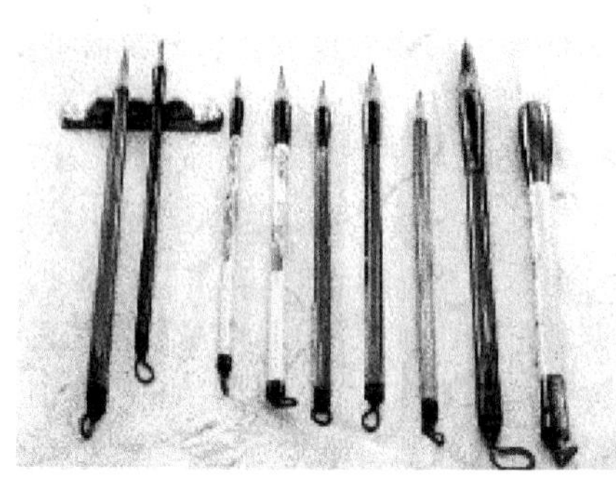

各式各样的笔

最早的毛笔，大约可追溯到二千多年前。毛笔之源一般人都以为是秦代的蒙恬，但考殷墟出土之甲骨片上所残留的朱书与墨迹，系用毛笔所写。由此可知毛笔起于殷商之前，而蒙恬实为毛笔的改良者。

笔的种类甚多，以紫毫、狼毫、羊毫及兼毫最为重要。

紫毫笔乃取野兔项背之毫制成，因色呈黑紫而得名。兔毫坚韧，谓之健毫笔，白居易紫毫笔乐府词云："紫毫笔尖如锥兮利如刀。"

狼毫笔就字面而言，是以狼毫制成。前代也确实以狼毫制笔。但今日所称之狼毫，为黄鼠"狼"之"毫"。狼毫笔，性质坚韧，仅次于兔毫而过于羊毫，也属健毫笔。

羊毫是以青羊或黄羊之须或尾毫制成。羊毫造笔，大约是南宋以后才盛行的；而被普遍采用，则是清初之后的事，主要因为清代讲究圆润含蓄。羊毫的柔软程度亦有差等，若与纸墨配合得当，则能表现丰腴柔媚之风格。

兼毫笔是合两种以上毫制成，依其混合比例命名，如三紫七羊、五紫五羊等。兼毫多取一健一柔相配，以健毫为主，居内，称之为"柱"；柔毫则处外、为副，称之为"被"。兼毫笔特性依混合比例而不同，或刚或柔，或刚柔适中，且价廉工省。

2. 笔的四德

笔有"四德"，即"尖、齐、圆、健"。尖：指笔毫聚拢时，末端要尖锐。笔尖则写字锋棱易出，较易传神。齐：指笔尖润开压平后，毫尖平齐。毫若齐则压平时长短相等，中无空隙，运笔时"万毫齐力"。圆：指笔毫圆满如枣核之形，就是毫毛充足的意思。如毫毛充足则书写时笔力完足，反之则身瘦，缺乏笔力。笔锋圆满，运笔自能圆转如意。健：即笔腰弹力；将笔毫重压后提起，随即恢复原状。笔有弹力，则能运用自如。

四德指的是笔本身的功能，选笔时也要顾及临摹的碑帖。一般说来，风格健劲的，选用健毫；姿媚丰腴的，选用柔毫；刚柔难分的，则选用兼毫。

3. 笔的使用及保养

有了好笔之后保养也是十分重要的。启用新笔，先须开笔。将笔以清水泡开，浸水时间不宜太久，至笔锋"全开"即可。

润笔是书写前的重要步骤，若不经润笔即书，毫毛经顿挫重按，会变得脆而易断，弹性

圆

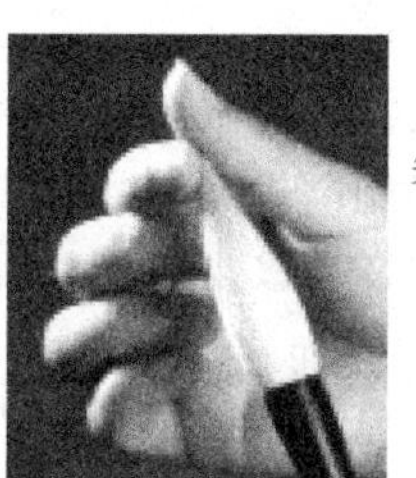
尖

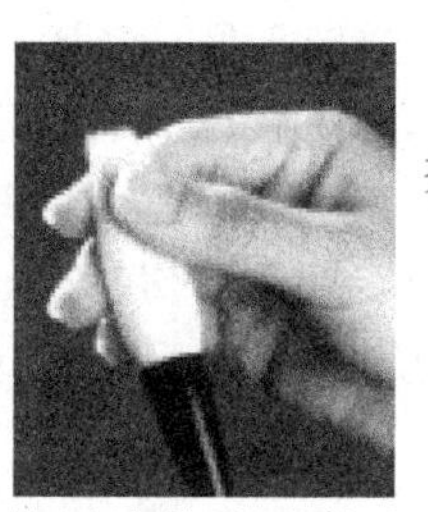
齐

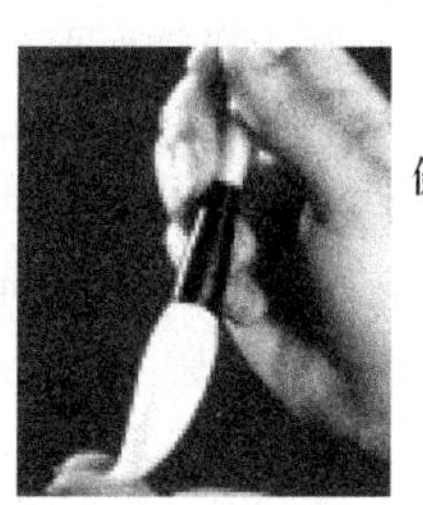
健

不佳。“入墨”是有很大学问的。为求均匀，且使墨汁能渗进笔毫，须将清水先吸干。“笔之着墨三分，不得深浸至毫弱无力也”，墨少则过干，不能运转自如，墨多则腰涨无力。

书写之后则需洗笔。墨汁有胶质，若不洗去，笔毫干后必与墨、胶坚固黏合，要再用时不易化开，且易折损笔毫。洗净之后，先将笔毫余水吸干并理顺，再将笔悬挂于笔架上，置于阴凉处阴干，以保存笔毫原形及特性，不可曝于阳光下。

(二)墨

1. 墨的种类及特性

在人工制墨发明之前，一般利用天然墨或半天然墨来作为书写材料。墨的发明大约要晚于笔。史前的彩陶纹饰、商周的甲骨文、竹木简牍、缣帛书画等到处留下了原始用墨的遗痕。汉代开始出现了人工墨品。这种墨原料取自松烟，最初是用手捏合而成，后来用模制，墨质坚实。据东汉应劭《汉官仪》记载：“尚书令、仆、丞、郎，月赐愉麋大墨一枚，愉麋小墨一枚。”愉麋在今陕西省千阳县，靠近终南山，其山右松甚多，用来烧制成墨的烟料，极为有名。

中国画的用墨非常讲究。墨分“油烟”和“松烟”两种，油烟墨用桐油或添烧烟加工制成，色泽黑亮，有光泽；松烟墨用松枝烧烟加工制成，色乌，无光泽。中国画一般多用油烟，只有着色的画偶尔用松烟。墨泛出青紫光的最好，黑色的次之，泛出红黄光或有白色的为最劣。磨墨的方法是要用清水，用力平均，慢慢地磨研，磨到墨汁浓稠为止。现在多以书画墨汁代墨，如“中华”、“一得阁”、“曹素功”等。

墨色浓淡的变化，可表现书法的韵味，如此书画之美遂多彩多姿。墨如绘画的颜色，作用很大，种类有石墨与松烟之别。

石墨：石墨乃自然之物，是一种“悉如墨”的山石。上古无松烟墨，要写书法惟有使用石墨，以石墨做书之证亦有不少。但石墨做书自魏晋以后无闻，石墨之用于做书，乃在魏晋之前，后则为松烟所取代，书法遂转入另一新境。

松烟墨：松烟起源甚早，至汉代已有名贵松烟。历代制墨名家中，享名最盛者为南唐李廷珪，相传其墨质地之坚硬，不亚于石墨，且“其墨能削木，误坠沟中，数月不坏”。后世制墨名家尚有北宋潘谷、元吴国良、明程君房、方于鲁，及清以来曹素功、胡开文等，皆堪称巨擘。其特点主要是：质细、胶轻、质坚、墨色黑而亮、墨味香而轻。

2.研墨的方法

以清水逐渐加入：研墨需加清水，若水中混有杂质，则磨出来的墨就不纯了。至于加水，最先不宜过多，以免将墨浸软，或墨汁四溅，以逐渐加入为宜。

墨正：柳公权有所谓的“笔正”，磨墨也是如此，心正墨亦正，墨若不正偏斜，既不雅观，磨出的墨也不均匀。

力匀而急缓适中：磨墨时用力过轻过重，太急太缓，墨汁皆必粗而不匀。用力过轻，速度太缓，浪费时间且墨浮；用力过重，速度过急，则墨粗而生沫，色亦无光。正确的方法应该是“指按推用力”，轻重有节，切莫太急。

浓度适中：如果墨汁含水过多，笔一下到纸上便迅速扩散，形成一团团大小不一、形态各异的墨团。同时，如浓到像半凝果冻也不科学。

（三）纸

1.纸的种类及特性

纸是中国古代四大发明之一，为人类的文化传播立下了卓著功勋。即使在机制纸盛行的今天，某些传统的手工纸依然体现着它不可替代的作用，焕发着独有的光彩。

造纸的主要原料多为植物纤维，以竹与木为主，木的纤维柔韧，制成之纸，吸墨较强；竹的纤维脆硬，所制之纸，吸墨性较弱，故以此分为两大类。

(1)弱吸墨纸类。弱吸墨纸类多系竹纤维制成，纸面较光滑，墨浮于表面，不易漫开，所以色彩鲜艳。以笺纸类为主，如澄心堂纸、泥金笺，还有今之洋纸也属之。其中，澄心堂纸为南唐李后主所使用的名纸，与廷圭墨齐名。特性平滑紧密，有“滑如春冰密如玺”之称，为弱吸墨纸之上品，差一点的称玉水纸，次差的称冷金笺。蜀笺，据说西蜀传蔡伦造纸古法，所产蜀笺，自唐以来颇富盛名，如薛涛笺、谢公笺等。据说其地水质精纯，故其纸特优。“谢公笺”以师厚创笺样得名，因有十色，又称十色笺。“薛涛笺”则因涛得名，但此种彩色笺纸，虽系遵古法制成，染色易败，不能传久，为应酬把玩罢了。藏经纸是佛寺用以书写或印制佛经者，又名金粟笺，有黄白两种。

明清人常用的泥金笺、蜡笺，今天已很少见，冷光笺虽为表光之最下者，也很少见了。

(2)强吸墨纸类。强吸墨纸类多系木质纤维所制，吸墨性强，表面生涩，墨一落纸，极易漫开，书写常加浆或涂蜡，光彩不如笺纸鲜明，较为含蓄，以宣纸类为主。虽然较晚出现，但

今已取代笺纸，成为最名贵的书写用纸。

宣纸与仿宣：现在最名贵的书写用纸便是玉板宣，吸墨性最强，质地最优。宣纸以安徽宣城而得名，但宣城本身实不产纸，而是周围诸地产纸，皆以宣为散集地。因为宣纸过于吸墨难写，所以就有人加以改良：或用砑光，或加胶矾，还有加浆而成的。经过改良之后的宣纸吸墨性略减，比较容易书写。

毛边纸、元书纸与棉纸：宣纸昂贵，一般习字时多用毛边纸。这种纸本来是用于印书的，但因为纸质好，有人买了书之后裁来练字，所以称为“毛边纸”，以竹为主，色呈牙黄，质地精良。

2. 择纸的主要标准

质地柔韧厚密：质地不佳的纸既容易损笔，又不易保存，古今名纸，莫不以品质见称，如澄心堂纸“密如玺”，玉板宣“柔韧、耐久”。

色彩洁白：洁白无比的玉板宣以檀木为原料，蜀笺“以浣花潭水造纸”。若是染色的，也要精纯洁白，才是本性佳之纸，但染色之纸不易传久。

表面光涩适中：纸的表面有光滑和粗涩之分，光滑固易行笔，但若过滑而笔轻拂而过，便无笔力可言，若粗涩则与之相反，易得笔力，但过涩则难于施笔，易损笔锋，所谓“细而不涩”。

吸墨适度：纸须能入墨，否则墨浮纸表，易于脱落，不能久存。一般而言，宣纸类吸墨较强，笺纸则反之。吸墨太强，若运笔稍慢，则点画俱成墨团。但若吸墨性太弱，墨不易入纸，亦非所宜。择纸时要考虑到书体及个人运笔速度，要以墨汁能入纸但不成“团”为佳。

此外，择纸时应考虑碑帖特点及个人的书写习惯等因素。

（四）砚

1. 砚的种类及特性

笔、墨、砚三者密不可分。砚的起源甚早，大概在殷商初期，笔墨砚始以粗见雏形。砚是磨墨用的，要求细腻滋润，容易发墨，并且墨汁细匀无渣。砚有石砚、陶砚、砖砚、玉砚等种类之分，最负盛名的是广东的端砚和安徽的歙砚。

端砚为砚之上品，亦可再分等级。它出产自广东高要城斧柯山，唐之前属端州，故得名。

山下际潮水，距江滨三四里处，逐渐升高分下岩、中岩、上岩、龙岩、蚌坑等采石之所；下岩洞在山底，终年浸水，而砚石贵润，所以下岩的品质最佳。

端砚有一重要特征，为“有眼”，如“鹦哥眼”、“了哥眼”等，据说是石嫩则眼多，石老则眼少，也有以眼来分品质优劣的。端石的颜色也被视为和品质有关，有紫、青、白等颜色，而以白色最佳，紫色最下。端砚的优点，一是下墨，二是发墨，三是不损毫。

歙砚与端砚并称，因产于古歙州（今安徽婺源）而得名。端砚的发现实在是巧合。在唐开元时，猎人叶氏追逐野兽至长城里，见那儿的石头莹洁可爱，便带了几块出来，琢磨成砚。他的后人将砚赠与州令，州令十分喜爱，找人再去开采，于是便传扬开来。至南唐元宗时，因圣上着意翰墨，歙守又献砚，皇上大喜，提拔他为官。

歙砚因为李主而扬名天下，名声甚至大过了端砚。歙砚的正式开采至南唐才开始。歙砚有“纹”，如同其砚之眼，所谓的罗纹砚，即称其石纹如罗縠葫者。纹有粗细之分，而细纹为砚之奇才，粗粗罗纹亦为上品，皆足以和端溪下岩媲美。而眉子砚，则是石纹如人画眉而得名，与罗纹砚无异。歙砚的特性亦如端砚，而歙重于发墨，做大字，端重于细润停水，写小字。

2.砚的选择与保养

清乾隆松花石蟠螭砚

（1）选择标准。以石质为主：砚材固多，铜、玉、砖、瓦、陶、石皆是，还有以玉为砚，堪称上品。但切合实用且兼具各种特别者当推石砚。

润泽有光：砚石最贵润泽，端、歙俱以此著称。不润则墨中水分易被吸收，使浓度增强，滞笔难运。端、歙石长年浸于溪中，故润泽有光。

肌理细腻：砚石纹理精细，则表面平滑，易于磨墨，且匀细可佳；这种砚不但发墨，且不损笔毫，端、歙二种砚皆为此中之最。若表面不平，上砚有声，墨必粗劣不匀，且损笔锋。

（2）保养。平时储水且须用清水：砚也需要滋润，砚池不宜缺水，以前的人叫做“养研”。

用后刷洗：砚石使用之后，必须将余墨涤去，不可使之凝于砚上，否则残墨干则结成渣块，妨碍研磨且易伤笔毫和砚面。

新墨轻磨：新墨棱角分明，太用力易损伤砚面。

将墨取出：研墨之后，即须将墨取出，否则墨与砚胶黏难脱，易损砚面。

（五）文房其他用品

在古代的文房书斋中，除笔、墨、纸、砚四宝之外，还有一些与之配套的其他器具。明代屠隆在《文具雅编》中记述了四十多种文房用品，通常较为常见的有以下一些。

笔掭：又称笔砚，用于验墨浓淡或理顺笔毫，常制成片状树叶形。

臂搁：又称秘阁、搁臂、腕枕，写字时为防墨沾污手，垫于臂下的用具。呈拱形，以竹制品为多。

诗筒：日常吟咏唱和书于诗笺后，可供插放的用具。多以竹制，取清雅之意。

笔架：又称笔格、笔搁，供架笔所用。往往作山峰形，凹处可置笔。也有人物和动物形的，或天然老树根枝尤妙。

笔筒：笔不用时插放其内。材质较多，瓷、玉、竹、木、漆均见制作。或圆或方，也有呈植物形或他形的。

笔洗：笔使用后用它濯洗余墨。多为钵盂形，也作花叶形或他形。

墨床：墨研磨中稍事停歇，因磨墨处湿润，以供临时搁墨之用。

镇纸：又称书镇，作压纸或压书之用，以保持纸面的平整。

水注：注水于砚面供研磨，多作圆壶、方壶，有嘴，也常作动物形。

砚滴：又称水滴、书滴，贮存砚水供磨墨之用。

砚匣：又称砚盒，安置砚台之用。以紫檀、乌木、豆瓣摘及漆制者为佳。

印章：用于钤在书法、绘画作品上，有名号章、闲章等，多以寿山石、青田石、昌化石等制成，也有铜、玉、象牙章等。

印盒：又称印台、印色池，置放印泥。多为瓷、玉质，有圆有方，分盖与身两部分。

（六）文房用品的默契

前面已经提过文房四宝的特性及选取使用之法。要发挥它们的最佳功能，必须讲究互相配合。

强吸墨纸适合配健毫笔：强吸墨纸类以宣纸为代表，因为它吸墨性强，笔一碰触到纸，墨汁即迅速化开，若行笔略迟则笔画尽成墨团；而羊毫笔毛较软，行笔略急则墨汁不易渗透，字会虚浮无力，所以使用健毫笔写快方能配合强吸墨纸。两者配合，方能尽其所能。

柔毫笔宜配弱吸墨纸：柔毫笔较软，不易发挥个人特色之雄挺刚毅，所以历代书法家多使用健毫笔，鲜有用柔毫笔的。其实，柔毫笔虽弱，只要选纸得当，亦可书写出极富姿媚含蓄的字。而柔毫笔以弱吸墨纸得当，以笺为类，虽较宣纸脆而硬，且平滑吸墨性弱，但行笔放慢亦可使转自如。清代书法家如张照、梁同书、王文治皆善以羊毫笔书写于笺纸或绢上，风格柔媚丰腴、温润含蓄，别创一格。

健毫笔配浓墨：以笔沾触墨汁，笔墨之关系可想而知。大致使用健毫笔搭配浓墨，最能表现苍拔雄劲之笔力，王澍曾道："墨须浓，笔需健，以健笔用浓墨，斯作字有力而气韵浮动。"清刘墉特以健毫浓墨著称，世有"浓墨宰相"之誉。王文治善于淡墨柔毫，世称之"淡墨探花"，也是极为适合的。

笔墨纸砚的调配：笔墨砚三者实是密不可分的，砚台中好的，光泽明亮，极易下墨与发墨。所谓"墨在砚中，随笔旋转"，"墨逾坚者，其恋石也弥甚"，其关系之密切可视而得知！

【思考与练习】

1.从对中国书法发展脉络的梳理中，分析各时期书法流派、书法大家出现的历史背景、艺术特征及其影响。

2.从历史文化视野阐述书法经典作品所蕴含的人文价值。

3.从实用性和艺术性角度分析文房四宝在中国文化发展中的独特作用。

参考书目

[1] 梁披云.中国书法大辞典.香港：香港书谱出版社，广州：广东人民出版社，1984

[2] 吴鸿清.中国书法史图录简编.北京：中央广播电视大学出版社，1987

[3] 陈云君.中国书法史论.北京：人民日报出版社，1987

[5] 文化部文物事业管理局.中国书画.上海：上海古籍出版社，1996

第九讲 “天人合一”思想的生动体现——中国古建筑艺术

在世界建筑文化中，中国传统建筑文化，以其独特的形质格局、思想精神意蕴而流放异彩，它体现了贯穿中国文化发展之始终的“天人合一”哲学思想审美观念。英国学者李约瑟曾经说过：“中国建筑总是与自然调和，而不反大自然。”因此，“天人合一”观成为中国传统建筑思维意念上的共识，中国建筑文化是中华文明之树中特别美丽的一枝。

一、从文化角度阅读中国传统建筑

建筑被誉为“世界年鉴”，表明它们不仅是一种综合的艺术，而且是一部“凝固的史书”。它积淀着人类的历史，尤其是文化史。中国传统建筑正是以其独特的语言形式，向人们倾诉着5000年的文明历程和“天人合一”的思想情感。

（一）封建等级制度

自国家产生以来，君主专制制度成为中华5000年的主要政体形式。在这种政治体制下，君主赖以维护社会秩序的两样法宝是礼与法。所谓礼，指“君君、臣臣、父父、子子”的封建伦序，故《礼记》称“礼为天下之序”，实质上就是维护封建伦理的等级制度。在中国传统建筑中，壁垒森严的等级，从建筑的布局方位、形体大小到装饰，处处凝结着强烈的政治伦理规范各朝统治者甚至以法律的形式加以确认。

早在先秦时期，有关规范建筑等级的法令便已出现；隋唐时期，封建典制日趋完备，统治者对民居的建筑格式也作出明确的规定；宋代对建筑等级的规定甚至发展到对建筑材料的限制。

明代有关建筑等级的限制更加严密，一品至二品官的厅堂中为五间九架，屋脊许用瓦兽，梁柱、斗拱、檐角许用青碧彩绘；三品至五品官所建厅堂许为五间七架，梁柱间许施青碧彩绘，屋脊许用瓦兽；六品到九品官厅堂可为三间七架，梁柱间不许施彩绘，只能用土黄色漆刷；庶民所居房屋，不许超过三间五架，不许用斗拱彩绘。

清代将建筑的等级分为三类。皇帝及其家属居住和处理政务的地方为殿式建筑，这类建筑宏伟而华丽，可用黄琉璃瓦顶、斗拱、重檐、藻井以及各式彩气绘图案。

各级官员与富商缙绅的居室为大式建筑，这类建筑虽然也不失装饰精美，但不许用黄色琉璃瓦，不许描龙画凤。

普通百姓的居室为小式建筑，这类建筑以实用为主，极少装饰，不许用斗拱、重檐等。

此外在建筑的门堂、开间、进深以及屋顶式样、基座、色彩、装饰等方面，清代统治者皆作了严格的限制。

当"礼"被贯彻到建筑等一系列社会行为中后，一种"天人合一"的等级秩序就实现了。

（二）宗法家族观念

宗法家族观念是中国传统文化的重要内容，尤其是儒家所倡导的宗法伦理在思想领域占统治地位后，这种观念的影响更是无处不在，从而成为中国传统建筑渲染的主题之一。就宫殿建筑而言，皇帝以天下为"家"，是国"家"的大家长，同时又是皇族一姓之家的家长。因此在宫殿的布局中分为"前朝后寝"。"前朝"部分是皇帝作为"一国之家"家长活动的场所，重在处理国家政务，故建筑的等级最高，气势最宏大，装饰最华丽，以渲染皇权的至尊、威严为主题。"后寝"部分是皇帝作为"一姓之家"家长活动的场所，重在处理宗族内部事务，故建筑的规模相对于"前朝"而言就要小一些。至于那一个个供皇妃、王子居住的封闭小院，则是皇帝作为"夫妻之家"的家长所居之处，建筑规模更小。由于皇帝始终是以"家长"的身份活动于宫殿之中，故宫殿建筑中凡是皇帝所居住之处，皆受到最高级别的礼遇，以示对皇帝的敬重。

在民居建筑中，宗法家族伦理得到最形象、生动的阐释。那一个个聚族而居的村寨、坞堡、院落，寄托着人们对家族凝聚、团结、和睦的向往，那些长而厚重的围墙，将一姓之家、一族之家团团围合在一起，成为划分宗族的地理与心理界线。民居布局中的"堂"与"房"之别，既反映了父尊子卑之礼，又反映了人们崇祖敬宗的心理。

陵墓建筑中的宗法家族观念首先表现为"血亲聚葬"。既然同祖同宗之人生前聚族而居，那么死后仍然聚族而眠，以便在彼岸世界重逢和团聚。故皇族有皇陵区，贵族有"阴宅区"，百姓也有祖坟区。在陵墓的规模上，从皇帝到百姓，皆尽其所能显示其厚，通过"厚葬"来表达对祖宗和亲人的孝与爱。陵墓的环境与布局，亦以墓主在家族中的身份而定，以区别贵贱尊卑。

于是，与建筑文化发展关系十分密切的天地崇拜、祖先崇拜在演进中更显现出了它的迷狂，几乎朝朝代代要修建祭天、祭地、祭祖的庙宇。为了合于"天理"礼制，营造了一系列反映"天人合一"观念的祭祀性建筑。

（三）"天人合一"思想

中国儒学倡导"天人合一"的思想，强调人与自然的和谐，强调人对现实世界的投入和关注，是以"入世"的世俗理性来表达情感。反映在建筑类型上，占主导地位的不是孤立的、摆脱世俗生活、象征超越人间的"出世"的宗教建筑，而是"入世"的、与世间生活联在一起的宫殿建筑。反映在建筑空间处理上，是向平面展开，脚踏实地引向现实的人间理想，以平易、祥和，非常接近日常生活的内部空间组合。在建筑的选材方面，采用温暖、柔和的木质，使人们置身其中，倍感生活的实在、温馨与甜美，充满世俗的清醒与理智。

"天人合一"的理性精神对中国传统建筑的环境设计也产生了深远的影响。在处理建筑、人、环境的关系时,中国传统建筑强调建筑与自然环境、社会环境的协调和统一。分布在祖国各地的传统民居,其风格千姿百态,显示出不同环境中的特性,反映出区域环境与建筑的相映相融。

(四)宇宙空间观念

"阴阳五行"是中国古代关于宇宙生成的理论,后来发展成指导人们行为的基本准则,对我国的政治、经济、军事、文化、艺术等产生了深远的影响。

阴阳的最初概念指日之向背,朝阳面为阳,背阳面为阴。后来人们将阴阳释为一对对立统一的哲学范畴,认为一切事物皆由阴、阳这两个相互依存、相互对立的因素组成。五行指土、木、金、火、水五种元素。古代思想家将这五种物质视为宇宙万物的起源。

在中国传统建筑中,"阴阳五行"观念影响着建筑的布局、结构、装饰以及环境设计等。中国传统建筑的布局以向纵横方向展开的院落布局为主,一般情况下单体建筑的安排皆遵循前阳后阴的原则。故宫建筑群以乾清门为界,分为前朝与后寝两个部分。前朝是皇帝与大臣处理政务的空间,出入者为男性,故坐落在前为阳,建筑风格重在表现阳刚之美。前朝三大殿雄伟壮观,巍然屹立在中轴线上,太和广场空旷宏大,周围的衬托性建筑规矩、严谨,其有关的数字全部采用奇数。

后寝部分为皇帝家庭生活的空间,女眷出入之地,故排列在后为阴,其建筑风格亦突出表现阴柔之美。后三宫体量变小,内部装饰纤巧精美,并以花草、树木衬托环境,生活气息浓郁,其有关的数字全部采用偶数,以显示阴柔之气。

天阳地阴,天奇地偶,于是古代大型建筑或主要部分皆避偶取奇,并且崇尚九数。在礼制意义上,它既是对天的崇拜(尚天数),又是对帝王的崇拜(龙飞"九五"),这正合所谓的"天人合一"。

二、以审美心理观赏中国传统建筑

中国传统建筑以其千姿百态的造型、意味深长的情境给人以丰富多彩、博大精深的独特印象。它们的魅力,既表现在个体外部形象的构造形式,也表现在变幻万千的整体组合气势,以及生动绚丽的色彩、装饰和细部构件的巧妙精美。在漫长的历史发展进程中,中国传统建筑逐步形成了独具韵味的美学品格。

中国传统的"中庸"哲学提倡"中和"。《论语》曰:"礼之用,和为贵,先玉之道斯为美。"这里所谓的"和",指个体与群体的和谐以及个体与个体的和睦。"中"指适中,适度,它是实现"和"的前提条件。在这种观念影响下,中国传统建筑的审美心理始终以"中和"为核心,通过和谐的群体组合,适度的形体结构,相宜的装饰设计,舒缓的空间节奏,协调的环境处理来展示这种"中和"之美。

中国传统建筑的布局以烘托群体的气势与和谐为主题。整个建筑序列向平面展开,左右延展,层层扩大,形成简明而有序的空间组合。在这里,几乎看不到孤傲突立的单体建筑,而是一个个融入群体的建筑符号。它们的风格完全服从于群体气势的需要，较少个性的张扬，以群体的对称、协调、错落有序来相互辉映，形成整体的和谐之美。

中国传统建筑在形体结构上亦以适中的尺度为美，所谓尺度的适中，主要指能够与人的生理与心理需求协调。由于儒家提倡“和为贵”，关注投入现实世界，这使人们审美心理倾向于人性的尺度，追求平和、温馨、舒缓，故中国传统建筑的尺度皆以“适可而止”为准。房屋形体与空间安排既不过高，亦不过分开阔，楼层高大雄伟但并非横空出世、高不可攀。既细致精巧但并非繁琐杂乱。正如墨子所言：“高足以辟润湿，边足以围风寒，上足以待雪霜雨露。宫墙之高，足以别男女之礼，谨此则止。”建筑的尺度以能满足人们的生产、生活要求为准，适可而止。不夸张，不浮华，使人倍感舒适和亲切。

在装饰设计方面，中国传统建筑亦表现为淡妆浓抹，美在相宜。各类建筑的装饰等级皆与建筑的性质协调。宫殿的装饰富丽堂皇，高贵典雅，与皇家的至尊气派相适应；民居建筑的装饰大方、质朴，与百姓生活相适应；园林建筑装饰自然、浪漫，与自然山水之趣相融合。在色彩的选择上，中国传统建筑亦以协调和谐为美。江南民居的白墙灰瓦，契合了江南水乡地区的自然地理环境和当地居民追求质朴、淡雅、清丽的审美情结。因为江南地区丰富的自然植被已构成五彩缤纷的色彩世界，加之气候湿热，故用白、灰、黑等冷色调令人在纷乱、燥热中趋于平静。北方地区气候寒冷干燥，自然植被稀少，自然色彩单调、灰暗。故建筑物常用红、黄暖色调，甚至采用红绿、红黄等色彩对比，改变环境色调的单一，给人以温暖、热情、亢奋的感觉。

中国传统建筑的“中和”之美还表现为建筑的序列节奏。舒缓、深沉、流畅，很少大起大落、亢奋、紧张。空间序列节奏层层铺开，悠长迂回，婉转曲折，意犹未尽。

中国儒家文化提倡“深自内省”，道家则强调“无为、清净”，两种人生哲学反映在审美意识中，都表现为追求内在精神的含蓄之美。中国传统建筑空间组合的内向性与朦胧性，就是这些含蓄之美的体现。

中国传统建筑的空间布局是以内向空间的组合为特征的。无论是民居还是殿宇、陵墓、寺院、园林，多数都以院落布局为主。那些院中之院、园中之园、城中之城，都是由层层向内收缩的空间组合而成，呈现出明显的“内敛”性。同时，中国传统建筑对内部空间亦采取一种较为封闭的态度，往往通过墙将内部空间围合起来，形成与外界的区别，甚至在庭院的入口处还要以照壁隔住视线，以免一览无余。在装饰处理中，中国传统建筑亦将重点放在院内，藏而不露，避免过分张扬、显露。

中国传统建筑的空间展开亦以曲折、含蓄、朦胧为美。府宅大院通过层层门、廊、墙、栏、径，宛转曲折，形成重重院落，深不可测。园林建筑更是纡余委曲，半隐半露，若有若无。那些绿荫丛中的房舍，那些弯弯曲曲的走廊，那些虚虚实实的幽径，那些高高低低的粉墙，使人似见而不能穷其貌，似闻而不能见其面，犹如置身于梦幻之中，恍恍惚惚，影影绰绰，产生一种新奇与追寻的冲动。“山重水复疑无路，柳暗花明又一村”，含蓄朦胧的空间序列，使人感觉趣味无穷。

建筑艺术的审美价值，并非单纯地表现为形体结构给人的感官愉悦，而且还能传达人的观念情绪，引发人的情思。中国传统的美学思想则强调“形神兼备”、“气韵生动”，以“意境”作为艺术追求的目标。中国传统建筑的艺术构思，尤其重将建筑的客观功能与人的审美心理相融合，借助建筑的形式畅神达意，抒发情怀，突出以建筑为题材的象征和比兴。

中国传统建筑最常用的象征手法为：数的象征、色彩的象征与物品的象征。数字在中国人的审美意识中是极富感情色彩的，人们习惯于用数字表达吉祥、尊重、圆满、完善等意思。根据阴阳学说，奇数为阳，故1、3、5、7、9及其倍数常常被用来表达圆满、重视、重要等意思。如岁寒三友、三皇五帝、三思而行、五彩缤纷、七巧板等。尤其是9，在《易经》中被列为首卦，象征尊贵、崇高、吉祥等，故传统建筑中常用9和9的倍数。在宫殿建筑中，无论是殿宇的开间与进深，还是屋檐上的垂脊兽，以及斗拱层数等常用9∶5之比，以示“九五”之尊。园林建筑中的九曲桥、九龙壁，寺庙建筑中九重天、九老洞等皆以“9”象征吉祥圆满。天坛作为祈天祭神的宗庙，可谓匠心独运。

中国传统建筑也常用色彩象征人的观念和情绪。黄色象征高贵、华丽，是中国皇家的御用色。故宫殿中的琉璃瓦与彩绘等各类装饰多呈金黄色。绿色象征青春、生命，故陵区多植松柏，寓意灵魂不朽、万古长青。天坛的祈年殿屋顶按上青瓦、中黄瓦、下绿瓦装饰，每当太阳升起，霞光万道、绚丽多姿，象征天地万物。清乾隆以后，又将三层屋檐皆饰以青色，象征青天苍穹。灰色象征平和、质朴，故江南民居多为白墙灰瓦，象征安逸、质朴的生活。

借建筑物移情立意，抒发情怀亦是中国传统建筑的重要审美特征。当人们站在故宫建筑群面前时，无不被其宏伟壮观的气势，精巧华丽的装饰所震慑，皇权的崇高与威严展现在眼前，引发人们对那曾经辉煌一时的天朝大国几多惊奇，几多叹息。于是审美对象与审美主体一样融入茫茫的历史沧海，深沉而庄严。中国传统园林建筑的设计追求诗情画意、情景交融。茅屋天井，数株青竹，风声雨声，月影日影，自有对影独酌，邀月为伴，与风同歌的亲情雅趣。多少文人墨客，借建筑思古之幽情，发胸中之意，留下了无数脍炙人口的名篇佳作。

这种人与自然“浑然一体”的最高境界，正是“天人合一”审美观念通过象征寓意等方法来体现其思想内涵的物质实体。

三、中国传统建筑典范——“天人合一”思想完美体现

“天人合一”思想在建筑文化中的播布是全方位进行的，它对中国传统建筑文化的影响是十分重大的。由于“天人合一”原初意识的存在，使得儒、道、释及风水学说能够在发展“天人合一”哲学美学思想的同时，将自己学派的固有主张同“合一”观念一起有机地渗透到中国传统建筑文化体系中。

（一）宫殿建筑

中国古代建筑在世界建筑发展史上始终保持着独特的体系，具有自己鲜明的民族特点，宫殿建筑所反映的是一个时代建筑艺术及其技艺的最高成就。宫殿建筑的起源虽然很早，但保留至今的仅有明、清两代的宫殿。

中国古代建筑以木结构为主，不容易保存，所以明清以前的伟大建筑作品现在都不存

在了，现存最重要的宫殿只有明清两朝的北京宫殿，称紫禁城，现在又称故宫，建成于明永乐十八年(1420 年)。

从景山上向南眺望，紫禁城的重要宫殿位于都城中轴线上

北京城是在元大都的基础上改造而成的。全城呈略横的方形，东西长 6650 米，南北长 5350 米，四面城墙包砖，有 9 座城门，各门外各有瓮城。城门上有两层三檐的高大城楼。瓮城上有四层箭楼，以大砖砌墙，十分雄伟坚实。在北京东南、西南二角，城墙上建造了高大的曲尺形平面角楼，也是砖砌四层。现在保存下来的只有南城墙正中的正阳门和它的瓮城前门、德胜门瓮城等城楼和东南角楼了。

紫禁城在都城中轴线的中段，东西长 760 米，南北长 960 米，只有唐长安太极宫城六分之一强。在紫禁城最北堆成一山，高约 50 米，称镇山(又称景山)，含有镇压元朝王气的寓意，山下正好压着元朝宫殿。在山上中心建一大亭，是全城的制高点和平面的几何中心。景山以北沿中轴线有鼓楼和钟楼，与景山遥相对望。

明代为加强北京的防卫，计议加建一圈外郭城，先从居民较多的南面开始，另外三面以后没有建造，使整个北京最后成为凸字形平面。南面新加的城墙称外城，原城改称内城。外城南部有坛，内城以北有地坛，东、西各有日坛、月坛，形成外围的四个重点，簇拥着居中的皇城和宫城。太庙和社稷坛在宫城正门午门前左右，紧靠皇宫。

皇帝在每年冬至、夏至、春分、秋分，要分别到天、地、日、月四坛举行祭祀。天地日月、冬夏春秋、南北东西，这种种对应，显示了中国古人“天人合一”的宇宙观念。

由于南面扩出外城，使全城中轴主线大为加长。依轴线全长，自南而北全城构图可分为三大段：第一段自外城南墙正中的永定门到正阳门，距离最长，节奏最和缓，是高潮前的铺垫；第二段自正阳门至景山，贯串宫前广场和整个宫城，较短，处理最为浓郁，是高潮所在；第三段从景山至钟、鼓二楼，最短，是高潮后的收束。欧洲人常说建筑是凝固的音乐，如果以音乐相比，那么全部中轴三段就好像是交响乐的三个乐章：第一段好比序曲，第二段是全曲高潮，第三段是尾声；相距很近的钟、鼓二楼就是全曲结尾的几个有力和弦。全曲结束以后，似乎仍意犹未尽，最后再通过北面的德胜门、安定门的城楼，将气势发散到遥远的天际，就像是悠远的回声。在这首乐曲的“主旋律”周围，高大的城墙、巍峨的城楼、严整的街道和天、地、日、月四坛，都是它的和声。整座北京城就是这样高度有机地结合起来的，有着音乐般的和谐和史诗般的壮阔，是可以和世界上任何巨制媲美的艺术珍品。

紫禁城是北京全城的第二段，从正阳门以北宫殿区起点大明门（现已不存）算起，向北穿过皇城、宫城，至景山之巅为止，轴线全长约2500米，本身又可以分为三小节，同样有如交响乐，组成前奏、高潮和尾声三个乐章。第一节最长，由大明门至宫城正门午门，共有三个串连的宫前广场，为前导空间；第二节即紫禁城本身，由前朝、后寝和御花园三部分组成，是高潮；第三节最短，自紫禁城北门神武门至景山峰顶万春亭，是系列的收束。每一节和各节中的第一段的艺术作用和艺术手法都有不同，但又相互连贯，前后呼应，一气呵成，共同服务于渲染皇权这一主题。

紫禁城的三小节布局

大明门体量较小，建在平地上，只是一座单檐开三的门屋。门内天安门广场呈丁字形，先是丁字的一竖，狭窄而长，两旁夹建长段低平的千步廊，以远处的天安门为对景。纵长的广场和千步廊的透视线有很强的引导性，千步廊低矮而平淡的处理手法旨在尽量压低它的气势，为壮丽的天安门预作充分的铺垫。在天安门前，广场忽向横向扩展，高大的城楼立在城台上，台下开五个券门，门前有向南凸出的金水河和正对五门的五座石拱桥，洁白的石桥栏杆、华表和石狮，与红墙黄瓦互相辉映，显得十分辉煌，气氛开阔雄伟，是前导序列的第一个高潮。这种欲扬先抑的处理是中国建筑群体构图经常采用的卓越手法。中国建筑鄙视一目了然，强调含蓄内敛。

端门广场方形而封闭，性格中庸平和，是一个过渡性空间，酝酿着另一个更大的高潮——午门的到来。

午门广场呈纵长矩形。从广场地面至殿顶高40米，是紫禁城的最高建筑。在左右字形转角和前伸的尽端各建重檐方亭，其间用廊庑联结，轮廓错落，体量雄壮。广场两侧的朝房较低，更衬出午门的巍峨。这种威猛而震撼人心的气氛，显示着皇权的神圣不可侵犯。

紫禁城的向南午门

第二节从进入午门以后开始，太和门广场后气氛层层加紧，转向全系列最大的高潮太和殿广场之间的过渡。有一条金水河蜿蜒流过，上架五古桥，增加了一些活泼气息。

太和殿广场呈正方形，四面廊庑围合，约40000平方米，是整个宫殿区乃至整个北京城的核心。大殿在广场北部，高踞于三层白石台上，正面通长达60米，面积2380平方米，从广场地面至殿高约37米，是中国现存最大殿堂。院南正中为太和门，左右有较小二门，再左右以角楼结束。左右廊上各有一座楼阁，是广场横轴。

太和殿广场的性格内涵非常深沉丰富。大殿的巨大体量和层台形成的金字塔式的立体构图，以及金黄琉璃瓦、红墙和白台，使它显得异常庄重和稳定，充分渲染了天子的权威。同时，又在庄重严肃之中蕴含着平和、宁静和壮阔，寓含着社会的统一协同，维系着民心的和谐与安定。在这里既要显现天子的尊严，又要体现天子的“宽仁厚泽”，还要通过壮阔和隆重来彰示被皇帝统治的这个伟大帝国的气概。艺术家通过这些本来毫无感情色彩的砖瓦木石，和在本质上不具有指事状物功能的建筑及其组合，把如此复杂精微的思想意识，抽象地但却十分明确地宣示出来了。它的成就是中国建筑艺术的骄傲。

从大明门开始到太和殿，所有广场全用大砖和石头铺砌，没有花草树木，以加强严肃的基调。

太和殿以后有中和、保和二殿，它们是太和殿的陪衬；三殿共同坐落在工字形白石台座

紫禁城太和殿、中和殿、保和殿及两侧的宫殿群

上。工字前沿突出大月台，若依上南下北方位，台形又呈“土”字。按中国金、木、水、火、土的五行观念，土居中央，最为尊贵。

后寝以横向的乾清门广场为前导，是一座纵长庭院，前部乾清宫大殿最大，后部坤宁宫较小，以后又在乾清、坤宁之间加建了一座方形平面的交泰殿；三殿共同坐落在一个一层高的工字形的石台基上。后寝规模远比前朝为小，但规划和建筑形象与前朝相似，仿佛交响乐主题部的再现。

紫禁城的乾清宫

后寝以后是御花园。且称为花园，但所有建筑、道路，都规整对称，只在局部有些变化，与中国园林特别强调的自由格局很不相同。这是因为它是格局严格对称的皇宫花园，又位在中轴线上，局部须服从全体，以保持全局格调的完整。但其中古木参天，浓荫匝地，毕竟也还是较富于生活情趣的地方。

御花园以北通过一个小广场为神武门，有高大的城楼，过门经护城河即达景山，是紫禁城的结束。景山中高边低，略作环抱之势，沿山脊建造了5座亭子。

紫禁城是中国古代建筑艺术群体构图的最高典范。它在世界上享有崇高的声誉，著名英国学者李约瑟在他的名著《中国的科学与文明》中谈到它时说：“我们发觉了一系列区分

景山上的万春亭

起来的空间，其间又是互相贯通的。……与文艺复兴时代的宫殿正好相反，例如凡尔赛宫，在那里，开放的视点是完全集中在一座单独的建筑物上，宫殿作为另外一种物品与城市分隔开来。而中国的观念是十分深远和极为复杂的，因为在一个构图中有数以百计的建筑物，而宫殿本身只不过是整个城市连同它的城墙街道等更大的有机体的一个部分而已。……中国的观念同时也显出极为微妙和千变万化，它注入了一种融会了的趣味。”他认为中国的伟大建筑的整体形式，已形成为“任何文化未能超越的有机的图案”。

（二）园林建筑

中国园林在世界上享有崇高的声誉，被欧洲人誉为“世界园林之母”。在古老的中华文化和儒道哲理观念的孕育下，园林艺术立足于师法自然的指导原则、以表现自然意趣为目标，以山水为骨干，形成了独树一帜、在根本上不同于欧洲园林风俗的东方建筑艺术体系。

园林是建筑艺术的重要类型之一，其本质即在于通过对包括山、水、建筑、植物等所谓园林四要素，以及道路、室内布置等有机结合构成，组织成富于情趣饱含艺术意境的美的环境。相对于一般建筑而言，园林的精神性品格更加突出。

中国园林与世界其他园林体系如欧洲或伊斯兰园林比较，有自己鲜明的民族特色：一是重视自然美。中国园林对原有地形地貌的加工和性质改造，都遵循“有若自然”的原则，仿佛天然所成，以满足人们亲近自然的感情。园林中的建筑也不追求过于人工化的规整格局，而是效法乡野与自然山水密切融合的路亭水榭、旅桥村楼，建筑美与自然美有着充分的交融。二是追求曲折多变。大自然本身就是变化多趣的，中国园林师法自然，必然也追求多变的自由形式构图。自然虽无定式，却有定法，所以，中国园林追求“自由”并不是绝对的，其中存有严格的章法，只不过不是几何之法而是自然之法罢了，其苦心经营，甚至比之规整式的构图需要更多的才思。它和西方那种“强迫自然接受均称的法则”的造园理论所强调的对称的格局、笔直的道路、规则的花坛和水池、有如地毯图案般的草地和剪成几何形体的树木，是截然不同的体系。三是崇尚意境。中国园林艺术家们创造的美丽环境，不仅只停留在形式美的阶段，而是更进一步，力图通过这外现的景，表达出内蕴之情。所以园林的创作与欣赏是一个深层的充满感情的过程。创作时以情入景，欣赏时则触景生情，这情景交融的氛围，就是所谓意境。中国园林的创作，高下成败的最终关键，要视创作者的文化素养和审美情趣的高下文野而定。中国园林早在先秦就已发轫，秦汉和隋唐掀起过两次皇家园林建设高潮，唐宋以文人园林面貌出现的私家园林也得到很大发展，到明清进入总结阶段。清代园林的成就更值得注意，是中国建筑第三次发展高潮的重要组成部分，现存园林几乎全是这个时代的留存。皇家园林现存者都在北京附近，艺术水平更高的私家园林多集中在江南，它们是中国园林的两大流派。

1. 江南私家园林

与皇家园林相比，江南私家园林有以下几个特点：一是规模较小，一般只有几亩至十几亩，造园家的主要构思是在有限的范围内运用含蓄、抑扬、曲折、暗示等手法来启动人的主观再创造，造成一种似乎深邃不尽的景境，扩大人们对于实际空间的感受。二是大多以水面为中心，四周散布建筑，构成一个个景点，几个景点围合而成景区。三是以修身养性、闲适自娱为园林的主要功能。四是园主多是文人学士出身，能诗会画，善于品评，园林风格以清高风雅、淡素脱俗为最高追求，充溢着浓郁的书卷气。

苏州拙政园　小飞虹

苏州拙政园始建于明正德四年（1509 年），属江南大园，现存园貌主要形成于清末（19

世纪末)。全园分东、中、西三部,以中部为主。中部约呈横向矩形,水面较多,也横长,水内堆出东、西两座山岛,又用小桥和堤把水面分成数块。从水池又伸出几条小水湾,岸线弯曲自然,有源源不尽之意。南岸留出较多陆地,建筑主要集中于此,由宅入园的园门就开在南墙中部。

入园后一座假山挡住视线,不使一览无遗,谓之"障景"。

绕过假山到达主体建筑远香堂才豁然开朗,一收一放,欲扬先抑,是苏州园林入口常见的处理方式,更为含蓄多趣。从远香堂西边的倚玉轩向南经折廊可至廊桥"小飞虹"或跨水小阁"小沧浪"。由"小沧浪"北望,透过"小飞虹",水景深远,层次丰富。形如小船名为"香洲"的建筑在"小飞虹"以北的水中,造型极好,既有"舟"的意味,又不违建筑规律。由水西名"别有洞天"的半亭东望,透达纵深水面遥见东岸方亭,南岸建筑迭起,北面树石隐映,形成景色对比,水中的荷风四面亭和低近水面的折桥更增加了景观层次,谓之"隔景"。由半亭顺折廊北去可至见山楼。楼为二层,偏处西北角,不使体量过于突出,对水面形成压抑。水池里的荷风四面亭在二桥一堤相汇的交点上,不但是环顾四望景色的佳处,也是周围各景点近观的对象和远观的衬托,和园林中的多处建筑一样,既能得景又复成景。它和东岛上的北山亭体量都很小,是为了衬托山势。西岛山体较大,山上的雪香云蔚亭又是远香堂的主要对景,所以体量也较大。二岛南岸以石为主,石矶低临水面,组合丰富;北岸以土为主,植苇树柳,有村郊野趣。水东有梧竹幽居亭,由此西望,透过水池亭阁,在树梢上可遥见远处的苏州报恩寺塔,将塔景引入园内,称为"借景"。

园西部自别有洞天半亭进,也有曲水回抱。此水东岸紧接中园西墙,在此置南北向跨水折廊,下承石墩,水面探入廊下,感到幽曲无尽。廊平面随墙而行,微有曲折,竖向也自然起伏。廊、墙之间更空出一角小院,有几点怪石,数竿细竹,一枝芭蕉,映衬在白粉墙上,似竹石小品立轴,显出无尽的画意。

2.华北皇家园林

与私家园林比较,皇家园林有以下几个特点:一是规模都很大,以真山真水为造园要素,所以更重视选址,造园手法近于写实。二是景区范围更大,景点更多,景观也更丰富。三是功能内容和活动规模都比私家园林丰富和盛大得多,几乎都附有宫殿,布置在园林主要入口处,用于听政,园内还有居住用的殿堂。四是风格侧重于富丽,渲染出一片皇家气象。造型也比较庄重,是华北地方风格的体现,与江南轻灵秀美的作风不同。

颐和园在北京西北,建成于清乾隆十五年(1750年),18、19世纪之交两次被英法联军和八国联军侵略者破坏又两次重修,仍比较完好地保存至今。颐和园主体由万寿山和昆明湖组成。山居北,横向,高60米。湖居南,呈北宽南窄的三角形。全园可分为宫殿区、前山前湖区、西湖区和后山后湖区四大景区。

主要园门东宫门在昆明湖东北角,正当湖、山交接处。入门即宫殿区,臣属可就近觐见,不必深入园内。宫殿仍取严谨对称的殿庭格局,但较之紫禁城的严肃气氛已轻松很多,建筑尺度也不太大。

绕过宫殿区的主殿仁寿殿,通过一条曲折遮掩的小道,进入前山前湖区,气氛才忽然一

颐和园的万寿山和昆明湖

变:前泛平湖,目极远山,视野十分开阔,远处玉泉山的塔影被借入园内,近处岸边的一排乔木又起了“透景”作用,增加了层次,加深了园林的空间感。这种欲扬先抑的手法,在私家园林中亦有使用。

万寿山体形比较缺少变化,在山南麓耸起体量高大的佛香阁,与阁北琉璃阁一起,打破了山体轮廓。阁下有高台座,不在山巅而在南坡山腹,一方面强调了它和昆明湖的密切联系,更主要的是显示了它与山的亲和关系。以人工补足自然,二者就是这样交融相亲的。体量较大、体形宽厚的楼阁,是范围广大的全园构图中心。在阁下山脚与湖岸之间,建造了东西长达700米的世界最长的长廊,把山麓的众多小建筑统束起来。

由佛香阁大台座南眺,可尽览湖区景色。对面大岛是建园初东扩湖面时特意留出的,岛上树木葱笼,楼亭隐现,与佛香阁遥相对望。这种手法称为“对景”。

中国园林可谓情景交融,借景寓情,“意境”是中国古代园林的灵魂,园林中每一个景观的设计,都融进了设计者的审美追求,饱含着设计者的思想感情,倾注着他们对自然美与生活美的深切感受与认识。园林意境的创造必须借助所有的园林要素,建筑在其中占有极其重要的位置。通过园林中的建筑,丰富和扩大游览者对时空美的感受,从而引起游览者对宇宙、历史、人生产生一种哲理性的感受和领悟。

园林中的建筑是供游人观景、休息之用。所谓“山色湖光共一楼”,“赖有高楼能聚远,一时收拾与闲人”等诗句,都表明园林中建筑的审美价值并不仅在建筑物本身,而是以此为媒介,把外界大自然的景色引到游览者的面前,化有限的空间为无限的自然,以达到“纳千顷之汪洋,收四时之烂漫”的目的,这便是园林设计中的“借景”。

借景是中国古代园林空间构图的特有手法,《园冶》称:“夭借景,园林之最要者也。”通过借景,把景外之景组合到景内从而扩大审美空间,增加景观的层次感,以便引起游人的情感共鸣。借景有远借、邻借、仰借、俯借、应时而借之分。远借是借园外远处的风光美景，凡极目所致，均可借资；邻借是借近景；仰借是借高处之景，产生高远之美；俯借是借低处之景，产生平达之美；应时而借是指根据季节与时光的变化而配之以景，如晨曦、秋云、春光、落日等等。不管是哪种形式的"借景"，其借的媒介，多数都是通过楼、台、亭、阁、门、窗等建筑。通过园林中的建筑使虚实互映，象外生境，超越时空，再创意境，从而启动观赏者情感之闸。

园林建筑极富有美学神韵的文化因素。中国人一向认为人与大自然是血肉相联、融合相亲的。汉董仲舒称"以类合之，天人一也"，中国传统建筑文化，执着地体现出"宇宙即是建筑，建筑即是宇宙"的恢宏、深邃的时空意识。以老庄为代表的道家哲学，作为儒家哲学的重要补充，强有力地影响了中国传统建筑的"天人合一"的环境观。中国古代园林，作为一种特殊的出于人对大自然的依恋与向往而创造的建筑空间，一种人欣赏人化的自然美与建筑技术人工美的特殊方式，它是人对大自然欣喜的回眸与复归，是自然美、建筑美以及其他人文美的相互渗透与和谐统一。它汲取了传统山水诗论、画论的创作经验，把山水诗、画的意境与造园艺术巧妙地结合在一起，创造出"虽由人作，宛自天开"的佳境，使自然美与艺术美达到了高度统一。

(三)民居建筑

在中国传统文化看来，"天"、"人"相互依存、相互影响、相互促进，具有同构同源的特征，这也是中国传统建筑的特征。"走进一所中国房屋，也只能从一个庭院走进另一个庭院，必须全部走完，才能全部看完。"梁思成先生还说，中国建筑"与欧洲建筑所予人印象，独立于空旷之周围中者大异。中国建筑之完整印象，必须并与其院落观之"。在此仅介绍各具特色的北京四合院和江南水乡民居。

1. 北京四合院

北京四合院是北方院落式住宅的典型。老北京的住宅建筑主要是四合院，至今仍有许多当地居民以四合院为住宅。

北京四合院

北京四合院亲切宁静，有浓厚的生活气息，庭院方阔，尺寸合宜，亦可多纳入阳光。院中莳花置石，是十分理想的室外生活空间，好比是一座露天的大起居室，把天地拉近人心，又使人乐于亲近自然，愿意在家中时时看到天、地、花草和树木。

北京四合院的布局与北方院落式布局完全一致，由北房、南房、东西厢房四面围合成封闭的院落。正房后面的后罩房或后罩楼住闺门女子，称绣房或绣楼。南房常作为书房和客厅，大门开在东南角，这主要是受"风水"之说的影响，认为东南方向是青龙(东)朱雀(南)之向，有大吉大利之象，表示"山泽通气"、"紫气东来"。在南房与主庭院之间，用花门粉墙相隔，抄手游廊将正房、厢门及垂花门连为一体。整座院落严谨舒适，安谧宜人。

北京四合院的规模大小不一，百姓之家为独门独院，殷实之家由单体四合院向两侧发展成跨院，以游廊或屏门连接各院，形成中型四合院。贵族官吏则以单体四合院为基础，同时向两侧和纵深发展，形成数重院落的深宅大院。北京四合院的装饰设计极其讲究，当然主人的身份地位不同，装饰也不同。百姓之家，青砖灰瓦，硬山屋顶，简洁朴素；贵族府宅则琉璃瓦顶，游廊和房、门、窗皆用彩画装饰，有的还有砖雕的影壁和门楼。影壁布置在大门入口处，墙面以浮雕花饰为主，有的亦雕刻吉祥文字，随着光影的变幻，壁面的浮雕亦幻化出丰富的质感。位于内外之间的垂花门，因门上有两个垂花柱而得名，一般皆为悬山顶，额枋饰以精雕细刻的花带，富贵华丽。

2.江南水乡民居

江南水乡民居指长江下游苏州、杭州、湖州等地的居民住宅。最早可上溯至7000年前的河姆渡文化时期，现存者多数为明清时期的宅院。

江南地处太湖流域，湖泊纵横，气候多雨湿热，土地稀少，人口众多，商贸繁荣。为了解决土地和人口的矛盾，同时也是为了适应商贸生活与水上交通的需要，江南民居的布局极讲究对有限空间的巧妙利用。高高低低的小楼宅院，沿迂错曲折的流水散落两岸，临街傍河，恬美舒适，故唐诗中称"君到姑苏见，人家尽枕河，古宫闲地少，水巷小桥多"。由此可知，江南水乡住宅在仍按院落布局的基础上，尤以临水面街、小桥深巷为其特色。

在江南地区，几乎家家的住宅皆临河而筑，每户的后面皆有一个石砌的小码头，或呈驳岸式，或为条石悬挑式，俗称之为"河埠头"。既供泊舟装运货物，又是家人洗濯蔬果、衣物的地方。小桥也是水乡民居的重要组成部分，跨河而筑的小桥，或被民居团团簇拥，或倚两岸住宅之墙而筑，或直通住宅大门。在造型上，有的弯如飞虹，有的曲如小径，有的直如横木，重重叠叠，虚实相映，独具韵味。

水乡民居的街主要是各户的铺面，供行人购物与交通。这些街巷狭窄深长，为了有效利用空间，有些地区还在临街处筑吊脚楼或过街楼，凌空飞檐，新颖而别致。

江南水乡民居的色调以淡雅明快的白、灰、绿等为主，粉墙灰瓦，倒映在碧绿的水中，柔和而幽静，与街市的喧闹形成对比，符合人们闹中求静的心理。在装饰设计上尤其重视对门、窗、隔扇的雕饰。千姿百态的漏窗，用木条钉成细密的花格，以纸或绫裱糊，使室内光线柔和温馨。隔扇作为室内隔断装饰，讲究对空间隔而不断，故多呈透空花格，中间的小横板以浮雕装饰。门的装饰以砖雕、石雕为主，仿木结构雕出梁、枋、斗拱、彩画，或以浮雕表现花、鸟、人物等各类题材，刀法细腻圆润，秀丽精美。

江南水乡——田庄

四、传统建筑的中西比较

在世界建筑史上，人们习惯于将古希腊、罗马建筑为代表的欧洲建筑体系视为西方建筑，将中国、印度、日本建筑为代表的亚洲建筑体系视为东方建筑。作为东方建筑核心的中国传统建筑与西方古典建筑相比，由于各自所处的自然环境、社会形态、文化氛围等方面的不同，呈现出不同的建筑材料、布局形式、观念情调、审美意识等。

（一）暖和的土木与阴冷的石头相对比

从建筑材料上看，中国传统建筑以土木为主，西方古典建筑以石质为主。

黄河流域与长江流域作为华夏文明的发源地，其自然地理环境尽管各不相同，但在建筑材料的选择上皆以土、木为主。究其原因，皆与其生产方式和生活环境有关。我国是以农耕为主的农业文明之国，这种以农为生的经济生活，早早催醒了中华民族对农业生产对象——土地与植物的审美情感，人们对生于斯、养于斯的土地和植物是如此的眷念，这便使得我们的祖先在开始营造之日，很自然地将搜寻建筑材料的注意力，放在随处可见的土与木上，促使中国传统建筑一开始就朝土木结构的方向发展。大量的考古资料证明：处于我国建筑雏型期的穴居、浅穴居、巢居等建筑，无一不是以黄土与树木为基本材料。

随着人类生产技术的进步，建筑材料也在不断改进，然而以黄土夯筑墙、台，以木梁、木柱为房屋骨架的传统却依然沿袭至明清，成为中国传统建筑最基本的特征。这一方面是由于黄河流域取之不竭的土材资源和长江流域丰富的森林植被资源，同时也与中国传统建筑自身的结构技术发展有关。

夯土技术是中国传统建筑基本的技术，用夯土筑成的台基，既保障了木结构建筑的稳定，同时也具有防止地面潮湿，避免木柱基部受雨水浸泡腐蚀的功能。用夯土筑成的墙，亦具有较好的围护作用。但由于土墙承重能力差，故中国传统建筑长期采用梁柱支撑屋顶重量。同时为了防雨防湿，中国传统建筑采用了加大出檐的方法，并由此而创造了斗拱技术。长长伸出的屋檐在斗拱的支撑下，将雨水排出在屋基之外，从而使建筑的木构件避免因淋雨受潮而腐朽。正是由于这种土木混合的结构已基本上能满足我国黄河流域地区干燥少雨的气候条件对建筑实用功能的要求，从而大大削弱了人们更新建筑材料的欲望。

相反，作为西方古建筑代表的古希腊、罗马帝国是位于地中海沿岸的半岛国家，这里地势崎岖，河流短促，缺少开阔地和平原，土质稀松而石材丰富，分布着广泛的石灰岩和大理石。尽管古希腊早期的建筑也用木质，但由于这些地区的降雨丰富，空气湿润，木质易受潮腐朽，于是人们开始用石材代替木材建造房屋。到公元前7世纪末，希腊地区除少数庙宇的梁架仍用木质外，其余全部以石头作为建筑材料。古罗马在继承古希腊建筑传统的基础上，进一步发明了石拱券与混凝土技术，将石构建筑推向了一个新的高峰。

不同的视觉审美语言也是促进中西方建筑材料差异的原因之一。中国传统造型艺术特别强调“线型美”，讲究线条的婉转、流动和节奏韵律，擅长以线造型，以线传情。故中国画无论是绘画工具还是绘画语言，无不与线有关。中国传统建筑采取木质的梁、柱，恰恰能适应这种“线”的艺术感染力。故中国传统建筑无论是单体建筑的外部轮廓线，还是群体建筑的天际线，都与中国绘画中线的勾勒有相通之处。

西方古典造型艺术强调“体积美”，在古希腊、罗马自然科学高度发展的历史条件下，人们对于数与几何图形有特别的认识，极其重视表现对象富于逻辑的几何可析性。在他们看来，凡是美的东西，都是几何的、可析的。美的建筑就是由明确的几何形体与几何比例关系以及确定的数量关系构成的。所以他们往往借助数的组合和几何形状来塑造建筑的形式美，而不规则的石块恰能满足这一需求。

此外，建筑材料的不同质感也契合了中西方民族的审美情调。木质熟软、细腻，给人以温暖、亲切的审美感受，符合中国人追求温情、和睦和人情味的心理。石质阴冷坚硬，给人以冷峻生硬的感觉，符合西方人的理性、客观。

(二)平面铺开的组群与挺拔高耸的个体相对比

在建筑布局上,中国传统建筑多数是向平面展开的组群布局,而西方古典建筑强调向上挺拔,突出个体建筑。

中国传统建筑的空间序列采用向平面纵深发展的群体组合形式。正如李泽厚先生所言:“中国建筑最大限度地利用了木结构的可能和特点,一开始就不是以单一的独立个别建筑物为目的,而是以空间规模巨大,平面铺开,相互连接和配合的群体建筑为特征的。它重视的是各个建筑物之间的平面整体的有机安排。”究其原因,一方面固然是受土木结构承重力的局限,另一方面则受到儒家“入世”思想的影响。既然人生的快乐在地上,在现实生活中,因此建筑不是高耸入云,指向神秘的上苍观念,而是平面铺开,引向现实的人间联想;不是可以使人产生某种恐惧感的异常空旷的内部空间,而是平易的、非常接近日常起居生活的内部空间组合。同时,儒家的“礼”、“和”观念也使中国传统建筑强调组群的统一、和谐,因而通过水平面的铺开来烘托宏伟浩大气势,而抑制单体建筑的凌空出世。即使是不得不向高空发展的佛塔,也以多重的水平线来削弱其拔高之势。这种形式的布局,不是以单体建筑的造型取胜,而是以群体的对称、呼应、错落有序形成整体气势。

西方古典建筑的空间序列采用向高空垂直发展、挺拔向上的形式。这与古代西方社会的宗教情结是息息相关的。在古代西方人看来,那些威力无比的众神,主宰着人的命运和历史的进程,对神的崇拜,导致了西方哲学精神中超现实、重彼岸的思想。于是,一座座的单体建筑拔地而起,高耸入云,将人们的观念引向上苍,以呼唤天国的幸福。那一根根挺拔屹立的大石柱,那一浪浪涌向天空的飞扶壁,那些刺破苍穹的尖拱,无疑寄托着古代西方人对“来世”、“彼岸”的幻想与迷狂。故马克思在评述西方古典建筑时认为:这些庞然大物以宛若天成的体量物质影响着人的精神,精神在物质的重量下感到压抑,而压抑之感正是崇拜的起始点。

同时,西方古典建筑突出建筑个体特性的张扬,横空出世的尖塔楼,孤傲独立的纪念柱处处可见。每一座单位建筑,都不遗余力地表现各自的风格魅力,绝少雷同。这反映了西方传统文化中重视主体意识,强调个体的观念。

(三)皇权的威严与神权的崇高相对比

在建筑文化的主题上,中国传统建筑以宣扬皇权至尊,明伦示礼为中心,西方古典建筑以宣扬神的崇高,表现对神的崇拜与爱戴为中心。

中国古代社会长期的君主专制政体,将皇权推向了至高无上的地位。皇帝被称为“天子”,是世俗社会的主宰,亦是神在人世间的代表。加之儒家“敬鬼神而远之”,宣扬“君权神授”、“忠君爱国”,从而为皇权蒙上了神圣的光环,“尊王”成为中国传统文化的核心。反映在建筑上,首先是皇帝所居的宫殿建筑受到高度重视,其布局一定位于都城的核心。为了表现皇权的威严,统治者一方面通过严格规范建筑的等级区别君臣之尊卑,一方面又通过宫殿的内部空间安排,环境设计、建筑装修来烘托皇家的至尊与高贵。因此可以说,宫殿建筑是中国传统建筑中最重要的类型,代表着时代建筑技术与建筑艺术的最高水平。

西方古代社会是一个泛神论社会，每个民族，每个国家，每个地区都有自己信仰的众神，尤其是中世纪基督教会占统治地位以后，对神的崇拜达到痴迷的程度。他们用最好的材料、最好的技术建造起一座座名垂千古的神庙和教堂，以表达对神的崇拜和虔诚。古希腊的巴特农神殿，比例匀称优美，典雅大方，寄托着雅典人对其保护神雅典娜的崇敬与赞美。伊瑞克提翁神庙是雅典人为纪念其始祖伊瑞克提翁而建，宙斯祭坛为供奉希腊神话中的万神之主宙斯和智慧女神雅典娜而建，大殿壁面的雕刻带，描绘了希腊神话中“巨人大战”的激烈场面。从某种意义上说，教堂是西方古典建筑最具代表性的类型。故有人认为一部西方古建筑史就是由一座座教堂和神庙构成的历史。

（四）程序化的缓慢进程与快速多变的特色风格相对比

中国传统建筑的发展进程平稳而缓慢，缺乏剧烈的变化。木质框架结构自产生起至明清，一直都是我国房屋建筑的基本模式。尽管各个时代的构件和材料上有所变革，但总体结构并无多大的变化。定型于汉代的几种屋顶式样，也一直成为各个时代沿用的屋顶式样。尤其是宋以后，我国的传统建筑在技术、结构、外形布局等方面都日益程式化，其发展的进程就更加迟缓。

西方古典建筑的发展进程却表现为快速多变，具有强烈的时代特征与地域性民族特色。希腊式建筑讲究比例匀称，造型简洁优雅，重视内外空间的自然过渡，开敞的柱廊，既构成建筑空间的虚实互映，又将自然的阳光、空气巧妙置于人为建筑空间之中，给人以明朗、开放的亲切之感。尤其是那些模拟人体比例形成的柱式，展现出古希腊艺术以表现人体美，塑造人体美为根本出发点的美学思想，同时也是古希腊民主精神和人文主义思想的体现。

罗马式建筑以圆顶、拱门、厚墙为其特色，造型浑厚雄壮，装饰华丽多彩。尤其是对内部空间的处理十分讲究，从地板到天花板，处处精雕细琢，浑然一体，充实而美观。显示出古罗马帝国奴隶制繁荣时期的武力与豪华。

哥特式建筑以高、直、尖为特色，高大的形体由于飞扶壁的作用显得薄而轻快，一反罗马式厚墙的敦实与沉重。一个个向上挺拔的尖拱打断了横向的构架，自下而上层层推进，仿佛卷起的浪潮，一层层向上推涌，直至尖顶，以震撼人心的力量将人们的精神引向上苍，寄托着教徒对天国的渴慕与向往。

中西古典建筑在发展进程上出现如此强烈的反差，最重要的原因就在不同社会制度的影响。中国长期处于专制主义中央集权统治之下，稳定的社会结构，“大一统”的行政管理使得建筑缺乏变革的活力，因而因循守旧，拘于程式和规范。西方古代社会常常处于分裂割据、各国对峙并立的状态，为区域文化的发展提供了自由的空间，建筑在它能表现自我主体的地方得到不余遗力的发挥，使得各地区各个时代的建筑均表现出鲜明的个性特色，绝少雷同。

（五）和谐之美与对抗之美相对比

中国传统建筑的艺术风格以“和谐”之美为基调。尽管我国先秦时期的建筑也曾有过高台榭、美宫室，气势磅礴、壮丽辉煌的阳刚之美，但随着儒家“中和”思想的影响，汉以后，中国传统建筑这种展示对抗力度的阳刚之美逐步走向"和谐"与含蓄之美。以内向封闭的内部空间组合,纤余委曲的建筑序列层次,婉转、舒缓的建筑节奏韵律和凝重、自然的建筑装饰设计,给人以亲切、温馨、安闲、舒适的审美心理感受。

西方古典建筑的艺术风格重在表现人与自然的对抗之美。石头、混凝土等建筑材料的质感生硬、冷峻,理性色彩浓,缺乏人情味。在建筑的形体结构方面,西方古典建筑亦以夸张的造型和撼人的尺度展示建筑的永恒与崇高,以体现人之伟力。那些精密的几何比例,那些充满张力的穹窿与尖拱,那些傲然屹立的神殿、庙坛,处处皆显示出一种与自然的对立和征服,从而引发人们惊异、亢奋、恐怖、皈依等审美情绪。就连以山水自然之美为题材的园林建筑,亦一反中国式的"天人合一",而以表现天人对立、人定胜天为主题。在西方造园家的眼里,自然景物不是模仿对象,而是改造的对象,因而西方古典园林的造景多以体现人工伟力的建筑为主,山水花木亦并非保持自然的生长之态,而被修剪成各式各样规整的图案。园林的布局,亦按人的意志划分为规则的几何形,表现出古代西方人勇于征服自然的抗争精神。

总之,以博大精深的中国传统文化为依托,中国建筑取得过独特的伟大成就,深刻体现了中国文化意蕴 ——一种"天人合一"的思想。

【思考与练习】

1. 中国传统建筑的内涵是什么?
2. 中国传统建筑的审美特点是什么?
3. 简述某一典范的中国传统建筑与"天人合一"思想。

参 考 书 目

[1] 刘敦祯.中国古代建筑史.北京:中国建筑工业出版社,1984
[2] 滕明道.中国古代建筑.北京:中国青年出版社,1985
[3] 梁思成.中国建筑史.天津:百花文艺出版社,1998
[4] 楼庆西.中国古建筑二十讲.北京:生活·读者·新知三联书店
[5] 谌世龙等.中国历史与文化.重庆:重庆大学出版社,2001
[6] 萧默.中国建筑.北京:文化艺术出版社,1999
[7] 姜晓萍.中国传统建筑艺术.重庆:西南师范大学出版社,1998
[8] 朱立元等.天人合一——中华审美文化之魂.上海:上海文艺出版社,1998
[9] 韩增禄,何重义等.建筑·文化·人生.北京:北京大学出版社,1997

第十讲　生活的艺术
——中国饮食与服装文化

穿衣吃饭，是人的生存本能。人类在辛勤的劳动中发掘、创造了事物的实用价值来满足生存本能。随着生产力的提高，他们开始不满足于仅仅使用自然形态的衣食材料，而要对物品进行加工，这种加工，往往遵循着朴素的美学原则。可以说，人类衣食形态演进的本身就是美的创造过程。衣食文化的审美特性，是从属于实用价值的，这是衣食文化有别于其他文化类别的特点。与此同时，衣食文化也是整个传统文化的基础：只有当人们的基本生存得到满足后，文化才能逐渐得以发展，这就是“衣食足，然后知荣辱”。

一、饮食——从生存到文化

(一)饮食器具的进步标志着早期饮食文明的发展

人类最初的食物加工是无意义和缺少技术性的，这虽然由于人类尚未总结出一套具有固有程序的方法，但也与生产力不发达，没有相应的炊具、食具有关。火的运用和控制促使了陶器的诞生。原始人发现粘土经过火烧之后变硬，不再变形，于是经过多次试验和探索，发现了陶器，这大约是八九千年前的事，在裴李岗文化遗址中就发现了大量的三足陶器。陶器发明之后，马上就被用来作为炊具和食具了，这一重要的发明标志着烹饪技术的第一次飞跃。

“釜”、“鼎”、“鬲”、“甑”是最早出现的陶制炊具。前三种都是煮食用的锅子，甑像底部有许多小孔的陶盆，是用以蒸饭的笼屉，可置于釜上或鬲上配合使用。这一套原始炊具的出现，开始了人类真正的熟食生活。属于仰韶文化系统的半坡遗址(距今约6000年)出土的陶器有炊器：瓶、罐、瓮、壶、甑等；有食器：盆、碗、钵、盘、盂、杯等。这些陶器为合成金属的炊器、食器提供了范例。

饮食器具的发展和人类生存经验的积累，使他们扩大了可作为饮食的范围，开始主动制造饮食。夏商两代以农业为主，那时的农作物，在北方主要是黍与稷。黍是当时的主要食物，在民生中至关重要，稷在祭品中有更重要的地位。麦在商朝已有，但为稀有的美食。谷器出现较早，在裴李岗文化遗址、磁山文化遗址和河姆渡文化遗址都发现有石磨盘、石磨棒，商代墓葬中还发现杵臼。肉也是重要的食品。据殷墟发掘十五次出上的六千余件动物骨骼统计："共食有哺乳类动物二十九种，其中一千具以上的有圣水牛、肿面猪、四不象鹿三种；一百具以上的有牛、殷羊、猪、家犬、鹿等；一百具以下的有象、豹、猴、狐、乌苏里熊、犀牛、貘、猫、小羊、扭角羚、田鼠、鲸等十二种。"(杨钟健、刘东生《安阳殷墟之哺乳动物群补遗》，见《考古学报》)在安阳小屯的发掘物中还发现随葬的陶罐里储存有尚很完整的鸡蛋。

酒是先民的伟大创造，大约产生于夏初或更早。酒的发明者有"仪狄说"，有"杜康说"，但从新石器中期大汶口遗址中发现有酒具和制造酒的瓮、滤缸，这说明 6000 年前就有了酒的制造，只是到了夏朝才较大规模地生产，其方法日趋完善。秦汉时以蔬菜、果物等为主要栽培对象的园圃业已日益成为农业生产的重要部门。《汉书·召信臣传》和东汉崔定《四民月会》等都记载了地主田庄和温室栽培蔬菜的情况。这时的渔业也有发展，水产品日趋多样，"江湖之鱼，不可胜食"(《盐铁论·通有篇》)。关中和中原地区的鲤鱼、鲂鱼自古盛名。

饮食业在餐饮发展中产生。据史载，商朝时我国食品经营已经萌芽，谯周《古史考》中说周武王的军师姜子牙曾"屠牛于朝歌，卖饮于孟津"。春秋战国时"荆轲嗜酒，日与狗屠及高渐离饮于燕市"(《史记·刺客列传》)。据《史记》载，著名赋家司马相如就曾在临邛开过酒店，"而令文君当垆"(《史记·司马相如传》)。

人类在逐步迈向饮食的文明时，在精神领域从没有停止奋进，新石器时出土文物，如属于仰韶系统的人首蛇身壶盖，大量出现于陶器上的鱼纹、蛙纹等，都表明原始人不仅有审美追求，而且还具备了美的创造能力，他们把进餐看成是一种享受。

(二)烹调技术的昌明及多种食品的出现

调料的发现与发明对烹饪进化起了重要作用。最初使用调料，只是为了克服异味，后来认识到它还能增加美味，遂由消极变为积极。据《世本》等书还记载："黄帝臣，夙沙氏煮海为盐。"盐的发现与食用也在黄帝时代，说明那时人们不仅懂得"烹"，而且还知道"调"，真正进入了烹调领域。除盐外，梅子含果酸，它可清降腥臊，软化肉质，它也可帮助消化，因而产生了"望梅止渴"的故事。姜在调料中占有重要地位，在姜中可获取辛味。醋不仅耐储存，并越久口感越好。蜜和饴主要用以制造甜食点心，间亦用来为老人调和羹汤。人工调料中最重要的是酱，进食时蘸酱可增加其咸香之味。酒是中国调料中的特色。

经过长期的经验积累和探索，我国的烹调技术和食品加工技术有了很大提高。肉食烹饪上第一步是选料，挑选出肥嫩优质的原料。某些特殊的烹饪方法需要选择优质原料某个特殊的部位，如制作"捣珍"(古代名菜八珍之一)，必须取牛、羊、麋、鹿的里脊肉。烹饪技艺还表现在刀法的重视上：牛、羊、鱼之肉要切成薄片，再加以细切，麋和兔要切成细丝等等。调味是中国菜肴制作中的重要特色，如对"脍"，春天用葱调和，秋天则用芥、蓼调和；调和的方法除了考虑到食物与食者机体之间的关系外，亦有减少动物脂肪异味之意。烹饪的方法有炒、爆、烧、焖、烩、煨、蒸、煎、酿、熘、扒、煮、炸、汆、烤、涮、酥、卤、酱、熏、腌、拔丝、蜜汁等。烹调方法的"炒"发明后，很快独占鳌头，并发展出繁多花样。"炒"，是在锅中放入少量的油，在锅底加热后把肉或菜蔬倒入锅中，根据需要加入各种调料，不断地翻炒至熟，调料之味在翻炒过程中浸入菜肴。

唐初有一种"烧尾宴"，极有特色，是大臣初上任时为感恩向皇帝进献的盛馔。韦巨源拜尚书左仆射，在承设烧尾奉请皇帝，肴馔丰美。据《清异录》载：食单共列菜点58种（其实不止于这58种），除“玉皇王母饭”、“长生粥”外，共有20余糕饼点心，制作精细。光饼的名目就有“单笼金乳酥”、“贵妃红”、“见风消”、“双拌方破饼”、“玉露团”、“八方寒食饼”等七八种之多；馄饨一项，有24种形式和馅料；“夹馅烤饼”、“水晶龙凤糕”、“金银夹花平截”、“天花铧锣”等高级点心多种。食单中有一道“素蒸音声部”的看菜，用素菜和蒸面做成一群蓬莱仙子般的歌女舞女，共70件。食单中的菜肴有32种。食料来自各方的狸、虾、蟹、田鸡、鳖，还有鱼、鸡、鹌鹑、猪、羊、兔等，山珍海味，水陆杂陈。

烹调技术新颖别致。如食单中的“红羊枝杖”，要求用四只羊蹄支撑羊的躯体；“光明虾炙”，则把活虾放在火上烤炙，而不灭其光泽度；“水炼犊”，就是清炖整只小牛；“雪婴儿”，把田鸡剥皮去内脏后，粘裹精豆粉，煎贴而成；“凤凰胎”，可能是鸡肚子里尚未成熟的鸡蛋，与鱼白拌和烹制而成；“分装蒸腊熊”，将熊肉和熊掌装盆入锅，蒸熟而成；“清凉霍碎”，是用狸肉做成羹，冷冻后切碎凉食：“通花软牛肠”，是用羊骨髓加上其他辅料加入牛肠。

花色众多的粥在中国饮食文化上大放异彩。南宋长寿诗人陆游喜食粥，且写过许多诗篇提倡食粥。历代有许多有关食粥的饮食著作。如孙思邈《千金方·食治》、林洪《山家清供》、忽思慧《饮膳正要》、高濂《遵生八笺·饮馔服食笺》、曹迁栋《粥谱说》、黄云鹄《粥谱》等。

据《东京梦华录》、《梦粱录》载，宋代京城市肆已有专营素菜的食店。苏轼曾撰《菜羹赋》，把吃素看作向大自然复归，与安贫乐道、好仁不义相联系。宋人陈达叟还把素菜汇集起来，写成一本专著《本心斋蔬食谱》。《清稗类钞》云：“寺院庵观素馔之著称于时者，京师为法源寺，镇江为定慧寺，上海为白云观，杭州为烟霞洞。”至今很多大寺院里的素食仍闻名于世。素菜原料如笋、蕈、黑木耳、莼菜等，其特点是清淡爽口，别有滋味。清代寺庙的素食烹饪达到高峰。如迎江寺以当地沙洲所产黄豆为主料，制成豆腐、豆腐皮、豆腐干、千张等，以附近所产的冬菇、金针、木耳、玉兰片为辅料，精细加工，烹饪成各种各样的佳肴美味，可仿制禽兽菜肴，甚至连猪肉之皮都能模仿。

《金瓶梅》是反映明代市井生活的名作，书中写明代点心杂食品种繁多。如火烧、饽饽、艾窝窝、黄米面枣糕、玉米面果馅蒸饼、鹅油蒸饼、蒸角儿、水角儿、包子、挑花烧卖、荷花饼、乳饼、元宵圆子、糖薄脆、板馓子等，市卖和自制都有。富家自制是较市卖的更为精致和讲究。馈赠亲朋的有寿面、果馅椒盐金饼、酥油松饼、裹馅凉糕、干糕、檀秀饼等，其配料与近今无大异。

在我国长期的饮食文化发展过程中，也大量吸收了世界各国的食物原料，使之更为丰富。例如：番薯是明中叶从南洋传入我国；玉米原产于美洲，后经中东流入中国；高粱原产于非洲；绿豆原产于印度，北宋期间传入中国；马铃薯从西洋引进；芝麻为西汉时张骞传入；菜子油、花生油、葵花子油均为南北朝后传入中国；熬糖法由唐时遣使臣从西域摩揭陀国学来；制白糖的方法是印度僧人邹和尚传入；辣椒原产于美洲，明末清初从南洋传入中国；菠菜原名波斯菜，系唐太宗时由波斯传入；胡萝卜原产于欧洲而传入我国；茄子原产于印度，南北朝时随佛教流入。至于晚近才传入中国的甘蓝、番茄、菜花等，其风行不过百数十年光景。

丰富多样的饮食的出现和烹调技术的精细多样，使得我国逐渐形成了各具特色的菜系。所谓“菜系”，是指一些具有独特风味的肴馔能组成一个系列，并有丰富多彩的名馔，在原料选择、调料运用、烹调技艺等方面都有自己的特点，各种肴馔的制作在内部又有一定的联系，使之构成一个整体。中国有多少菜系尚无定论，明清之时，尤其是清代，日益形成鲁、川、扬、粤菜后，又增加了北京菜系、浙江菜系、福建菜系、安徽菜系、湖北菜系、上海菜系等。其中有据可考的鲁菜有2500多种，淮扬菜达3000多种，川菜多达4000多种，粤菜用料广博奇异，大局是其独创。

（三）筵席文化的发展

平时我们所讲的“筵席”，“筵”与“席”都由芦苇、竹篾编成，筵大席小，筵粗席细，筵铺于地面，席设在筵上。天子五重席，诸侯三重席，大夫两重席。鼎的多少表明主客的身份、筵席的规格和食物的丰盛程度。按“礼”的规定：“天子九鼎、诸侯七、大夫五、元士三也。”（《春秋公羊传·桓公二年》）正式宴会饮食可分为四部分，其次序为饭、膳、馐、饮。“饭”是主食，“膳”指用“六畜”之肉烹制的主菜，“馐”指众多小菜和多样化的食品，“饮”则为酒等饮料的总称。但一般百姓款待客人不过黍饭只鸡，日常仅以菜下饭。

古人饮食讲究气氛，讲究“乐”。快乐只是人们的内心感觉，而音乐歌舞则是“乐”的外在表现。人们从饮食中获得欢悦，可以高歌狂舞，而酒筵上的音乐歌舞又加倍地给宴者以欢悦。平民百姓饮宴时的歌舞者往往就是饮宴参加者自己。聚会筵席，古人十分讲究“礼仪”，我们可从《诗经·宾之初筵》描写中看出：“吹笛起舞、击鼓吹笙，所有乐器谐调共鸣。祭享立有功勋的祖先，来把种种礼仪完成。所有的礼仪都已完成，真是隆重而丰盛。先祖神灵赐给我们福禄，子子孙孙都感到庆幸。大家快乐又高兴，每个人都要展示技能。来宾各自找比箭的对手，主人也会亲自陪同。把你那大空杯斟满，献给胜者，以表达尊敬。”

“天下第一家”孔府饮食是孔子后裔所建立的饮食文化。孔府肴馔讲礼制、讲排场、豪华奢侈、虚耗糜费，这与孔府的历史及其独特地位密切相关。孔府有两个大厨房，分内厨和外厨，内厨设在孔府内宅前上房东侧，专供衍圣公及其内宅家庭的日常饮食。外厨设在内宅前院，大堂的东院，是供应外客宴饮之事。内厨分三班，每班一灶头，有7～10人。外厨分两班，每班10人左右。清乾隆皇帝到曲阜朝拜（1771年），孔府接驾时宴席费用，记有：“预备随驾大人席面干菜果品需银二百两。”仅是开席少数食品，就需如许费用。据《孔府大厨酒席簿》载：“太太千秋”，摆宴12天，共计469桌，共用银六百两。现存的由山东曲阜文管会藏的《孔府档案》内，保存着大量明清到近代孔府的皇帝进贡的菜单和日常的酒筵食谱。据载：孔府内有专门配的银质“满汉餐具”一套，专筵皇帝和显贵，共404件，设宴一次，一桌要上190多道菜。还备有一套“高脚餐具”，是接待重要客人和达官们摆“高脚酒席”的，共160多件，设宴一次，一桌要上130多道菜。

清朝宫廷膳达登峰造极的地步。据记载，清宫膳食归内府务管辖，具体由总监太监三员，首领太监10名，太监100名，“专司上用膳馐，各宫馔品，节令宴席，随侍坐更等事”（见《国朝宫史》）。清时，最大的为皇帝饮食服务的机构叫“御膳房”。其次，是后妃们的膳房则按地位高低、分例多少,分八个等级。御膳房不限于一处,有“外御膳房”、“园庭御膳房”、“行在御膳房”。每个御膳房下面又分五个局:荤局、素局、饭局、点心局、挂炉局(专管烧烤菜点)。每个局下面再分股办事。一处“御膳房”就有几百人。

御膳房的菜点原料有采办的,有进贡的,来自全国各地,如渤海的对虾、黄河的鲤鱼、镇江的鲥鱼、阳澄湖的大蟹、南海的鱼翅、东北的熊掌、山东的鲍鱼等等。宫廷膳食的操作要求也特别高,御膳房的厨师都身怀绝技。御膳权使其制度化、规范化。御膳房每次为皇帝送上的膳食,都把所使用的原料、调料一一记入菜单。不论何时何地,皇帝吃的菜点都必须根据菜单制作,不许改变味道。皇帝一日两顿正餐(后改为三顿),两顿小吃。但皇帝临时想吃点心、酒膳或野味,御膳房也必须立刻供应。

慈禧太后另辟私厨“西膳房”,其规格大大超过御膳房。“西膳房”能制作菜肴4000余种、点心400余种。据信修明《宫廷琐记》载,慈禧用的燕窝菜肴就有六味:“燕窝鸡皮鱼丸子”、“燕窝万字金银鸭子”、“燕窝寿字五柳鸡丝”、“燕窝无字白鸭丝”、“燕窝疆字口磨鸭汤”、“燕窝炒炉鸡丝”。其他如鹿胎、鹿脯、山鸡、熊掌、大雁、天鹅、地[illegible]、哈什蟆(雪地蟾)等珍贵美味无数。甚至八国联军攻陷北京后西逃西安时,日耗伙食费仍达200余两银子。

(四)饮食美

1.形

中国烹饪是很重视给人看的,因而有“看菜”、“工艺菜”、“形象拼盆菜”等。所谓“看菜”,那是只看不吃的,古时叫“看盘”。如清满汉全席的“四看果”,用萝卜、木瓜雕刻成雀鹿峰猴等形状,也是只看不吃的。

“工艺菜”首先是可以吃,准备吃。但为了追求形式美,特地加工做成人物、花鸟、走兽等样式,以增进膳食之乐趣。中国菜是“有肴皆艺,无馔不工”。《阅世编·交际》中提到:“自顺治以来,即以荤素品装成人物模样,备极鲜丽精工,宛若天然生动,见者不辨其为食物,亦莫辨其为何物矣。”据说布什当副总统时,与夫人在一次宴会上看到苏州船点熊猫,由于其形态逼真,惹人喜爱,竟舍不得吃,带回去给孙子玩。

“形象拼盆”,则是利用食品的色调和线条,拼成富有装饰性的图形。据载,宋代有一位尼姑梵正,能利用各种食品的自然颜色,拼成景物,后来竟拼成一副《辋川图》(唐王维名画),这需要多么高超的技术!现常见的“形象拼盘菜”,就是在冷盘中用红肠、火腿、香菇、黄瓜、菠萝、樱桃等荤素菜品,拼出“龙凤呈祥”、“孔雀开屏”、“彩蝶双飞”、“喜鹊迎春”等图像。讲究外观、造型和工艺性,确是中国菜的特色和传统,这跟中国菜要求色、香、味、形、器、意的全方位的审美分不开的。

2.色、香、味

味,是一种感觉。根据科学资料证明,人的口腔部位分布着许多味蕾,对各种不同呈味物质有各种不同的感知能力。因此烹饪中如何刺激和调动这种感知能力,就成为一门专门的学问。中国菜以滋味胜,味是中国菜的灵魂。中国艺术也历来讲究味、韵味、玩味的。北魏《齐民要术》中有“五味脯”、“五味腊”的菜名,这是指五味可以调出多种复合味,这在中国饮食文化中有着很丰富的内容。如椒盐、酸辣、糖醋、香辣、麻辣、鱼香、怪味等等。古人说:“食无定味,适口者珍”,各人有各人的偏爱。据《周礼·天官》载:“凡和,春多酸,夏多苦,秋多辛,冬多咸,调以滑甘”,有一定参考价值。俗语说:“南甜北咸,东辣西酸”,亦大致符合实际。所谓“五味调和”,应包括下列三层意思:一是每种菜肴应有自己的独特风味,对每桌筵席来说,各种菜肴的味道,应总体上协调平衡,各尽其美;二是烹饪技术离不开调味品,调味品要多多益善;各种味道,应该总体上协调平衡,各尽其能,投放量以及加热过程的先后次序都可以促使菜肴的滋味发生千变万化,调和滋味是烹饪成败的关键;三是作为一个高明的厨师,应该善于掌握服务对象的口味习惯特点,在安排菜单和烹饪调味中灵活多变,切忌刻板划一。

饮食通过口舌获得味觉,原与视觉无涉,但五彩缤纷的菜肴,经过眼睛传到大脑,同样能刺激味觉中枢,引起食欲,这是条件反射在起作用。据《山家清供》载:“采芙蓉花,去心、蒂,汤焯之,同豆腐煮,红白交错,恍如雪霁之霞,名‘雪霞羹’。”又据《居家必用事类全集》中有“四色荔”的菜名,它用茄子、黄瓜、萝卜、羊肉等四色拌菜,分作四碟,呈现四种颜色。《清稗类钞》还载有“红香绿玉”一菜,是“以藿香草叶,蘸稀薄浆面(以水和面),入油煎之……置碗中,以玫瑰酱和白糖覆其上”,取艳丽夺目之效。

“五香”通常指烹调食物所用的茴香、花椒、大料、桂皮、丁香等五种主要香料,即芳香类调味品。食物的气味刺激人们的嗅觉,香者增强食欲。福建名菜“佛跳墙”,能以香味使“舒畅闻弃禅跳墙来”。我国传统芳香料除上述五种外,还有艾、菖蒲、忍冬、花露、桂花、蔷薇、秋海棠、佛手、橙皮、桔皮等。据《小家清供》、《遵生八笺》、《养小录》载,绝大多数的花卉都可以做菜。《清稗类秒·五香》载:“近俗以茴香等香料烧煮食物,亦多以五香为名,如五香酱兔、五香酱鸭、五香熏鸡是也。”

3. 器

餐具要精美,更要净洁。如遇宴会,则要求配套、整齐、划一,也要注意色调和谐。夏季宜用冷色调,冬季宜用暖色调,还要与整个环境配合。平时家居餐具惟求雅洁,特别是人口少的家庭,小碗小碟,更能显出精致。

夏商周三代,青铜器中很大一部分是礼器及各种实用器物,这些青铜器上的纹饰,常见的有饕餮纹、夔纹(凤纹),工艺精美,造型端庄凝重,象征着奴隶主阶级的权势和“威仪”。1970年10月,西安南郊何家村出土的一批唐代窖藏文物,其中有各种餐具共139件,绝大多数是金、银、玛瑙、水晶、白玉的;式样有环柄八曲杯、环柄八棱杯、高足杯、带流大碗、六曲盘、桃形盘、提梁壶等,且用捶打、线雕、翻铸、掐丝、细联珠、镶嵌、镂孔等技法,制出各种精美花纹,反映出极高的艺术水平。

瓷器盛于两宋,官、哥、汝、定、钧五大名窑最享盛名。其特点是胎薄如纸,光润如玉,色彩华丽,样式雅致。此时我国餐具逐渐由瓷器统治。明代盛器中,以珐琅器(景泰蓝)和漆器最堪注目。明永乐年间,北京果园厂所制的漆器,有平漆、雕塑漆、剔红、戗金、填漆、堆红、缧钿等品种,鲜艳夺目,光可鉴人。清代餐具工艺愈趋精巧,式样愈趋新奇。在乾隆和慈禧执政时,其奢华程度达到极致。乾隆食具有“五福珐琅碗”、“珐琅银蝶”、“五谷丰登珐琅碗金钟盖”、“黄碗”、“珐琅葵花盆”等等。慈禧所用珍贵餐具不计其数，仅“宁寿宫”慈禧膳房中，就有金、银、牙、玉餐具1500多件，其中金餐具重5816两，银餐具重10590两。

4.意

意即意境，既指给餐菜、店堂取的好名与好的对联，又指就餐的氛围和环境。如茶馆名联能给茶馆创造很美的意境。北京静心斋焙茗茶联：“岩泉澄碧生秋色；林树萧森带曙霞。”静心斋原名镜清斋，建于乾隆二十二年，又名乾隆小花园，是乾隆皇帝品茶的地方。由此联可见乾隆对茶道理解已达到极高的境界。全联无一茶字，但营造了一个极幽雅的品茗意境，虽地处深宫，但大有林下之风，全联透着雅意，飘着茶香。

席间雅兴是指席间的娱乐活动应有文化内涵。所谓“幽赏未已，高淡转清，开琼筵以坐花，飞羽觞而醉月”，这才是有文化教养人的宴风。席间文娱形式繁多，有射箭、投壶、舞剑、唱歌、舞蹈、奏乐器、赋诗、撰文、看戏、听说书、征联、酒令、击鼓传花、说笑话等等。

《红楼梦》中贾府的老祖宗史太君，便是一个极会享福的人。书中大量描写了她参与的大大小小的多次宴饮，丰盛的肴馔，富丽的环境，优雅的气氛，丫鬟、媳妇的周到服侍，孙儿、孙女辈的殷勤趋奉，以及行令猜谜，听书看戏，说笑逗趣等，这一切不仅让“老祖宗”的感官得到充分的满足，也使其心理受到莫大的慰藉。作者深刻地理解这一点，故在描述贾府饮食生 活时并不重点在写“酒何以清，菜何以馨，客何以盛，令何以行”(《红楼梦》“有正本”批语)，而着重写宴会的环境、气氛。

(五)饮食文化对中国传统文化的影响

饮食是人们生活中最寻常也最不可缺少的一部分，它对中国人的日常生活思维都有深刻影响。如汉语中被人打了嘴巴叫“吃耳光”，被冷落叫“吃闭门羹”，被人趋奉叫“吃香”，非常走红叫“吃得开”，受损失叫“吃亏”，得到好处叫“吃到了甜头”，衣食有余叫“吃着不尽”。“吃”甚至对我们民族的深层意识也产生了影响。中国人善于在极普通的饮食生活中咀嚼人生的美好与意义，庄子认为上古社会人们可以“鼓腹而游”，享受人生的乐趣。《论语》、《孟子》、《墨子》用了那么多篇幅讨论饮食生活，把人们“啜菽饮水”当作人生快乐之事。

“民以食为天”，注重从社会统治角度看问题的儒家意识到民食是国家的根本。出于对饮食的重视，所以食器演变成礼器、重器，具有权力象征意义。传说中禹铸九鼎所用之铜，分别从九个州贡献而来，后来“九州”就成为国家的象征，成为帝王天子权力的象征。鼎由普普通通的食器转化为象征权力的重器，不仅因为它是九州的贡物，还由于青铜在当时极为贵重，只有高层统治者才用得起。商代一个司母戊鼎就重达875公斤，夏初所铸的九鼎的重量至少也是它的九倍。另外，鼎、鬲等食器等于现代的饭锅，占用了九州贡献的青铜制造的饭锅，自然地象征掌握了天下人的饭碗。

人们常将饮食文化与政治联系起来。据《史记·殷本纪》载，商汤设朝，伊尹行礼后，便以美味喻政治。汤问：“可以按照你说的去做吗?”伊尹答道：“你的国家还小，暂时还不具备实现美味的条件；等你得了天下，做天子，才可能吃到天下的美味。”伊尹用食物的味道、气味的不同，分别采取不同办法烹调的道理以喻治道应具体性，对具体问题要作具体分析。最后指出:天下美味非产于一地,只有贵为天子,按天道行事,才能凭借青龙遗风两匹骏马把这些美味罗致到眼前。这种观念的产生与厨人在国家体制中所占的重要地位有关,也说明了饮食和政治确有一致之处。

中国传统文化的许多特征,如“天人合一”、“阴阳五行”、“中和”、“重道轻器”、“重禅悟轻实证”等都渗透在饮食心态、进食习俗、烹调原则之中。古代的中国人特别强调进食与宇宙节律的谐调同步,春夏秋冬、朝夕晦明要食用不同性质的食物,加工烹调也要考虑到季节、气候等因素。“阴阳五行”的影响,饮食烹调不仅产生了“五味”,而且把“五谷”、“五肉”、“五菜”、“五果”等纳入餐饮模式。中医食疗注重“凡饮、养阳气也;凡食,养阴气也”的“天人合一”的效果。“中和”之美是中国传统文化的最高审美理想,这种审美理想建筑在个体与社会、人与自然和谐统一的基础之上,也正是这种“中和”之美影响了人们的饮食生活,使中国人的生活达到了艺术化的程度。

二、服装文化

服装是在劳动和对物质生活需要的基础上产生的。有人认为原始的服饰源于对生殖器的保护,西方的“亚当与夏娃”的故事就说明了这一点。英国海洋学家何利斯特·哈迪爵士提出地球人类是水猿的后裔,他们在陆地上感到寒冷时,就萌发了以衣保暖的念头。这两种起源的观点,常常受到人们的质疑。服饰起源的正确观点应是社会人出于生存的本能。这样的论说,其实已囊括了以往的巫术说、劳动说、保护说和异性吸引说。动物懂得以外在的形貌之美去取悦异性,原始人与低级动物有着更多的相似之处。中美洲印第安男人将美丽无比的天堂鸟羽毛插在头上,大洋洲西南部群岛上斐济人在舞蹈中极力摆动着鲜艳的树皮布和羽毛制成的衣裙及饰带,巴布亚新几内亚的男子用油脂将皮肤涂得铮亮,头插羽毛,腰围草叶等起舞,都无异于雄孔雀在异性面前炫耀自己。美国服装心理学家赫洛克说:“许多原始人公开声明,他们穿衣打扮就是为了得到妇女爱慕,只有到了青春期,他们才滋长了修饰自己的欲望。”菲律宾的艾培女性将多余的项链和穗状流苏装饰在胸部。多哥、塞内加尔、安曼群岛上的多科皮以及澳大利亚的库克人,其女性都扎有一条漂亮的臀带,臀带上有无数珠带缠绕,再垂下一些小巧的饰品。原始人以粗糙简陋却又十分耀眼的服饰去吸引异性,可以被认为是维护部族生生不息的重要手段之一。自然,具体的服饰成因绝不会是一个,但一定会有一个主旨,那就是为了生存与繁衍。

(一)中华民族服装的发展历程

图腾崇拜是普遍存在的一种原始宗教信仰,中国远古民族是崇拜龙图腾的,由是产生的龙与凤这两种想像的复合式动物便成了中华民族的早期图腾。青海省大通县上孙家寨曾在1973年出土了一件新石器时代的舞蹈纹彩陶盆。彩盆内壁绘着五人一组的三组人形,手拉手舞于池边柳下。这些人的形象是以剪影形式出现的,能清楚地看到头上垂下的发辫和腰间垂下的尾饰。尾饰在原始服饰中很普遍,是图腾崇拜中动物崇拜的典型表现。中国的傈傈族服饰至今还保留着图腾崇拜中尾饰的痕迹,那是一个三角形的饰物,以色布和彩线拼缝并垂下一些流苏或小型布饰，穿好衣服后将它扎系在衣外腰间，这种相当于尾饰衍化物的饰件就垂在身后臀部略下方。

纹身纹面是原始人对自身形象的一种强化，因而是人类一种普遍的行为。相传在远古时代，天降群蜂，落在怒江边的拉加底村。后来，蜂与蜂交配生下怒族的女始祖花英充。花英充长大后又与蜂、虎、蛇、麂子、马鹿等相交，所出后代即为蜂氏族、虎氏族、蛇氏族、麂子氏族、马鹿氏族。这些族的后代就以纹面纹身的方式对自身进行再塑造，以标识自己属于哪一个氏族。

在原始崇拜中，包括自然崇拜、图腾崇拜和祖先崇拜。畲族女性就以穿凤凰装为最美最神圣，并预示着万事如意。如今的凤凰装，是在衣服上刺绣大红、桃红或夹着黄色的花纹，再考究一些的还要绣上金线银线，以象征凤凰身上的绚丽闪烁的羽毛。头上的凤凰冠则象征着尊贵的凤首。穿这套衣服时还要在全身悬挂叮当作响的银饰件，以象征凤凰的鸣啭。

传说中的黄帝元妃嫘祖"始教民育蚕，治丝茧以供衣服"。说明了中国远古时期的服装质料，既有葛藤、苎麻等剥制的植物纤维，也有在世界上相当一段时间中惟一拥有的蚕丝，这就决定了以后中国服饰的艺术风格。

春秋战国，特别是战国时期盛行一种最有代表性的服式——深衣。据文字记载和出土实物归纳其特点，如"续衽钩边"，即不开衩，衣襟加长，使其形成三角绕至背后，以丝带系扎。上下分裁，上身竖幅，然后在腰间缝为一体。因而穿上后上身合体，下裳宽广，长至足踝或长曳及地，也不影响迈步。一时男女、文武、贵贱都穿，并以此为尚。

胡服是与中原人宽衣大袖相异的北方少数民族服装。因是重体力劳动者的衣服需要短而利落。而所谓胡人之服的主要特征是短衣、长裤、革靴或裹腿，衣袖偏窄，便于肢体活动。胡服的引进，使汉族服饰文化增添了新的气象。这次民族服饰的融合，奠定了中华民族服饰由交流而互进的良好基础。

秦汉时期，男子几乎都穿袍服。袍服属汉服装古制，秦时规定官至三品以上者，绿袍、深衣。庶人白袍，多以绢制作。汉 400 年中，男子一直以袍为礼服，样式以大袖为多，袖口部分收缩紧小，称之为祛，全袖称之为袂，因而宽大衣袖常被夸张为"张袂成荫"。领口袖口处绣夔或方格纹等，大襟斜领，衣襟开得很低，领口露出内衣衣领，有的袍服下摆有花饰边缘，或有一排密裥，或剪成月牙弯曲之状，并根据下摆形状分成曲裾与直裾。

秦汉时男子头上多戴巾，巾主要分为两种，一种为葛巾，即用葛布制成，单夹皆多用本色绢，后有两带垂下，为士庶男子用。再一种为缣巾，因用整幅细绢做成，因此又叫"幅巾"。通常以缣帛为主。西汉初多为劳动人民所服，至东汉已不分贵贱。汉末士宦王公贵戚，不戴冠时，也曾以戴幅巾为雅，后来普及开来。东汉末，张角率领农民起义，被称为黄巾起义，即因起义军人人头戴黄色幅巾而得名的。后来将这两种巾通称为"汉巾"。

秦汉时妇女的礼服，仍然保留了战国时的习尚，如在很多场合以穿深衣为主。但衣襟层数在原有基础上又有所增加，下摆部分更加肥大，腰身裹得很紧，衣襟角处缝一根绸带系在腰部或臀部。在穿着深衣和袍服的同时，秦汉妇女也穿襦裙装，这是上衣下裳的古制。襦是一种短衣，长至腰间，穿时下身配裙，这是与深衣裳上下连属形制完全不同的另一种形制，这两种形制构成了中国服装的款式特色以及着装形象的全部，其变幻无穷的款式和整体形象都从这里衍化出来。汉裙多以素绢四幅连接拼合，上窄下宽，而且一般不施边缘，裙腰用绢条，两端缝有系带。

秦汉两代的服饰较前丰富了，从气势上看，有一种英武之气体现在服饰形象上，即不单为深衣裹体，长裙雅步，而是出现了比较普遍的着袍现象，袍身只有长、短之分，这根据身分也根据需要。秦汉时服饰厚重质朴，它既不同于战国那紧裹腰身的深衣，也不同于后世魏晋南北朝那潇洒的长衫。这里有一种民族服饰融合的迹象，显然离不开战乱与丝绸之路的开通，视野开阔了，服饰也随之产生变化，乃至大发展。

魏晋南北朝的男子服装以长衫最有时代特色。衫与袍的区别在于袍有祛(袖口)，而衫为宽大敞袖。袍一般有里，如夹袍、棉袍，而衫有单、夹二式，质料有纱、绢、布等，颜色多喜用白，喜庆婚礼也可穿白袍。魏晋南北朝时期的男子首服，款式渐多，而且特别注意首服与主服、足服的配套穿着方式。这是文化的进步，具体可认为这是中国服饰文化正在走向炉火纯青。男子的首服有各种巾、冠、帽。汉代盛行的幅巾，更加普遍地流行于士庶之间。而纶巾原为幅巾的一种，为诸葛亮所戴。魏晋南北朝时妇女服饰多承汉制。一般妇女日常所服，主要为衫、袄、襦、深衣等。具体款式除大襟外还有对襟，这显然是受地方民族服式的影响。领与袖施彩绣，腰间系一围裳或抱腰，亦称腰采，外束丝带。妇女服式风格，有窄瘦与宽博之别。

这时，从印度传入中国的佛教至南北朝时盛行也与服饰发展有着密切关系，一方面中国人将本国服饰风尚加于佛像身上，这从敦煌壁画和云冈石窟、龙门石窟、雕像中即可看出。另一方面佛教形象原有的薄衣贴体服饰也使中国人感到新鲜。同时，随佛教而兴起的莲花、忍冬等纹饰大量出现在当时人衣服面料或边缘装饰上，更赋予了服饰一定的时代气息。

隋唐时期，中国服饰已经过魏晋南北朝时期的民族大融合，很多地区、很多民族的服饰都在不同程度上因互相吸收营养而有所发展，从而产生了一些新的服饰和穿着方式。特别是从隋唐起，服饰制度越来越完备，加之政治稳定、经济繁荣、交流活跃、民风奢华，因而服式、颜色上都呈现出多姿多彩的可喜场面。唐时男装服式相对女装较为单一，但服衣上却被赋予很多讲究。男服中最盛行的是圆领袍衫。圆领袍衫亦称团领袍衫，是隋唐时士庶、官宦男子普遍穿着的服式，当为常服。

幞头是唐时男子最为普遍的首服。初期以一幅罗帕裹在头上，样式较为低矮。后在幞头之下另加巾子，以桐木、丝葛、藤草、皮革等制成，犹如一个假发套髻，以保证裹出固定的幞头外形。中唐后，逐渐形成定型的帽子。名称多依其演变式样而定，贞观时顶上低平称“平头小样”，高宗和武则天时加高顶部并分成两瓣，称“武家诸王样”，玄宗时顶部圆大，俯向前额称“开元内样”，至颈或过肩。后渐渐变短，弯曲朝上插入脑后结内，都属于软脚幞头。中唐后的幞头之脚，或圆或阔，犹如硬翅而且微微上翘，中间似有丝弦，使之富有弹性，谓之硬脚。

隋唐五代时的女子服饰是中国服饰演变史中最为精彩的篇章，其冠服之丰美华丽，妆饰之奇异纷繁，都令人目不暇接。大唐三百余年中的女子服饰，可主要分为襦裙服、男装、胡服三种配套服饰。襦服主要为上着短襦或衫，下着长裙，佩披帛，加半臂，足登凤头丝履或精编草履。头上花髻，出门可戴幂篱。唐代女子依隋之旧，喜上穿短襦，下着长裙，裙腰提得极高至腋下，以绸带系扎。上襦很短，成为唐代女服的特点之一。襦的领口常有变化，如圆领、方领、圆领、斜领、直领和鸡心领等。盛唐时由于交流广泛，人们思想解放，一时流行起袒领。袒领短襦穿着的效果，一般可见到女性胸前乳沟，这是中国服饰演变中较少见的服饰和穿着方法。五代时的女服，在晚唐基础上愈显秀丽精致。其衣裳较晚唐宽衣大袖而渐为窄细合体，其披帛较唐女披帛越发加长取狭，从而形成一条飘带。裙腰已基本落至腰间，裙带亦为狭长，系好后余截垂于裙侧。大唐文明取决于国力强盛，对外经济文化交流甚广。因此，不仅对其他民族服饰广收博采，归我所用，而且也有不少服饰对外民族产生了影响，因而唐代服饰的发展盛况成为世界服装史中一个重要组成部分。

两宋时期的男子常服以裥衫为尚。裥衫是无袖头的长衫，上为圆领或交领，下摆横裥，以示继承上衣下裳之制。裥衫在唐代已被采用，至宋最为盛兴。其广泛程度可为仕者燕居，亦可为仕者告老还乡或低级吏人服用。衣服常用细布，颜色用白，腰间束带。也有不施横裥者，称为直身或直裰，居家时穿用取其舒适轻便。帽衫是士大夫交际常服，一般是头戴乌纱帽，身着皂罗衫，束角带，登革靴。

宋代妇女服装，一般有襦、袄、衫、背子、半臂、背心、抹胸、裹肚、裙、裤等，其中以背子最具特色，是宋时男女都穿，尤盛行于女服之中的一种服式。背子样式以直领对襟为主，前襟不施襻纽，袖有宽窄二式，衣长齐膝、膝上、过膝、齐裙至足踝几种，长度不一。另在左右腋下开以长衩，有明显的辽服影响因素，也有不开侧衩者。裙与裤是妇女的下装，其中裙，是妇女常服下裳，宋代妇女在保持晚唐遗风的基础上，时兴"千褶"、"百迭"裙，形成宋服特点。裙式一般修长，裙腰自腋下降至腰间的服式已很普遍。腰间系以绸带，并佩有绶环垂下。

元朝服饰制度始终混乱，各族难以统一。男子平时燕居喜着窄袖袍，圆领，宽大下摆，腰部缝以辫线，制成宽围腰，或钉成排钮扣，下摆部折成密裥，俗称"辫线袄子"、"腰线袄子"等。

明代各阶层男子便服主要为袍、裙、短衣、罩甲等。大凡举人等士者服斜领大襟宽袖衫，宽边直身。这种肥大斜襟长衣在袖身等长度上时有变化。明妇女的服饰，主要有衫、袄、帔子、背子、比甲、裙子等，基本样式依唐宋旧制。普通妇女多以紫花粗布为衣，不许用金绣。袍衫只能配紫色、绿色、桃红等间色，不许用大红、鸦青与正黄色，以免混同于皇家服色。明代背子，用途更加广泛，但形式与宋大致相同。比甲本为蒙古族服式，北方游牧民族女子好以金绣罩在衫袄以外。后传至中原，汉族女子多穿用。明代中期着比甲成风，样式主要为似背子但无袖，亦为对襟。明代女子下裳主要为裙，裙内加着膝裤。裙子式样讲求八至十幅料，甚至更多。腰间细缀数十条褶，行动起来犹如水纹。后又时兴凤尾裙，以大小规矩条子，每条上绣图案，另在两边镶金线，相连成裙。

清代男子配套服饰按阶层区分，主要为三类。一类是官员：头戴腰帽或凉帽，有花翎、朝珠，身穿褂、补服、长裤，脚着靴。另一类是士庶：头戴瓜皮帽，身着长袍、马褂，掩腰长裤，腰束带，挂钱袋、扇套、小刀、香荷包、眼镜盒等，脚着白布袜、黑布鞋。再一类是重体力劳动者：头戴毡帽或斗笠，着短衣，长裤，扎裤脚，罩马甲，或加套裤，下着蓬草鞋。

清初，在"男从女不从"的约定之下，满汉两族女子基本保持着各自的服饰形制。满族女子服饰中有相当部分与男服相同，在乾嘉以后，开始效仿汉服，虽然屡遭禁止，但其趋势仍在不断扩大。汉族女子清初的服饰基本上与明代末年相同，后来在与满族女子长期接触中，不断演变，终于形成清代女子服饰特色。一般来说，旗女皇族命妇朝服与男子朝服基本相同，惟霞帔为女子专用。明时狭如巾带的霞帔至清时已阔如背心，中间绣禽纹以区分等级，下垂流苏。旗女平时着袍衫，初期宽大，后窄如直筒。在袍衫之外加着坎肩，一般与腰际平，亦有长与衫齐者，有时也着马褂，但不用马蹄袖。上衣多无领，穿时加小围巾，后来领口式样渐高。

汉女子平时穿袄裙、披风等。上衣由内到外分别为兜肚—贴身小袄—大袄—坎肩—披风。兜肚也叫兜兜，以链悬于项间，只有前片而无后片。贴身小袄可用绸缎或软布为之，颜色多鲜艳，如粉红、桃红、水红、葱绿等。大袄分季节有单、夹、皮、棉之分，式样多为右衽大襟，长至膝间或膝下。披风为外出之衣，式样多为对襟大袖或无袖，长不及地，高级披风上绣五彩夹金线并缀各式珠宝，矮领，外加围巾。习惯上喜服以青天为面，素服以元青为面。下裳以长裙为主，多系在长衣之内。

写于清朝乾隆时期的《红楼梦》中详尽地描绘了这一时期服饰的精华。在第四十九回中，史湘云穿着“貂鼠脑袋面子大毛黑灰鼠里子里外发烧大褂子”。“里外发烧”是指冬装衣服外表和里面都是毛皮，清乾隆、嘉庆年间盛行。黛玉初到荣国府时，见到王熙凤穿着“缕金百蝶穿花大红洋缎窄裙袄，外罩五彩刻丝青银鼠褂”。第四十九回中李纨穿着“青哆罗呢对襟褂子”。袭人要回家探亲时也是在“桃红百子刻丝银鼠袄子”外，再套上“青缎灰鼠褂”。“褂子”称谓虽说明时已有，但应该说褂子是清代对肥大上衣的习惯称谓。

宝玉的服饰形象在书中多次出现，常描写为“穿一件二色金百蝶穿花大红箭袖”（第三回），或是“穿着秋香色立蟒白狐腋箭袖”（第八回），或是“穿着白蟒箭袖”（第十五回），还有“大红金蟒狐腋箭袖”（第十九回）。箭袖也在明时已有，但是人们穿着不多。因为箭袖即马蹄袖，衣服袖身窄小，袖端头为斜面，袖口面较长，弧形，可覆住手背，以便不影响射箭且又可保暖。清宫廷早期因极力主张“不废骑射”，因此将箭袖用于礼服，成了清代男服的典型制式。

黛玉应李纨之邀去稻香村作诗时，曾“罩了一件大红的羽纱面白狐狸里的鹤氅”，宝钗也穿着“鹤氅”。这种披风的名字在《南齐书冻昏侯传》中即被提及。鹤氅早先多为道士或隐逸的士人穿着，与神仙形象有着密切的关系。清人依然在穿，但实际上已成普通人披风，其名源于汉服。第三回中王熙凤穿着“缕金百蝶穿花大红洋缎窄裙袄”，“下着翡撒花洋绉裙”，第四十九回中薛宝钗穿一件“莲青斗纹锦上添花洋线番巴丝的鹤氅”，服装面料中几次涉及“洋”字，均为舶来衣料。

（二）传统服装的特色

1. 实用中追求飘逸神采

洛神之美，是中国人的风采。她不仅使人产生若即若离、可望而不可及的虚幻般的美感，同时使人意识到，她的美是凭借了服装的魔力，从而互为补充、终趋完善的。中国画家笔下的美女玉人、天神地灵大多"无衣飞扬,满壁(壁画)飞动",恰恰与中国服装风格如出一辙,相辅相成。其笔墨往往能够贴切地表现出中国服装的飘飘然之感。而此一飘与飞,正是空气在水平方向的流动促使中国服装由静态转为动态。无风时像一泓秋水般明净清澈的衣面以及自然下垂的犹如山流陡然直泻的衣纹,遇风则迅即飘舞舒展开来,其变幻出的曲折交叉或顺向逆转的美妙的线条,构成了无声的乐曲、有色的诗篇。且不说女装中下摆裁成多层尖角的杂裾垂臂服,就在男子那褒衣博带、长裙雅步之中,也蕴含着难以言表的含蓄与雅洁。其迎风走动时呈现出的"飘如游云,矫若惊龙"般的神韵,正是中国绘画所要表现气韵的神采。

中国服装的悬垂感是独一无二的,这取决于服装的材质,即丝织品。丝的柔软,丝的轻盈,加上中国传统服装重在写意的肥硕宽大,使服装上端在肩或在腰,其垂下的部分则自然形成垂直的褶皱。这种褶不是人工折叠压制的,而完全是凭借着一种浑然天成的非加工手法。这种悬垂感的形成,除了服装面料和款式符合前提条件之外,还必须在着装者处于无风的状态之中。因为悬垂状必须具备一定的客观因素才能形成,一旦有风吹柔软轻盈的丝绸,那么垂直的线状褶皱必定会被波及而发生横向的趋势,因而,悬垂是属于静止状态的,它与飘逸的流动状态相对,从而各具风采。

中国古代人物画与中国传统服装有着必然的联系,虽然不能说服装的悬垂等诸效果造就了中国绘画笔法的"十八描",但是它们之间确实存在着互相影响的因素。在当代沈柔坚主编的《中国美术辞典》中,"十八描"条目列举了古代人物衣服褶描法后,特意说明"古今服饰不同,现代衣褶描法已有所发展,如各种化学纤维衣料的衣褶,为古代所无"。这说明中国绘画的人物画所用的笔法来源于客观对象——古代丝绸衣裳。绘画为现代服装发展留下形象的资料。故绘画中的"曹衣出水,吴带当风"是值得服装业借鉴的。《绘事指蒙》认为高古游丝描是极细的尖笔条,顾恺之用。而所谓"曹衣出水"("曹"一指曹仲达,一指曹不兴),其中的一些线条是根据笔法线条的呈象而定名的,如琴弦描类似琴弦,比高古游丝略粗;铁线描则又粗些;行云流水描是有些诗意的,其流畅与洒脱可以通过形象来表现韵味;蚂蝗描近似兰叶描,即一头略尖;钉头鼠尾则是有一个钝头一个尖尾;撅头钉是秃笔线描;折芦描尖笔细长。橄榄描、枣核描、柳叶描、竹叶描、蚯蚓描都是形容描时的笔法以及线条的形象类似于某种动物或植物,这还只是有代表性的。可见中国古人用如此多的描法去表现衣褶,则说明画家的创作素材和手法源于生活,更说明中国古代服装形象是相当优美的,它能激起美术家的灵感与创作热情。

中国画家笔墨为我们留下当年的衣服飘逸之感是难能可贵的,它不仅使我们了解到古人丝衣的奇妙效果,同时也使我们领略到中国画家的伟大,中国丝衣与中国画携手营造了妙不可言的艺术意境。吴道子(唐朝)在描绘衣纹时,用"莼菜条"描,常在点划之间时见缺落。唐代张彦远论吴道子画"意在笔先,画尽意在,虽笔不周而意周也。"意与笔的关系实际上是虚与实的关系,用笔实处见虚,虚处见实,才会达到"通体皆灵"的艺术高度。吴道子不只是通过这种线条去强调人物衣纹的自然飘洒,更重要的是吴道子对人物形象倾注了饱满的热情,他行笔自如,豪放而果断,因而他的笔产生出特殊的表现效果和强烈的感染力。由于吴道子所画的人物衣服、袖子、飘带及整体服饰形象都具有迎风起舞的动势,所以被称为“吴带当风”。就服饰风格而言,“曹衣出水”表现出服装的悬垂感,而“吴带当风”则表现出服装的飘逸感。这二者相辅相成,共同构成了中国服装的艺术风格。

2.传统服饰对吉祥图案的注重

吉祥图案至中国明代开始发现序列化、规范化趋势,它不同于十二章和补子图案之处,在以前的寓意图案,大多选择单件器物或单个动物,而成熟的吉祥图案已经形成复合型的构图,以几种物质,有时自然合理,有时难免牵强地组合在一起,即可以不假语言而传递文化信息。吉祥图案主要采用品物图案表示抽象概念的艺术手法,常用“借代”,借代的具体形式则是谐音、象形、取义等方式,经世代传承,约定俗成,终于积淀成一定的模式,随即被应用在诸如服饰等实用艺术品上,成为中国服饰图纹中有典型中国文化特色的外显部分。

吉祥图案中非常明显的内容是以龙为主要内容的“龙腾云海”、“双龙戏珠”、“祥龙献瑞”等。以凤为主的吉祥图案有:“凤栖梧桐”、“丹凤朝阳”、“百鸟朝凤”等。以比翼鸳鸯为主的图案有:“鸳鸯同心”、“鸳鸯戏水”、“荷花鸳鸯”类。育龄女性喜“宜男忘忧”,年长者爱“松鹤长寿”、“鹤鹿长寿”、“鹤献蟠桃”、“龟鹤齐龄”、“白头长春”、“富贵长寿”、“群仙祝寿”、“杞菊延年”、“寿山福海”、“寿居耄耋”等。明代丝绸纹样的吉祥图案有:“婴戏图”、“群仙献寿”、“富贵宜男”、“穿花龙凤”、“五云翔鸾”、“瑞鹊衔花”、“仙鹤寿鹿”、“鸳鸯莲鹭”、“蜂蝶争春”、“八宝双狮”、“锦上添花”、“云地宝相”、“四季百花”、“灵芝萱草”、“五谷丰登”、“八宝”、“暗八仙”(与八仙有关的执物或物品)等,在组合上都非常具有文化意味。清代丝绸面料上的吉祥图案有:“和合如意”、“三多九如”、“琴棋书画”、“金玉满堂”、“玉堂富贵”、“五福捧寿”、“福禄寿三星”、“石榴多子”、“鸡有五德”等,由于民俗及民间艺术的历代传承与积淀,因此在运用谐音、隐喻、象征和借代手法上更加炉火纯青,意韵无穷。

服饰图纹展示出中国文化的崇高思想和成就。首先,就是服饰图纹要符合审美规律,如对称、均衡的形式本身就具有稳定感,又符合中国崇尚偶数的民俗心理。在选择图纹表现对象上也要筛取美丽的物象,为寻求意境而采用喜鹊的喜。这表明服饰图纹符合中国文化的基本观念——真善美的崇高心理。

其次,运用谐音表现吉语,也是中国民俗文化的特征。中国服饰图纹,极具这方面特色。趋吉避邪,是中国人普遍的民俗文化心理。古语可以不借用文字“写”在服饰上,而是隐喻在美丽巧妙的图纹之中。即使是以文字为主题的图案,语言也很含蓄或是具有极高的概括性,并且很美。服饰图纹是中国文化的载体,同时又丰富了中国文化。这正是服饰吉祥图案的可贵与可爱之处。

再次,中国服饰吉祥图案,还有一个特点是“迁想妙得”。如龙袍还要绣上“海水江牙”,因为海是龙的世界。不仅如此,海水还要表现在最适当的位置上。龙袍上的海水,并非在龙形的四周,而仅仅绣绘在袍服的下摆部位,以海潮之潮,谐音朝廷的“朝”。既美又恰如其分,中国文化真是妙之至极!

(三)民族服饰在对外交流中不断前进,影响世界时装

中国在世界上享有“衣冠大国”之誉。中国富有特色的服饰,是中华民族的创造。世界服饰演化中曾有一个东服西渐的史实，那就是中国的丝绸，连同中国服装款式图纹输送至中亚、西亚与欧洲。那细腻柔滑且闪亮的丝绸载着中国的龙和牡丹，穿过沙漠，越过崇岭去到古美索不达米亚，去到古希腊。海上的连绵帆影，又将中国的服饰文化带向东亚、南亚、非洲及地中海。时光流逝到20世纪时，西服东渐成为大势所趋，西方服装合理的造型与适应新时代的功能性，给予中国人以莫大的灵感。中国女性开始将肥大直角式的旗袍加以改造，使之充分显示出女性身材的曲线，但又不是西方式的裸露，而是完全彻底地展示出东方淑女的典雅之美。成功的旗袍又反过来给欧美时装设计师一个有益的启示，这种紧附却又不紧贴身体的服式最适于表现女性形体与体态。旗袍在国际时装舞台上至今魅力不减，它始终以一种含蓄的中国特有的文化意蕴感染着人们。

中国丝织品在古时源源不断的西运，不但使丝绸成为亚洲和欧洲各国向往羡慕的衣料，而且随着人们服饰需求的不断增长，也导致了亚洲西部富强大国，特别是拜占庭养蚕和丝织技术的发展。拜占庭史学家普罗科庇斯的《哥特战纪》最早记录了丝绸西传之事，它说是在公元552年时有几个僧侣从印度来到拜占庭，他们迎合查士丁尼(拜占庭国王)不愿再从波斯人手中购买生丝的意愿，自荐说他们曾在印度北方的赛林达国居住多年，熟悉养蚕方法，可将蚕子带到拜占庭。后来拜占庭掌握了养蚕方法。通过赠送礼品的形式，拜占庭将东方中国丝绸传给了西方诸国。拜占庭帝国时期的服装款式、纹饰等也对西方各国产生了重要的影响，拜占庭帝国的服装款式与纹饰实际上已是东西方服饰艺术结合的产物了。

值得一提的是17世纪至20世纪的中国旗袍。清初的旗袍实物，在内蒙古白音尔灯荣宪公主墓中出土两件(荣宪公主是康熙皇帝的第三个女儿)。旗袍用绸缎制成，上施彩绣。式样为圆领、窄领、衣襟右掩，腋部收缩，下摆宽大；领口镶一条狭窄的黑边。所绣的纹样也是典型的吉祥题材。袍的下缘还绣有山水、八宝等。造型简练、色彩素雅、纹饰美丽。旗袍款式至清末时，腋部收缩已不明显。从外形上看几乎呈平直线条。领、袖和衣襟部位都镶滚上宽阔的花边。汉族妇女接受旗袍，是在这个原型上不断变异、发展而定型的。

20世纪20年代，上海一批女学生率先穿起改型近于今天的蓝布旗袍。这是人们对服饰的一种正常的趋新心理所致，适应了当时的服饰潮流。至20世纪20年代末，西服东渐之风愈盛，古老的旗袍也产生了惊人的改进：缩短长度，收紧腰身，提高开衩，从此便出现一种美妙的中西合璧的改良旗袍。

进入20世纪30年代，领、袖、襟的变化日新月异，旗袍进入辉煌的年代。先是高领，待高到双颊时，转而以低领为时髦。低到不能再低时，又将衣领加高。袖子也如此。长时遮住手腕，短时露出肘部。下摆忽而可曳地，忽而短至膝上。到20世纪40年代，有的旗袍已去掉袖子(到20世纪90年代又流行半长式袖)。原先精致的花边装饰少见。旗袍变得越来越简洁、轻便、适体，越发衬出女性优美的形体曲线。日本已故画家梅原龙三郎认为："旗袍的设计很朴素，立领长身，在任何朝代都不会丧失新鲜感。"

世界时装界一般这样理解"中国风"：中国风是一种追求中国情调的西方图案或装饰风格。属欧洲洛可可艺术的分支，反映欧洲人对中国艺术的理解和对中国风土人情的想像，倾注着西方传统的审美情趣。通常认为中国风始于18世纪的法国。19世纪后，西方服饰开始较多地在面料、图案、款式和色彩方面吸收和模仿中国。20 世纪又出现了以“中国风”命名的高级时装。

世界时装大师伊夫·圣·洛朗推出了“中国风”的女式套装。意大利的巴黎女装设计大师皮尔·卡丹发明了一件充满动感的女装夜礼裙，取名为“中国宝塔”。以奇、异、怪、绝著称的法国高级时装设计师让·保罗·戈尔捷在 1989 年设计了一套高级白日服套装，是典型的“中国风”。意大利时装设计师马里于卡·曼代利设计了“中国风”服装，她的设计灵感来自中国京剧戏装。英国高级女装设计师露西·克雷斯汀娜·休瑟兰德 1986 年春夏时发布了一套女子时装，她坦言其灵感来自东方服饰文化。意大利时装设计师詹弗科·弗雷的设计具有明显的中国或日本服装风格。日本设计师高田贤三推出的男式夜礼服风格女装，图案则是纯正的中国手绘花鸟纹。日本的高级女装设计师川久保玲 1985 年推出的现代派和东方情调相结合的垂悬性设计，具有中国古代服饰的悬垂感与飘逸感。

至 1996 年时，国际时装舞台上的东风热潮只增不减。中国传统的服饰为世界各地的设计师带来了无穷的设计灵感。中国的编织绳结，中国的闪光珠片，中国的戏装，中国的立领、盘扣、疙瘩襻以及丝质面料上的手绘和布质上的蜡染等等，都深深地感染着世界时装设计师们。

【思考与练习】

1. 生活中充满了美，你是如何去体味和发现饮食中的美感的？
2. 中国的饮食文化为什么能够影响，又是如何影响整个传统文化的？
3. 中国传统服饰有哪些特色？今天，我们又应该如何去发扬光大？

后　记

中国传统文化近年来正愈来愈受到全社会的广泛关注。在大学生这个最富活力，最具时代精神，同时又肩负继往开来重任的特殊群体中，爱好和注重学习本民族优秀传统文化的人群也正愈来愈大，这都是令我们十分高兴的现象。

中华文化，从时间上看，比不上古埃及、古巴比伦文化，它们大约要比我们早一二千年；从空间上看，似乎也比不了欧美西方文化，他们的区域要更辽阔，种类也更多一些。而且，从一般意义上说，西方文化也已成为当今世界的主流文化。然而，中华民族传统文化有两个方面却是在人类文化中独一无二的：其一是在时间的延续上，她从未发生过中断，若从公元前2697年黄帝纪元开始算，迄今已延续了整整4700年了。当然，我们甚至还可以追溯得更远一些，这种继承的完整性，是每一个华夏子孙足以为之自豪的。其二是在对当代社会生活的影响上，中国传统文化的影响覆盖的区域面积，大致与欧洲相当，但受其熏陶和影响的人口，却超过欧洲总人口的6倍，不仅是中国这个拥有13亿人口的泱泱大国在继承和弘扬优秀的华夏传统文化，而且在东南亚、东北亚以及世界上许多地方，中国文化也在不断地拓展着她的影响力。中华文化何以能有如此强盛的生命力和巨大的影响力，能使中华民族的优秀传统几千年来代代相传、一脉相承而从未间断呢？这个答案显然只能从中华文化自身所具备的特点来寻找了。纵观华夏优秀传统文化几千年的发展历程，我们可以看到，以人为本的思想是贯穿中华文化传统的主脉，是华夏民族生生不息的生命线。

正是因为有了这条生命线，中华文化才显现出如此强盛的生命力，它使中华民族几千年来保持了相对的统一，并创造出世界上最辉煌的农耕经济文明；也正是因为有了这条生命线，中华民族保持了自己文脉的完整和延续，并创造出独特的民族精神以及由此而生发的巨大的民族凝聚力。即便是近代一百多年来，中华民族曾经落后于来自西方的工业经济文明大潮，但也并未自甘沉沦，反而不断抗争，奋起直追。今天，中华民族又踏上了民族复兴的伟大征程。

近年来，高等职业教育作为高教百花园中的一朵奇葩，得到了迅猛的发展。高职教育在为经济建设培养合格应用型人才的同时，也应该努力拓展高职学生的良好素质，提高他们的人文素养，这一认识也已经初步成为高职教育工作者的一种共识。基于这一点，浙江省高职院校素质研究分会策划出版一套“高职院校人文素质教育规划教材”，并得到了浙江大学出版社的大力支持。这一举措，对于进一步推进高职院校素质教育无疑是一桩幸事，一件好事。

将本书定名为《中国传统文化十讲》主要是从浙江省高职院校的实际情况出发，把“中国传统文化”这门课程定位为选修课程，总课时安排为三十课时左右。十讲内容可详可略，可分可合，任课教师可根据学生情况有所选择，有所侧重。本书力求每一讲的内容都能让学生有所启发、有所感悟，以达到使高职学生对祖国的悠久历史文化有一个基本的认识和了解的目的，并进而引发一部分同学学习和探究祖国优秀文化传统的兴趣。果能如此，则善莫大焉！

面对身处的这个万花筒般迅速变化着的信息世界，呼吸着扑面而来的经济社会的八面来风，今天的人们对传统的态度经常处于一种彷徨、矛盾的心境之中，是回归、抑或告别，还是在回归中告别，在告别中回归？我们的社会是矛盾的，我们的心绪是复杂的。但是，我们应当认识到，传统与现代并不天然为敌，传统的智慧与情感完全可以作为现代社会建设的文化资源。作为整体的文化体系的传统，可能会随着时代的发展而被打破，但其中大部分有价值的文化片段，仍然可以作为我们连缀当代精神生活与社会生活的金缕玉片。

本书由沈瑞云（宁波职业技术学院）担任主编，谢雅琴（浙江科技学院求是职院），陈敏（宁波职业技术学院）担任副主编。全书编写的分工情况为：第一讲，陈敏；第二讲，刘远靖（浙江交通职业技术学院）；第三讲，邵礼（衢州职业技术学院）；第四讲、第五讲，谢雅琴；第六讲，顾金孚（嘉兴职业技术学院）；第七讲，沈瑞云；第八讲，吴锡标（衢州职业技术学院）；第九讲，刘桂萍（宁波职业技术学院）；第十讲，王长江（温州职业技术学院）。在本书的编写过程中，得到了浙江大学孙沛然教授的悉心指导，在此表示真切谢意。

由于本书系多人执笔而成，内容深浅程度的把握有异，文字表达之风格亦殊难统一。尤限于编者经验不足，水平有限，诸多缺憾在所难免，望读者和高职教育界同仁提出宝贵意见，以俟来日修订。并致歉意！

编　者

2004 年 6 月